新股民入市精讲"1+5"

(第二版)

李典泰 著

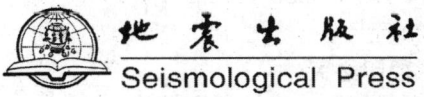

图书在版编目（CIP）数据

新股民入市精讲"1+5"/李典泰著．—2 版．—北京：地震出版社，2015.6
ISBN 978-7-5028-4574-2

Ⅰ.①新… Ⅱ.①李… Ⅲ.①股票投资－基本知识
Ⅳ.①F830.91

中国版本图书馆 CIP 数据核字（2015）第 008899 号

地震版　XM3555

新股民入市精讲"1+5"（第二版）

李典泰　著
责任编辑：刘素剑
责任校对：王花芝

出版发行：地震出版社
北京市海淀区民族大学南路 9 号　　邮编：100081
发行部：68423031　68467993　　传真：88421706
门市部：68467991　　　　　　　　传真：68467991
总编室：68462709　68423029　　传真：68455221
证券图书事业部：68426052　68470332
http：//www.dzpress.com.cn
E-mail：zqbj68426052@163.com

经销：全国各地新华书店
印刷：廊坊市华北石油华星印务有限公司

版（印）次：2015 年 6 月第二版　2015 年 6 月第一次印刷
开本：787×1092　1/16
字数：337 千字
印张：16
书号：ISBN 978-7-5028-4574-2/F（5266）
定价：36.00 元

版权所有　翻印必究
（图书出现印装问题，本社负责调换）

前 言

在高通货膨胀时代，炒股是一种老百姓必须掌握的投资方式，是抵御物价上涨、通胀压力及资产贬值的有效途径。散户新股民在入市之前必须学会"如何控制炒股风险"，只有有效控制炒股风险，才能在股市中正确决策，实现盈利的投资回报。

市面上与炒股有关的专业理论、技术指标操作、看盘技巧及相关知识多如牛毛，新股民若想全部消化和吸收至少也得学习三年五载，且其中多半知识对新股民看盘和实际操作帮助不大。针对入市前对股市完全陌生的新股民，本书分为将必须的炒股常识与实战技术相结合，系统、全面，有针对性地提供给大家"安全入市，稳妥盈利"的有益信息，总结起来就是"入市精讲1+5"。

"1"，就是如何成为一个合格的股民，包括入市的正确心态、基础知识和交易技巧。以怎样的心态入市、炒股是怎么回事、开户流程怎么办理、如何熟练运用炒股软件、"股市基本面"应当看什么……这些新股民普遍关心的问题，本书将一一作答。

"5"，就是最实用的五种实战技术，包括实战选股术、K线看盘术、抄底逃顶术、买卖点指标研判术和资金管理术。

实战选股术：选对股票是炒股成功的第一步。新股民应掌握选股的基本原则，选出黑马股、将走主升浪的股票、主力资金喜欢的股票等股市中看涨的"牛股"。

K线看盘术：K线是最有价值的盘面语言。新股民应结合盘面识别K线的主要类型、识别预判后市上涨或下跌的经典K线组合。

抄底逃顶术：顶部和底部是重要的股市形态。新股民应了解与股市形态有关的道氏理论、波浪理论、江恩理论，知道什么是牛市、熊市、平衡市，研判主要的顶底形态。

买卖点指标研判术：均线、MACD、KDJ等技术指标是确定买卖点的有效工具。新股民应熟练运用单根或多根均线，结合MACD等指标实现正确的买卖点研判。

资金管理术：有效的资金管理对于防范资金损失、避免盲目操作意义重大。新股民应学会设定年盈利预期、在牛市或熊市中正确买卖、确定不同周期的可靠买卖点，掌握解套的方法，将入市风险纳入到可控的范畴内，实现盈利的炒股预期。

沪深A股市场虽然在中国已运行了20多年，从全球来说仍是高速发展的新兴市场，不管当前的股市大环境如何，每年都会有大量高回报的个股利好行情出现。按照本书的指点，熟练掌握"入市1+5"，新股民都能在股海大潮中平稳启航、安全操作，获得良好的开端。

李典泰于北京

2011年6月13日

（本书所列举的股票及个股盘面只作案例说明使用，并非推荐广大股民购买。股市有风险，投资需谨慎。）

目　　录

上篇　"1"就是如何成为一个合格的股民
——精讲新股民入市的正确心态、基础知识和交易技能

新股民入市之前，首先应了解最基础的炒股知识，比如应该在哪里买卖股票、如何买卖股票、股市中有哪些常见的术语和概念。熟悉和掌握之后，新股民才能更好地学习如何炒股赚钱。上篇我们将引导新股民学习炒股的入门知识，以便在下篇更好地掌握炒股的五种关键技术。

第1章　"炒股入市前的正确心态"精讲
——这些炒股的经验价值不菲 …………………………………… (3)

一、高通货膨胀时期，不炒股你就跑不赢CPI ………………………… (4)
二、股市中也有风险，新股民不宜过分投机 …………………………… (5)
三、想清楚自己适不适合炒股 …………………………………………… (6)
四、模拟炒股与实战炒股绝对是两回事 ………………………………… (7)
五、拿出心理能承受的本金炒股 ………………………………………… (8)
六、炒股就像吃饭睡觉，无需时刻盯盘 ………………………………… (9)
七、没有把握坚决不交易，操作时必须严格要求 ……………………… (10)
八、选好炒股的周期：短线、中线还是长线 …………………………… (12)
九、选股买卖自己拿主意，别人的意见不可靠 ………………………… (15)
十、不能把亏钱算成盈利，理解每次交易的真实盈亏 ………………… (16)

第 2 章 "股票基础常识"精讲
——掌握最有用的股票知识 (19)

一、股民如何从股市中赚钱 (20)

二、股票价格为何有涨也有跌 (22)

三、新股民应了解股票的哪些特性 (23)

四、持有股票有哪些好处 (24)

五、新股民必须了解的国内股票类别 (25)

第 3 章 "股市开户流程及交易细则"精讲
——新股民如何开户与买卖股票的费用 (27)

一、了解沪深两市的交易时间 (28)

二、详解新股民开户流程 (29)

三、新股民如何变更券商或营业部 (30)

四、买卖股票的交易费用怎么算 (30)

第 4 章 "炒股软件的使用要点"精讲
——手把手教你网上炒股 (33)

一、"大盘技术图"怎么看 (34)

二、"大盘分时图"怎么看 (36)

三、"报价分析图"怎么看 (38)

四、"个股技术图"如何解读 (40)

五、"技术图 K 线"怎么看 (44)

六、"股票交易软件"如何正确使用 (47)

七、网上炒股常见的重要概念 (49)

第 5 章 "股市基本面的识别与应用"精讲
——什么样的信息最值钱 (53)

一、不能盲信股市消息 (54)

二、"基本面专家"的话可信吗 (55)

三、如何看待媒体上的股评 (56)

四、哪些基本面传闻不能信 (57)

五、如何看待主力放出的基本面消息 ………………………………… (58)

六、基本面究竟应当看什么 ………………………………………………… (60)

下篇 "5"就是最实用的五种实战技术
——精讲股票技术分析与实战技巧

每一种炒股技术指标都有其独特的优势和局限,新股民不可能仅凭一种技术就能研判股市的所有涨跌情况。下篇是在新股民对上篇知识理解的基础上,讲解技术面最有价值的五种重要技术(实战选股术、K线看盘术、抄底逃顶术、买卖点指标判别术、资金管理术),帮助大家选对交易品种,掌握辅助炒股的实战技术。

第6章 "实战选股术"精讲
——选对牛股就是一本万利 ………………………………………… (67)

一、选股不宜贪多,股票池里不多于5只股 ……………………………… (68)

二、选股的基本原则要牢记 ………………………………………………… (69)

三、小盘子最容易窜出"黑马股" ………………………………………… (69)

四、"市盈率20~40倍"的股票值得选 …………………………………… (71)

五、为什么说"选股就是选主力" ………………………………………… (72)

六、大主力最喜欢的股票类型 ……………………………………………… (78)

七、涨停板的股票有何特征 ………………………………………………… (79)

八、走主升浪的大牛股有何特征 …………………………………………… (83)

九、适宜中长线操作的股票有何特征 ……………………………………… (85)

第7章 "K线看盘术"精讲
——掌握炒股的盘面语言 …………………………………………… (89)

一、K线的历史及本源 ……………………………………………………… (90)

二、详解K线的主要类型及特征 …………………………………………… (91)

三、预示后市上涨的K线组合有哪些 ……………………………………… (107)

四、预示后市下跌的K线组合有哪些 …………………………（114）
　　五、实战中必须牢记的经典K线组合 …………………………（119）
　　六、实战中预示底部和顶部的K线组合 ………………………（128）

第8章 "抄底逃顶术"精讲
　　——把握炒股赚钱的关键点 ……………………………（139）
　　一、道氏理论：股市其实是这么回事 …………………………（140）
　　二、波浪理论：股市是按照这样的规律运行的 ………………（145）
　　三、牛市形态：上升的股市应当如何获利 ……………………（148）
　　四、熊市形态：下降的股市应当如何避免套牢 ………………（150）
　　五、平衡市形态：赶上牛皮行情应当如何操作 ………………（152）
　　六、识别七种底部形态：把握建仓抄底的最好时机 …………（155）
　　七、识别八种顶部形态：确定出货逃顶的最后机会 …………（164）
　　八、识别五种整理形态：波段操作的适宜区间 ………………（175）

第9章 "买卖点指标判别术"精讲
　　——好用又有效的实战技术指标 ………………………（191）
　　一、牢记葛南维的"均线八法则" ……………………………（192）
　　二、均线操作一：如何利用5日均线短线获利 ………………（195）
　　三、均线操作二：如何利用长短周期双均线长线获利 ………（197）
　　四、均线操作三：如何利用五根均线短线获利 ………………（202）
　　五、黄金指标一：MACD指标如何使用 ………………………（204）
　　六、黄金指标二：KDJ指标如何使用 …………………………（206）
　　七、了解其他有价值的技术指标 ………………………………（209）

第10章 "炒股的资金管理术"精讲
　　——管理好钱袋，炒股赚钱有保障 ……………………（217）
　　一、炒股的年盈利目标如何设定 ………………………………（218）
　　二、实战交易必须牢记哪些重要原则 …………………………（219）
　　三、不要轻易满仓交易 …………………………………………（220）
　　四、牛市行情应当如何买卖 ……………………………………（221）
　　五、熊市行情应当如何买卖 ……………………………………（223）

六、短线操作的两个可靠买入点 ……………………………………（224）
七、中长线操作最可靠的买入点 ……………………………………（226）
八、如何应用"黄金分割比率"确定卖点 ……………………………（229）
九、支撑位与阻力位：当日盘中常见的短线买卖点 ………………（230）
十、股票套牢后如何解套最有效 ……………………………………（231）

附录1：股市基础知识（测试题）……………………………………（234）
附录2：炒股实战操作（测试题）……………………………………（240）

上篇

"1"就是如何成为一个合格的股民

——精讲新股民入市的正确心态、
　　基础知识和交易技能

新股民入市之前，首先应了解最基础的炒股知识，比如应该在哪里买卖股票、如何买卖股票、股市中有哪些常见的术语和概念。熟悉和掌握之后，新股民才能更好地学习如何炒股赚钱。上篇我们将引导新股民学习炒股的入门知识，以便在下篇更好地掌握炒股的五种关键技术。

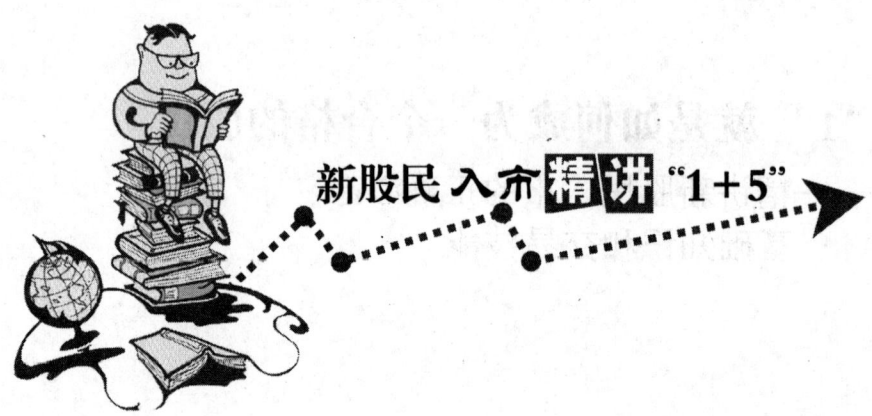

第1章
"炒股入市前的正确心态"精讲
——这些炒股的经验价值不菲

- ➡ 高通货膨胀时期，不炒股你就跑不赢 CPI
- ➡ 股市中也有风险，新股民不宜过分投机
- ➡ 想清楚自己适不适合炒股
- ➡ 模拟炒股与实战炒股绝对是两回事
- ➡ 拿出心理能承受的本金炒股
- ➡ 炒股就像吃饭睡觉，无需时刻盯盘
- ➡ 没有把握坚决不交易，操作时必须严格要求
- ➡ 选好炒股的周期：短线、中线还是长线
- ➡ 选股买卖自己拿主意，别人的意见不可靠
- ➡ 不能把亏钱算成盈利，理解每次交易的真实盈亏

一、高通货膨胀时期，不炒股你就跑不赢 CPI

如今，许多中国老百姓都明白这样一个道理：存入银行的钱变得越来越不值钱，CPI 迫使大家开始投资理财。

CPI 的全称是"居民消费价格指数"（Consumer Price Index），是反映居民消费和物价水平变动情况的重要指标。伴随 CPI 逐渐走高，中国的老百姓已切身感受到物价上涨带来的生活压力。在 CPI 飞涨、人民币升值的大环境下，投资股市无疑是抵御高通货膨胀和高物价的最有效途径之一。当前国家对于房地产市场的调控是空前严厉的，炒房获利的热潮暂且告一段落，就投资的风险和灵活性而言，投资什么都不如投资股票更划算。

在中国 A 股市场里，掌握正确观念与方法的股民年投资收益率约为 10%，也就是说如果拿出 10 万元投入股市，每年平均可以赚 1 万元，而将同样的钱存入银行，每年的定期收益不到 400 元。由此看来，将手头的闲散资金投入到股市中是非常正确的。从近几年市场情况来看，沪深股市每年总有一波上涨行情（主力机构总会做出一波行情赚出一年的费用），表现最差的股票也有 20%~30% 的波幅，只要从相对的低价位持有一只股票，至少 10% 的收益就会流入你的银行账户。把钱存在银行里要随时扣除利息所得税，放在证券公司的股票账户里，只要不交易是不收取任何税费的（包括活期存款利率）。目前银行的一年定期存款年利率为 3.25%，A 股市场的平均年投资回报率在 10% 以上，这些数字在提醒我们：闲钱放在股市里是最划算的，股市对普通投资者的吸引力将愈来愈强。

炒股是跑赢CPI的捷径，将钱存在银行吃利息，坐等财富缩水，不如将资金拿到股市里博一博，获取盈利。散户新股民理应把自己看作是"一家没条件从银行借贷、也没有相关部门扶持的小型投资公司，公司的经营目标是保证每年净投资收益率超过10%"，一旦完成这一目标，你的经营水平就已经超过了多家基金公司的总经理！主力机构每年投入几十亿资金、依靠众多研究人员、畅通的信息渠道、与相关部门的良好关系，年利润净赚几个亿。看起来赚了不少，但实际收益率也不过50%。相比之下，普通散户如果年收益率在10%~20%，就是相当不错的好成绩。

在决定入市前，新股民应当全面衡量当下的投资能力、财务状况、炒股精力与心理承受力，确定以怎样的状态和投入参与股票投资。准备不充分就匆忙入市，即便折腾一年不赔钱，可能的盈利也只有几个点，这样远不如将钱存在银行里拿利息划算。炒股入市不是赶时间的事，过了这个村还会有下一个店，新股民不可贸然将多年的积蓄全部或大量投入股市，以避免造成严重的资金套牢。

二、股市中也有风险，新股民不宜过分投机

股民中流传这样一句话："10人炒股，7赔2平1赚。"若是针对一个短期时间段而言（比如交易一次、交易一天或者交易一周），这句话是较为准确的。

股市本身不会产生利润，你入市赚了5万元，意味着另外一个人（或者几个人）就要损失5万元。新股民在入市前，千万不要相信自己就是那个"一定能赚到大钱"的人，应当看清楚自己是"在一个风险重重的游戏规则下，努力争取一定的投资收益"，学习技术分析显然是非常重要。

目前在深沪两市开户交易的股民总数约有1亿人，其中活跃

股民（一年至少交易一次的）约有 4000 万。95% 的活跃股民炒股本金都在 50 万元以下，俗称"散户"。散户的炒股本金不到主力机构资金的九牛一毛，也就是说：散户中炒股赚到大钱的是少数。

在相同的获利率上，本金越大自然利润就越多。这是一个浅显的炒股原理。同样是 10% 的收益，拿出 1 万元本钱，能赚 1000 元；拿出 10 万元本钱，能赚 1 万元；拿出 100 万本钱，能赚 10 万元（投入本钱越多，获利难度越大）。美国股市的大主力机构（共同基金）可操纵的资金动辄几百亿、几千亿美元，中国股市目前也不乏操纵几十亿、几百亿元甚至财力更雄厚的主力机构。与财大气粗的主力相比，散户手里的本金确实不值得一提。

主力为确保全年的总盈利，会根据每年的行情进行预测和分析，制定最佳的投资组合和盈利模型，实现投资利润最大、投资风险最小。由于多种原因，多数个股在重要的基本面信息披露前，股价早已出现异动。每当个股有利好事项发布前，主力就已提前做出日线级别行情，盘面上明眼人一看便知。这种信息的严重不对称，导致主力总是"先知先觉"，中小散户总是"后知后觉"。散户就是股市里的"弱势群体"，新股民在入市前一定要看清这一现状，避免过度投机和盲目乐观。

股市中真正的散户获益者不到 10%，靠炒股发家的散户更是凤毛麟角，那些炒股赚到钱的散户在心理素质、判断力和执行力上都是大致相似的。新股民应认清资金与获得信息方面与主力的差距，认真学习炒股技术，成为股市中赚小钱的成功散户。

三、想清楚自己适不适合炒股

借钱买股票、负债时指望炒股还债、炒股给孩子赚奶粉钱、动用"过河钱"或投入全部家底炒股——属于以上四种情况的新股民是坚决不能炒股的！

如果新股民以"小赌怡情"的心态进入股市，总是以无目的性、无节制性的方式操作，不仅达不到投资获利的目的，只能在股市中屡战屡赔。

在股市里追涨杀跌、炒股知识几乎为零的新股民，除了给国家增加印花税、给证券公司贡献佣金、给其他股民提供利润，自己是一点好处也捞不到的，主力赚的就是你们的钱。

心理素质太差的新股民，最好远离股市，以免金钱和身心遭受双重损失。股市可怕的地方在于"股价会随着行情涨跌，每时每刻无规律的变化"，今天能让你赚钱，明天就有可能让你赔钱。

有时候一周或一个月，股价就在某一价格区间反复震荡，心理起伏较大的新股民，长线操作的执行力很容易受到短线价格波动的影响。如果在实战中无法提高和解决这一问题，恐怕就不适宜继续在股市中继续搏杀，否则越做越亏。

炒股一定要克制内心的"贪婪"。抱着严重的投机心理去炒股，认为在股市里赚钱比天天干活容易得多，这种赌徒心态是致命的，导致炒股就像去赌场凭感觉押宝，要么全赚、要么全输，等到输得一干二净、口袋空空才不得不离场，一边抱怨手气太背，有了钱还会手痒痒，再去入市炒一把——不用想，这种人炒股铁定是要赔死的。

四、模拟炒股与实战炒股绝对是两回事

许多新股民在模拟炒股中，心态良好、思路清晰、判断准确，遇到短期价格波动也能沉着应对，模拟交易的成绩一直不错。然而一旦真正实盘操作，却屡次遭遇"滑铁卢"，炒股的心态起伏不定，交易时犹犹豫豫，亏损不少。

虚拟炒股只用几分钟就可以看完过去某一年的股市行情，而实盘操作"每一天都是漫长的"。心理承受力差的新股民总有"度日如年"的感觉，许多新股民承受不了股价的不规律波动，干脆在小赔或小赚时迅速卖出或者赔本卖出。没有用自己的钱真正买卖股票，新股民就无法理解真实的炒股是怎么回事。

新入市的股民，甭管理论知识掌握到何种程度，虚拟炒股有多成功，都要先过实战的心理关。这就像打拳一样，即使你体格好、练过什么拳法，如果没有面对面跟人打过，很可能一上场就被对手的一声吼吓破胆。新股民逼自己入市体验是必要的，只有上过战场才是真正的战士。上战场（入市）要做的第一件事是什么呢？保命。即使吓得尿裤子、丢盔弃甲，只要能活着爬回来就是胜利。战场上丢掉性命就是彻底失败，股市中交易失败却能收获宝贵的经验。本书多次用战争来比喻炒股，是因为两者在本质上并无太大区别，打仗死伤的是人命，炒股损失的是金钱，两者都会给参与者一定程度的心理创伤。

出于对股市的恐惧，很多新股民会这样想：股市风险那么大，我还是多学点东西，完全准备好再进去吧。就本书而言，简单浏览完一遍，再精读书中的要点，对照着研究技术、虚拟炒股一两周，你就能拿出心理上可以承受的小额本金入市练手。书上的知识和模拟操作只能教会新股民在股市中怎么办，却无法使新股民具备炒股实战中冷静的心态、沉着的判断和正确的交易行为——这些都是实战操练出来，就跟神枪手是用子弹"喂"出来的道理一样。

学习任何知识技能的规律都是相通的：理论上掌握所有技巧、尚未实盘操作，实战经验就是零；经常实盘操作却不学习书上的正确理论，炒股只是瞎忙活；只有理论加实践，边学习、边炒股，总结经验、自我钻研，才能从股市中稳定地赚钱。

五、拿出心理能承受的本金炒股

如果一个新股民打算拿出5万元炒股，就要做好这5万元全部赔光的思想准备。不做好最坏的心理打算，怎么可以驾驭好这笔钱呢？在股市中又何来平常心呢？炒股的心态，既是身体和心理的问题，也是资金承受力的问题。

拿5000元、50000元、500000元的本金炒股，心理上的压力是完全不同的，这属于**"绝对本金承受力"**。假设 A 股民的身家只有 10 万元，却敢拿出 5 万元炒股，觉得赔就赔了，无所谓；B 股民身家 100 万，拿出 10 万元炒股都很紧张，说明 B 股民的**"相对本金承受力"**没有 A 股民强！

一个人在炒股时犹豫、不果断、经常错失良机，第一种可能是其"绝对本金承受力"不足导致决断力差，第二种可能就是他的"相对本金承受力"较低。新股民拿来炒股的本金，必须是心理上完全可以承受的，不会一想到这个本金数字就慌乱和紧张，这也是新股民投资股票的上限金额。

假设某位新股民，拿出 5 万元炒股"心态如浮云"，拿出 10 万元炒股"有点紧张和压力"，拿出 20 万元炒股"简直难以想象"——那么适合该股民的炒股资金就是 5 万元。只有以"心态如浮云"的本金去炒股，才不会在操作时慌张和犹豫。

新股民必须积累多次实战获利的成功经验，才能慢慢提高本金承受力，到后来即使投入更高金额炒股也能心态如浮云。

六、炒股就像吃饭睡觉，无需时刻盯盘

炒股只是社会生活中很小的组成部分，新股民对待炒股应像每天的吃饭、睡觉一样，肚子饿的时候才进餐，感觉困的时候才休息，无需脑子里时时刻刻都想着它、惦记它。成天废寝忘食地盯着大盘，久而久之身体容易变差，交易时容易屡出昏招。

新股民每天看盘的时间越长，越按捺不住，非要上手操作。为避免股市的诱惑而坏事，最好的法子就是尽量远离诱惑，缩短每天的看盘时间，确定操作策略、明确整体大势即可，不宜长久盯盘。

许多朝九晚五上班的新股民，很少有时间关注股市。这一类股民做中长线是最合适的：在理想的买点建仓，每天晚上只需瞧一眼今日行情即可，然后该干嘛干嘛，将股市的涨跌抛之脑后。如果暂时不准备买卖，最好少浏览盘面。

炒股理应是一种日常的休闲活动，就像回家看电视一样：需要时看一下盘面、了解大势，心中有数即可；下午3点收盘时如有必要再瞧一眼，了解今天的大势；晚上临睡觉前简单想一下，然后安心睡大觉，这才是正确的股市人生。即便平时轻闲，也不宜长时间盯盘，不应将过多精力投入股市，一切顺其自然为好。

对新股民来说，一周内合理的炒股规定是必要的：

周一至周五：需要看盘时打开软件，浏览大盘走势及选中个股情况，查看当前盈亏，做到心中有数。然后关闭软件，安心去忙其他事；中午如有必要，顶多花5～10分钟了解上午的走势；下午2点半再看一眼K线走势，3点钟收盘时了解最后的战况。保持写"炒股日志"的好习惯，记录即时的经验、心得，但不用每天都作记录。

周六至周日：克制自己，尽量不去看大盘和交易单，可适当看盘检验新掌握的技术。炒股跟下棋差不多，要有一定的胜负预期和走势判断，至少对未来五个交易日的走势有大概估计，通过每天的行情变化分析和验证。

七、没有把握坚决不交易，操作时必须严格要求

炒股就是打仗，每天跟看不见的其他散户和奸到骨子里的主力机构打仗。战场上的话语权取决于谁的武器更厉害，股市中的话语权是看谁投入的钱更多。散户通常是资金投入最小的弱势群体，经验较少的新股民，很容易在股市里成为炮灰。因此，必须要用严格的纪律管理好身心，用聪明的资金管理控制成本。

股市中的任何一次操作失误，都不宜影响炒股的情绪和节奏。**心不静、气不顺，不宜进行任何操作；如果心存疑虑，也别做任何交易。**华尔街有个著名的操盘手说："股市中赚钱快，亏钱也快。几乎每次亏钱都是在我赚到钱洋洋自得以后发生的。"即使是炒股高手，也难免在盈利时心浮气躁，更何况是新股民呢？在炒

股盈利后,不能在乐观的情绪下继续入市,要先进行心态冷处理,待到情绪恢复正常后,再考虑下一次操作。炒股是一项高风险性的决策,没有下决心之前,要周密思考,多怀疑,一旦决定就不能犹疑不定,白白浪费机会。

新股民很难改变的一种错误心理是:总想持仓。在大牛市行情中,满仓待涨是没有错的;等到牛市结束后,新股民就要将思路扭转过来,卖出股票,持币观望。在股市下跌过程中,机会不好坚决空仓不入场。**无法做到空仓的新股民,是不适合炒股的。**

很多股民都知道应该"看住"某只股票,围绕其"反复操作"以获取较高利润,也曾下决心坚持这么干。可是一年下来成绩差强人意,原因就在于抛出股票后没有耐心静等股价回落,经不住诱惑又想去抓一下别的股票,结果是哪只股票都没有做好。

炒股就是要耐得住寂寞,把"不亏钱"放在首位,避免轻易就被套牢,没有正确的时机绝不贸然入场。很多股民都说套牢了总有一天会解套,但到底会是哪一天呢?当年大盘5000点以上被套住的人,现在只怕是还在祈祷老天帮忙解套吧。

在股市里,挽回损失远比赚钱难得多。假如一入市就亏损10%,那么下一次即使赚取11%还不能保本(不含交易手续费);假如不幸亏损50%,就得赚1倍才能保本。

亏损金钱不算最糟糕的,要命的是丧失时间和机会。"股神"巴菲特的老师格雷厄姆在1929年初购买的股票从最初的40万美元涨到250万美元,但在随后几年的经济危机中却连续大幅亏损,到1932年亏损高达78%,250万美元只剩下50多万美元!客户们纷纷将资金撤走,格雷厄姆绝望得几乎自杀。后来在其岳父的帮助下,格雷厄姆花了5年时间才弥补亏损。钱没了可以再赚,但损失的时间却是再也赚不回了。

巴菲特吸取了老师的教训,坚持"没有好机会就空仓",耐心等待最正确的入市时机。可口可乐公司由于业绩稳定、少有股价大幅波动的机会,巴菲特坚持"不是最好的机会绝不入场"的原则,几十年如一日耐心地盯着它。终于有一次可口可乐由于宣布改变饮料配方,导致股价一度大跌,巴菲特趁机大量持有,等到可口可乐宣布配方照旧,股价重回原位,巴菲特早已完成了一次成功的价值投资。

八、选好炒股的周期:短线、中线还是长线

哪一种炒股周期最适合我呢?这个问题是新股民在入市前应当想清楚的。做中长线和做短线,所承担的风险和所需要的实战技巧是完全不同的。

几乎 90% 以上的新股民都会问"某只股票是涨还是跌",这一问法本身就是错误的。正确的问法是"在某个时间段内,某只股票是涨还是跌"。抛开时间周期去谈股票的涨跌没有任何意义,这一观念在炒股中是很重要的。我们买股票时一定要与时间挂钩,想好是一天交易一次、一个月交易一次,还是几个月交易一次。实战中也因此有"短线"、"中线"和"长线"的说法。

同一只股票,做长线、中线或短线,应视时间周期而定。从日 K 线图看,单笔交易时间从两三个月到几年的为"长线操作";两三周到一两个月的为"中线操作";几天到一周左右的为"短线操作";一两天以内交易一次的为"超短线操作"。长线、中线与短线之间并没有严格的时间界限,只是大致的划分。假设每次交易都成功,从获利的角度看,超短线和短线最强,中线次之,长线再次之。单独讲"中长线持仓能赚大钱"这一观点是不对的,股市中实际获利多少钱,与股价波动、操作周期和投入本金这三方面有关,单纯从操作周期来判断盈利显然不准确。

新股民炒股都希望持有的股票价格一路上涨。价格上涨,类比时间的长、中、短线,也有大涨(翻 N 倍)、中涨(50%～100%)、小涨(10%～50%)之分,新股民可通过实战检验自己适合在哪一种操作中盈利,再去学习相应的技术。

中国股市能进行长期的价值投资吗?当然可以,只是不能像美国股市那样随意,应选择最恰当的时机入市,挑选最适合的股票长线持有。目前的 A 股市场处于中期整理阶段,个股普通回归

其本来价值或者在价值区间上下波动。从上证指数（999999）的月K线图看（图1—1），1990年开市至今已走过20余年，整个大盘的最低点为95.79，最高点为6124.04，目前股价行至3000点附近，处于价格空间的中段。

图1—1　上证指数（999999）月K线图

再看个股，以"成霖股份（002047）"的周K线图为例（图1—2），该股在深市已上市5年，其盘面最低价为2.40元，最高价为12.13元，当前价格在5元左右，通过以上信息可知：该股处于历史价格的相对低位。能否长期持有该股，要借助技术指标进行辅助分析，一旦确定其长期走势向好，可考虑建仓。

在股市中进行5年以上的长线投资，收益是大于储蓄、债券等其他保值品种的。这一观点不仅为世界各国股市的发展历史所证明，也是中国股市20多年发展的真实结论。从长期来看，在沪深股市上市的绝大多数股票，股价都较上市之初增长两三倍甚至七八倍。新股民一旦决定长期持有某只个股、赚取价值，就不要被短期波动左右。

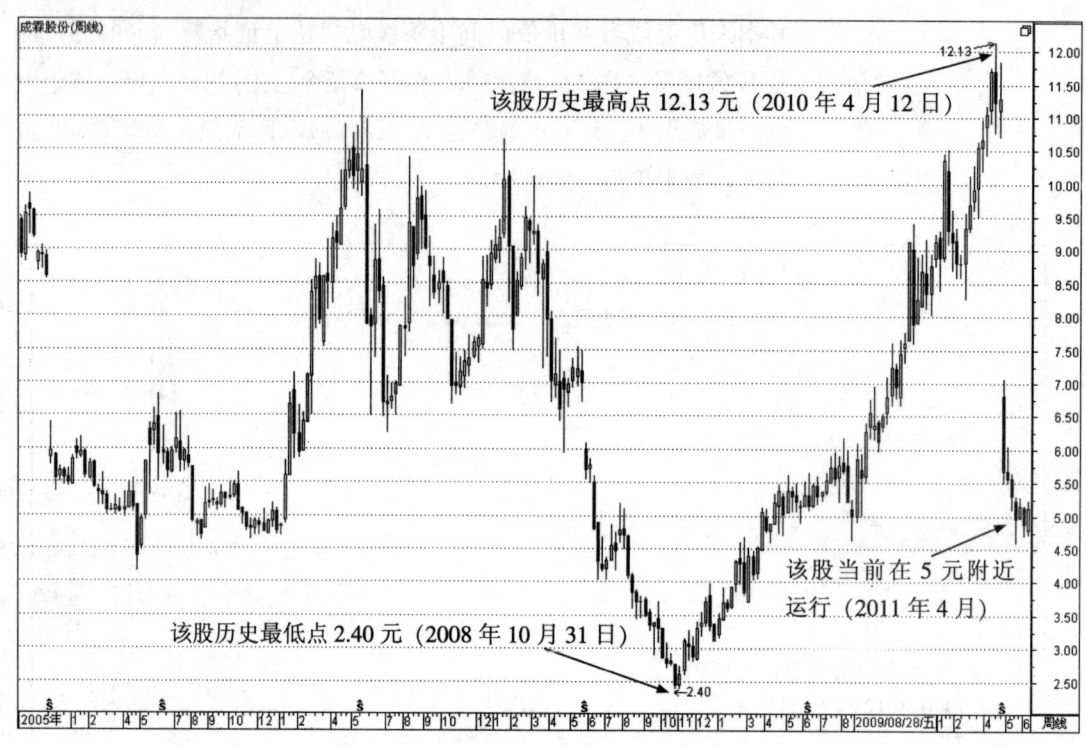

图1—2 成霖股份（002047）周K线图

"时机未到，按兵不动；时机一到，迅速建仓；长期持有，不做短期；止损有期，雷打不动；交易越多，损失越多。"以上是长线价值投资的金口诀，耐心和定力是长线获利不可缺少的心理保障。

喜欢做短线的新股民，只需具备一个必要的操作条件：上午9点半到11点半，下午1点到3点，这两个时间段有机会盯盘和交易，且不会影响正常的学习、工作和生活。

从日K线图看，超短线的周期不超过3天，短线的周期不超过一周。看起来做短线交易没有中长线获利多，但由于时间周转快，再加上复利效应（连本带利持续投资），真正做好短线，收益要远胜过中长线。从操作难度和风险看，短线操作也是远远大于中长线操作的。

新股民做长线、中线还是短线，各有利弊。拿短线来说，有"跑得快，当元帅，小打小闹钱滚钱"的顺口溜，也有"短线进，常被套，做得越多越傻帽"的说法。新股民应在实战中认清自己适合哪一种时间周期的操作，掌握相应的技术。只要思路清晰、周期明确、选股操作得当，做什么周期都是能赚到钱的。

九、选股买卖自己拿主意，别人的意见不可靠

散户新股民通过学习，掌握了很多股票分析的方法，也有了一定的分析水平，但是当精心研究某只股票准备建仓时，却突然不自信了，询问一些已经炒股的朋友的意见，当听到他们说"这只股题材不算好"、"这只股基本面不像牛股"，心理就犹豫了，最后决定放弃这只股，改买另外一只股……如此没有主见，怎么可能在股市中获利呢？

股市操作是需要独立决策的，别人的意见少听为妙。别看炒股的理论和方法有那么多种，真正获利的却是你自己通过学习和实战总结出来的那套方法。

新股民不要轻易听信他人的观点，即使对方可能是炒股高手，但是高手选股和操盘的方法未必适合"低手"。对于他人的成功经验，需要"小马过河式"的尝试，摸摸水对你而言是深还是浅，检验某一种技术和经验是否可行。一次操作，能用到的技术分析可能就两三种，想得多了就容易将自己搞乱。知道的信息太多，容易失去敏锐的直觉，决策时怀疑最初的正确判断。

新股民除了不应轻信他人的炒股意见，还应小心提防"股市黑嘴"。股市黑嘴是指某些别有用心的"专业人士"，出于不可告人的目的，故意散布一些混淆视听的股市消息，使自己从中获利。在股市巨大的利益驱动下，许多不良的股票咨询机构、博客名人或股评专家，常常打政策"擦边球"行坑蒙拐骗之事。

最著名的"股市黑嘴"当属汪建中，在中国股市最不景气的2005年，汪建中凭借出色的股市眼光和精准判断，预测了随后的大牛市，一举坐上央视特邀评论员的位子。没过几年，他却成了中国证券市场涉嫌操纵股市的第一人，不久前在北京被提起公诉。汪建中的"黑嘴"行为在于其利用自身影响，通过"先买入股票→向公众推荐→再卖出股票"的手法操纵市场，在2007年1月至

2008年5月期间，共计交易操作55次，累计获利超过1.2亿元。股市中盲目相信"黑嘴"的话，就等于就是帮助他们致富！

新股民对股市咨询行业中"黑马推荐"、"牛股推荐"、"免费赠股"等行为应当避而远之，以免受骗上当。为保护股民的合法权益，中国证监会已对会员制的证券投资咨询业务作出全面规范，以打击"股市黑嘴"的虚假消息传播。说到底炒股还是自己的事，相信自己才是炒股获利的前提。

十、不能把亏钱算成盈利，理解每次交易的真实盈亏

在股市里，纸面上的盈亏不能代表真实的盈亏。一道简单的算术题，可以检验新股民对于真实盈亏的理解（要求在3分钟内给出正确答案）：

有个年轻人来到赵老板的店里买礼物，他选中一件成本15元、标价20元的礼物，掏出一张100元的人民币。赵老板由于没有零钱，就用年轻人的100元向隔壁邻居换了100元的零钱，找给年轻人80元。等年轻人走后，邻居发现那张100元是假币，于是赵老板无奈还给邻居100元。

问：赵老板在这次交易中损失了多少钱？

许多人容易给出195元的答案：这笔交易，等于白给年轻人成本价15元的商品，找零给年轻人80元，由于假币原因又给了邻居100元，15＋80＋100＝195元。

这个答案细一琢磨很有问题：问的是赵老板在这次"交易"中损失了多少钱。与邻居换零钱和假币纠纷，实际上与这笔交易没有关系，这笔交易的双方是"赵老板与年轻人"，邻居并没有参与其中。那么，实际损失应该是15＋80＝95元，这应该是正确答案吧？

还是不对。这件商品赵老板损失的只是成本价吗？如果是一次正确的交易，赵老板理应赚到了这笔商品的实际利润5元（20－15），因此这笔交易的实际损失为：15（成本）＋5（盈利）＋80（上当）＝100元。这才是正确的答案，也是以正确炒股思

维得出的数字。

这道简单的算术题，蕴含的炒股思维却不简单：炒股是赔还是赚，应从自己的角度出发，以投入的实际本金和时间成本去计算。假设某一次操作本来上涨赚5个点，但实际亏损3个点出局（以买入价计算），那么纸面盈亏为3个点，真实盈亏为8个点。老股民常讲"十次赚八才算不亏"，这句话初听起来有些矛盾：赚了8次，才赔了2次，总的来说不还是赚吗？——很多股民都会用类似的算法把"赔钱算作盈利"。假如做两只股票，一只赔了3个点，另一只赚了6个点，光看百分比是总共赚了3个点，但是第一只股票赔了3万元，第二只股票却只赚了1万元，等于真实亏损是2万元——同理，你赔2次所损失的金额很可能要比前8次盈利的金额都要多。在股市中，赔了2次通常会抵消之前赚的3～4次的本金。炒股就是要以最简单的方法计算盈亏：既要看赚了多少个点，更要看赚了多少钱。

新股民需要透过现象看清问题实质，不能被其他因素迷惑（例如上面算术题中的邻居）。研究股票涨跌，只去研究与股票价格变化有直接关系的要素，无论是基本面还是技术面，一只股票的价格变化，其实跟世界和平是没有太大关系的。

本章精讲要点

◎ 炒股可以帮助散户新股民跑赢CPI，抵御高通货膨胀和高物价造成的资产贬值。就投资风险和灵活性而言，投资什么都不如投资股票更有利。

◎ 新股民入市前，应全面衡量自己的投资水平、财务状况、炒股精力与心理承受力，确定以怎样的状态和形式参与股票投资。

◎ 新股民不可贸然将多年积蓄全部或大量投入股市，以免造成资金严重损失。

◎ 新股民若在心理素质、判断力和执行力三方面较差，不如趁早退出股市，将资金投入到其他领域。

◎ 不适合炒股的几类新股民：

① 借钱买股票。

② 负债时指望炒股还债。

③ 炒股给孩子赚奶粉钱。

④ 动用"过河钱"或全部家底炒股。

⑤ 股市中无目的性、无节制性操作。

⑥ 心理容易紧张、起伏较大。

⑦ 抱着严重的投机心理炒股。

⑧ 认为炒股比干活来钱快。

◎ 理论加实战，总结经验、自我钻研，只有这样才能在股市中赚钱。

◎ 新股民拿来炒股的本金，一定是心理上完全可以承受的，不会一想到这个本金数字就会心慌和紧张。

◎ 新股民应缩短每天的看盘时间，不宜长时间盯盘。

◎ 新股民必须以严格的纪律管理好身心，用聪明的资金管理办法控制成本。新股民要耐得住寂寞，把"不亏钱"放在首位，不是正确时机决不入场。

◎ 新股民通过实战可以检验自己适合在哪一种周期中盈利，然后去学习相应的技术。

◎ 炒股是需要独立决策的，别人的意见不听为妙。真正使新股民获利的是自己学习和总结出的炒股方法。

◎ 炒股应以最简单的方法计算盈亏：既要看赚了多少个点，更要看赚了多少钱，还要计算时间成本。

第2章
"股票基础常识"精讲
——掌握最有用的股票知识

➡ 股民如何从股市中赚钱
➡ 股票价格为何有涨也有跌
➡ 新股民应了解股票的哪些特性
➡ 持有股票有哪些好处
➡ 新股民必须了解的国内股票类别

一、股民如何从股市中赚钱

股票是股份制企业为扩大规模、获得资金，对出资人公开或私下发行的一种股份持有凭证。许多新股民认为股票就是在证券交易所里流通和买卖的，这种理解不完全正确。股票既可以公开上市，也可以不公开上市。比如某股份公司可以将未上市的公司股份作为额外红利赠送给部分老员工，这些老员工所持有的有价凭证也叫股票。我们通常所说的"股票"，指的是在股票市场上流通和买卖的。

在股票交易中，我们买卖的是一个六位数的代码，每个代码实际上是一家上市公司股票交易的代码，由证券交易所指定。这个代码，被上市的股份公司、券商、主力机构、中小股民、经验人士赋予大量不同的信息，这些信息决定了股票代码的价格走势及波动。总结起来，从股票中获利的方式大致有三种：

第一种，发行溢价。即在上市前发行持有原始股，待到该股正式上市交易，股价会照原有的买入价翻番数倍，股份持有者可凭手中的原始股票一夜暴富。像上市公司的原始个人股东，就是靠此方式身价不菲的。

第二种，价值发现。原本一只价值平平的股票，由于公司重组、转型、炒作或者借壳上市等行为，受到业界的普遍追捧和看好，股价短期内有了质的飞跃，股票的评估价值大幅飙升。持有这类股票，自然能"水涨船高"，获利颇丰。

第三种，价格波动。现实地看，普通散户新股民与前两种盈利模式无缘，既无持有大量原始股的机会，也无缘分享"价值发现"带来的利润大蛋糕，只有凭借第三种方式：通过**"价格波动"**的盈利预期获利，也就是通常所说的"炒股赚钱"。炒股所赚的钱，就是股票价格波动所产生的差价。

如图2—1所示，深圳成指（399001）在2008年12日至2009年8月出现一波牛市行情。指数从6460.70点的阶段性最低点开始上升，在行情启动之前小幅整理，随即拉出一根中阳线进入下一平台的上升走势。在8000点附近横盘整理后，股价于2009年3月17日再拉出一根实体更长的阳线（买入点1），接近8500点平台，多项技术指标表明，这一天为适宜的个股买入点。当股价涨至2009年4月3日的点位（卖出点1），经多项技术指标分析，可以视个股情况考虑卖出。深市指数在这短短20天时间，由8000点升至9500点，在此上涨区间选中合适的个股由相对低点买入，在相对高点卖出，即可赚取其中的价格波动盈利。深市股价随后继续上升，若2009年4月28日选中合适的个股建仓（买入点2），在2009年5月20日出货（卖出点2），收益同样不小。当然，最好的卖出点是2009年的8月期间。

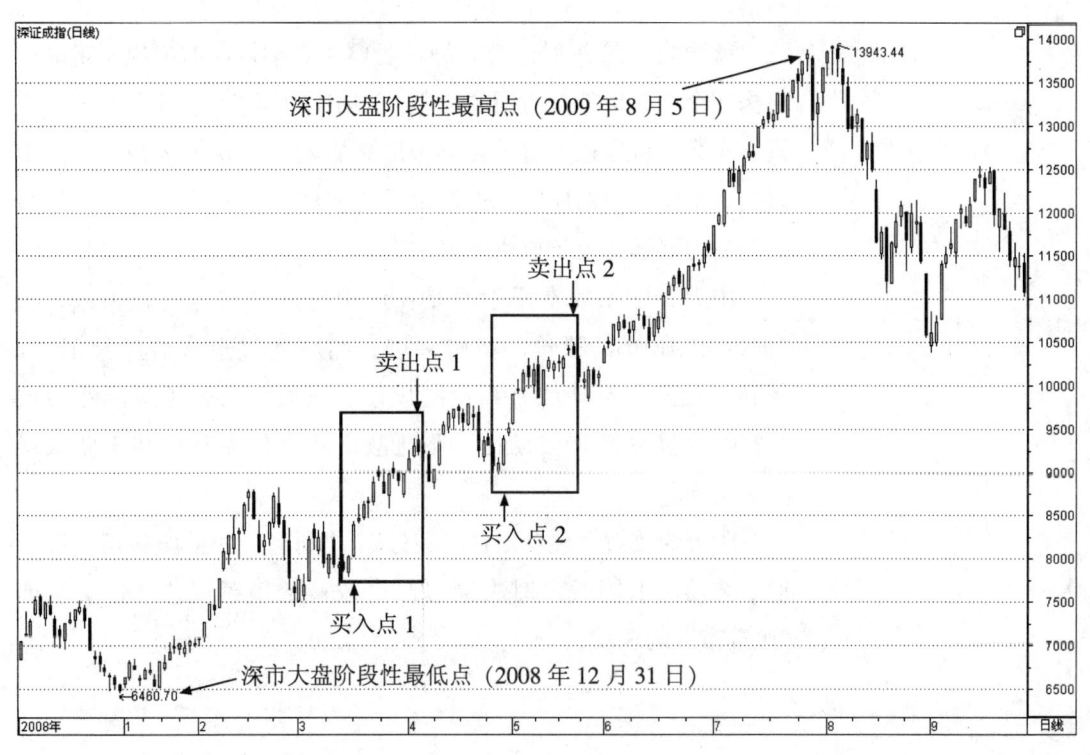

图2—1　深圳成指（399001）2008年12月至2009年8月日K线走势图

二、股票价格为何有涨也有跌

股票价格分为"面值"和"市值"两种。"面值"指的是股票的固定票面金额,通常以股为单位。比如某公司将其100万资产以100万股发行,每股的面值就是1元。股票的"市值",指的是交易中的波动价格,市值会随着股票交易的进行而不断变化。

流通股票的市值价格称为"股价",包含"股票的实际价值"与"股票的波动盈利预期"两部分。股票的实际价值,即"这只股票实际上应该值多少钱",通常是对企业经营状况进行综合财务分析后得出的结论;股票的波动盈利预期,即"这只股票在股票市场中的虚拟价值走势",股票一旦进入股票市场,其实际价格就具有被高估、低估和人为操纵的可能性,股价会随着时间的推移而变化,受基本面消息和技术面操纵的影响,有涨有跌,有起有落。

就国内沪深A股而言,每只股票背后都可能有操纵它的若干机构或个人,也就是所谓的"主力"和"庄家"。庄家是拥有强大资金实力、可通过大量买卖某种股票影响其价格的大户;主力可以是一个特大户的庄家,也可以是许多庄家的联合行为,对股价的影响力要远远大于单个庄家。

主力、庄家的常用手段是:选中有炒作潜力的题材股、概念股,先压低其股价、暗中买进,然后通过造声势哄抬股价,等到该股上升至高位时高价抛售,以赚取差价。正是因为股票价格的易操纵性和波动性,普通散户才有从中获利甚至获取暴利的机会。

股市的政策管理者出台"利好"、"利空"的措施必然使股价产生波动。中国股市对决策层出台政策的敏感反应,造成目前"政策市"的现状。

三、新股民应了解股票的哪些特性

1. 股票可随时买卖

股票是一种无偿还期限的有价证券,上市的股票只可以在证券交易所买卖,不可向发行公司退股。股民一旦认购某只股票,不可以向该公司要求退股、退还本金,只可通过证券交易所卖给第三方,通俗地解释是"流通的股票只能在股票市场上买卖和转让,而不能在现实中退还给公司折现"。股票的转让意味着公司股东的改变,并不会减少公司的资产。从期限上看,只要公司长期存在,它所发行的股票就将一直存在,股票的寿命就等于公司的寿命。股票作为金融市场上重要的长期信托工具,与房产、其他债券一样都可以作为资产抵押品。

2. 股价会上下波动

股票在股市上作为一种交易凭证,与普通商品一样,有着自己的市场行情和市场价格。股票价格受国家政策、公司经营状况、市场供求关系、银行利率、大众心理预期等多种因素影响,其价格波动尽管有一定规律可循,但是不确定因素众多,使股民随时都可能遭受损失或获得收益。

3. 炒股具有很高的风险

股票不同于房屋地产和银行存款,它是一种高风险性的理财投资产品。曾经是全球计算机老大的国际商用机器公司(IBM),业绩不凡时每股价格高达170美元,经营亏损时股价一路跌至40美元。在中国股市,由于主力机构的存在,股价经常会出现"跳水"的惨状:昨天还是14元的股价,很短时间就会一下子缩水8元,并在此价位上持续几个月甚至一两年的低迷走势,这对于持有该股票的股民,心情和压力可想而知。

4. 在高通货膨胀时期股票是优先选择的投资对象

股票除了能帮助股民获得股价波动带来的收益，还可起到一定程度资产保值或增值的作用。在成熟而稳定的股票市场（如美国股市），选中业绩稳定的传统型大企业股票进行价值投资，长期看来均可获得不小的收益。比如在1984年底投资1000美元买入可口可乐公司的股票，到1994年7月便能以11654美元的市场价卖出，赚取10多倍的利润。在高通货膨胀时期，股票价格会随着公司原有资产价格的上涨而上涨，从而避免使股民手中的资产贬值，股票也因此被视为"在高通货膨胀时期优先选择的投资对象"。

发达国家由于大部分上市公司有业绩支撑，有能力给予股民稳定的投资回报，并且具有较高的成长性，股民的中长线投资收益将远远大于短线投机收益，也大于同时期的银行存款利息。在美国有60%以上的公民投资于股市。在中国股市，短线投机的散户众多，真正进行长期价值投资的很少，主要原因是中国股市是新兴市场，加上上市企业本身的问题，导致股票给股东的长期投资回报不稳定。

四、持有股票有哪些好处

对于现金流稳定、资产巨大、运营成熟、具备上市资质的企业，发行股票上市的收益是巨大的，不仅可以在流通市场上吸引大量股民、迅速提升公司价值，还可以通过增发股票，不断吸收大量社会资本进行生产性经营融资，实现资源优化配置。

股票上市后，上市公司的股权被分散在千万个持股比重不一的股民手中，可有效避免公司被少数股东掌控的风险，赋予公司经营上的自由度。股票上市对于股份公司是一种免费的广告宣传，可有效扩大公司知名度，提高上市公司信誉度。

持有股票的人称为"股东"，其持有股票数量占公司发行总股票的百分比称为"股份"。假设你持有某上市企业30%的股份，意味着你对该企业具有30%的所有权和话语权。股东参与公司决策权的大小，取决于其所持股份的多少，根据"同股同权"原则，股东根据其所持股份对公司承担相应的有限责任，分享相应的有限收益。凡股东所持有股份达到足以左右决策结果所需的实际数量（如10%～50%），即可掌握公司的主要决策控制权。

理论上讲，只要持有股票就自动成为股东，就可以自动享有股份公司的一些特别权利，比如参加股东大会、投票表决、参与公司重大决策、收取股息和分享红利等。股息和红利的大小，主要取决于公司盈利水平和公司盈利分配政策。

上市公司给股东分红，要走一定的程序：

首先，由公司董事会制定分红预案，确定本次分红的数量和方式，安排召开股东大会或临时股东大会的时间、地点及表决方式，由公司董事会向社会公开发布。

董事会制定的分红预案须经股东大会或临时股东大会讨论通过，如未能获得通过，将重新修改分红预案；如讨论后通过、获得批准，会公布分红方案及分红时间。

按规定，如果股东大会正在讨论分红预案，该公司股票要停盘一天；公司公布分红方案时，公司股票要停盘半天。

凡在董事会指定日期收盘前购买该公司股票且列入公司名册的股民，都可以作为公司股东享受公司分派的股息红利。

上市公司的股票，在分红之前的股价中包含着股利，称为"含息股"或"含权股"。分红时会将股价中的股利扣除，这种技术处理叫股票"除息"或"除权"。沪市规定，沪市公司送红股应在除权日（股权登记日后的第一个交易日）开盘前通过电脑打入股东的股票账户，当日即可交易。深市规定，深市公司送红股应在股权登记日后的第三个交易日开盘前将红股打入股东账户，开盘即可交易。

五、新股民必须了解的国内股票类别

散户新股民初入股市，首先应了解中国股市的股票类别。根据股票的盈利水平和题材，可分为龙头股、热门股、白马股、黑马股、蓝筹股、绩优股等。

龙头股：某一时期在股票市场的炒作概念中对同行业板块个股具有影响力和号召力的股票，可以主导该板块股走势变化的龙头型股票。龙头股的涨跌对同板块个股起到引导和示范作用，如石油板块中的中石油、中石化，金融板块中的五大国有商业银行股等。龙头股不是一成不变的，其板块股风向标的龙头地位，通常只能维持一段时间。

热门股：交易量较大（当日换手率接近或超过10%）、股价涨跌幅度较大、利润空间较大的股票。

白马股：股价已确定进入稳定上涨的主升浪周期的股票，未来具备一定的上涨空间。

黑马股：股价可能在未来一段时间上涨1倍或数倍的股票。

蓝筹股：在股票市场所属板块内占有重要地位、业绩优良、成交量活跃、红利优厚的大公司股票。蓝筹股一般股价较为稳定、风险较低，相对获利率不高。

绩优股：业绩出色的公司股。在中国，股民衡量绩优股的主要指标是看每股税后的利润和净资产收益率。一般而言，每股税后的利润在全体上市公司中处于中上游，公司上市后净资产收益率连续三年显著超过10%的股票就是绩优股。绩优股一般适宜做中长线保值投资。

本章精讲要点

◎ 上市的股票，由于其具有被高估、低估和操纵的特点，容易出现价格上的起伏波动。正因为具有价格上的波动，股民才能从股市中赚取差价，继而获利。

◎ 持有股票，意味着股东对股份公司具有一定的所有权，可以参加股东大会、参与公司重大决策、收取股息和分享红利。

◎ 股票不同于房产和银行存款，是一种风险高、波动大，可在一定程度上抵御通货膨胀的理财产品。就中国股市而言，散户不宜下血本炒股。

第3章
"股市开户流程及交易细则"精讲
——新股民如何开户与买卖股票的费用

- ➡ 了解沪深两市的交易时间
- ➡ 详解新股民开户流程
- ➡ 新股民如何变更券商或营业部
- ➡ 买卖股票的交易费用怎么算

一、了解沪深两市的交易时间

凡在中国大陆允许上市的股份制公司，可在上海证券交易所（简称"沪市"）和深圳证券交易所（简称"深市"）上市。

沪深两市的交易时间为周一至周五（双休日、法定节假日休市），每天的交易时间为4个小时。沪深股市自2006年7月1日均采取"电脑申报→集中竞价→自动配对撮合"的成交方式，只能在指定的唯一券商账户上进行交易。竞价环节分为"集合竞价"和"连续竞价"两种方式，所有交易均按照"价格优先、时间优先"的原则竞价成交，其中集合竞价未成交的部分会自动进入连续竞价。

沪市开盘时间：

前市：9：15～9：25（集合竞价时间）

9：30～11：30（连续竞价时间）

后市：13：00～15：00（连续竞价时间）

（当日收盘价是最后一分钟的平均价）

深市开盘时间：

前市：9：15～9：25（集合竞价时间）

9：30～11：30（连续竞价时间）

后市：13：00～14：57（连续竞价时间）；

14：58～15：00（以最后三分钟交易加权平均价确定收盘价）

二、详解新股民开户流程

新股民不能直接在沪深证券交易所里买卖股票,必须通过特定的具有沪深股市代理开户资格的证券交易机构(俗称"券商")代理,券商会为股民提供炒股的交易平台。

开户的第一步是找到一家券商,申请开设股票帐户。券商给股民提供的服务主要包括三方面:提供股市信息(如上市公司的各种信息、券商对于股市的研究判断、个股操作咨询、个性化投资组合推荐等);负责交易安全;提供自己的炒股软件,便于股民实时看盘操作。

目前券商之间的竞争较为激烈,开户环节几乎不收取任何费用,也不设资金下限(只是在股民交易过程中收取手续费)。如果股民的开户资金达到一定数额,会有一些更优惠的待遇。

办理开户时,需带齐个人有效身份证、一张专门炒股使用的银行卡,找到指定的代办人员,按要求填写材料(如《证券买卖委托协议》、《银行转账服务协议》等)即可。申请账户时预先想好一个6位数的账户密码(提醒:千万不要以自己的生日或者简单的"123456"作为密码),确定开户后,券商的代办人员会给你一个装满所有重要资料的档案袋(开户相关手续、风险承担协议、沪深股市的交易代码、该券商炒股软件和交易软件的使用说明等),提醒你记好个人的股票(证券)账户。

股民只能用自己的身份证开设一个股市转账账户(第三方托管),并与指定银行相关联,携带开户时的手续材料去指定银行开通转账业务。股民通常是使用活期的闲钱炒股,在急需用钱时都希望从股市中尽快提取现金。目前券商们的自助炒股软件,能提供指定开户银行的"T+0"转账(当天开盘后即可随时转账,将银行资金注入股票账户,或者将股票账户资金转回银行)。

中国是世界上股票交易系统比较便捷的国家,沪深股市拥有世界上最好的电脑交易系统。中国股民买卖股票几乎告别了柜台,通过炒股软件在家中看盘,在网上即时交易。

不同的券商提供的交易平台有很大的差异(类似于"楼房"

与"平房"的巨大差距）。新股民可以通过身边炒股的朋友，打听哪些券商是较为可靠和值得信赖的大机构，然后联系该券商的业务经理及业务人员，看能否获得较低的交易手续费优惠。

三、新股民如何变更券商或营业部

选择一家对股民负责任的券商，无疑能够防范股市操作中的潜在风险。目前市面上的券商多数是正规的，几乎没有突然卷走你的账户资金的可能性。

不论新股民在哪家证券公司炒股，股票都不会存放在证券公司，而是存放在中央登记结算公司（简称"中登公司"）。股票安全由中登公司负责，证券公司营业部做的是证券经纪业务。打个比方，如果股票是钱，中登公司就是银行，股东卡就是存折，证券公司就是营业员。

由于居住地改变而更换券商，或者将账户变更到就近的券商营业部，这类业务的实际手续并不繁琐。股民的沪深股市账户是唯一的，与券商是谁没有关系，可自由更换券商及券商营业部。

更换券商、证券转户的具体流程是：

解除与现有券商的《证券买卖委托协议》《深沪交易所指定交易协议》，携带本人身份证和股东卡到原证券公司申请转户，一般是在柜台办理，主要是撤销上海指定交易和转托管深圳交易所的股票，这一手续完成后，需带本人身份证和股东卡到新的证券公司过户。需要注意的是，沪市不管账户里有没股票，都可以去原券商处办理撤销指定交易。深市账户里如有股票，应在原开户处办理股票托管业务，交纳相应手续，填写要转出、转入券商的座席号。

四、买卖股票的交易费用怎么算

股民借助券商买卖各种股票要支付一定的费用。A股买卖股票一次需交纳的主要费用有：佣金、印花税、过户费。

佣金是股民买卖股票时需要支付给券商的手续费。根据国内相关规定，A股买卖股票应按其实际成交金额的0.1%～0.3%收取佣金（具体比例可以跟券商谈，佣金最高不得高于国家规定的0.3%），每笔交易佣金不足5元的，按5元收取，即佣金的起征点为5元。比如一只股票你的实际交易金额为1000元，佣金比率为0.3%（3.00元），你的实际买卖佣金就是5元。

印花税是股民卖出股票后应支付给国家财税部门的税款，沪深股市均按实际卖出金额的0.1%收取。比如一只股票你的实际卖出金额为3587元，印花税就为3.6元（四舍五入保留小数点后两三位）。印花税由券商代扣后交由证券交易所统一代缴。股票印花税是由国家统一规定的，权证、封闭式基金不收取印花税。

过户费是股民买入股票时更换户名所需支付给上海证券交易所的费用。沪深两家交易所的运作方式是不同的，沪市采取的是"中央登记，统一托管"，过户费只在沪市交易中支付，深市交易时无过户费。过户费按成交股票数量的0.1%支付（每1000股要收取1元），费用不足1元按1元收取。

具体来说，买入一只股票的附加费用有佣金、过户费；卖出一只股票的附加费用有佣金、印花税。一次完整交易（买入和卖出）需要大概支付成交金额1%的相关手续费。

$$\begin{array}{r}总卖出价\\-\quad 总买入价\\-\quad 买入手续费\\\underline{-\quad 卖出手续费}\\=一次完整交易的收益\end{array}$$

举例说明：以12.10元价格买入沪市的某只股票两手（200股），最终以13.45元的价格全部卖出，其实际盈亏金额为：

$$\begin{array}{r}(13.45\times 200)\\-\quad(12.10\times 200)\\-\quad(5.00+1.00)\\\underline{-\quad(5.00+2.70)}\\=\quad 256.30\text{元}\end{array}$$

使用券商的交易软件，交易完成后可以查看"交割单"，上面有此次交易的详情。由于有相关手续费的存在，卖出股票时应将其考虑在内，如果只赚不到1‰就跑掉，抛去手续费基本上等于白玩。12.32元的股票涨到12.53就卖了，连手续费都不够。

　　一只股票至少涨多少卖出才能算赚钱呢？至少要高于毛算的1‰的手续费，赚2个点才是稳赚了。具备盈利空间的涨跌才有利润可赚。

本章精讲要点

◎沪深A股的交易时间为周一至周五（双休日、法定节假日休市）的上午9点半至下午3点，其中上午11点半到下午1点休息，每天的交易为4个小时。

◎A股开户的基本流程为：

① 找一家资质信誉良好的券商，申请开设股票账户。

② 带齐个人有效身份证、炒股专用的银行卡，找到券商指定的代办人员，按要求填写材料。保护好档案袋里的东西，牢记股票账户和交易密码。

③ 去银行办理第三方托管手续。

④ 学会下载、安装和使用该券商提供的看盘软件和交易软件。

◎更换券商或营业部，需将原券商营业部的资金账户清空，然后去变更的新券商或新营业部重新开户或办理业务转移手续。

◎A股买卖一次所需交纳的费用有：佣金、印花税、过户费。这些费用约占成交金额的1%，每次交易后应查看"交割单"详情，了解自己的实际盈亏。

第4章
"炒股软件的使用要点"精讲
——手把手教你网上炒股

➡ "大盘技术图"怎么看
➡ "大盘分时图"怎么看
➡ "报价分析图"怎么看
➡ "个股技术图"如何解读
➡ "技术图K线"怎么看
➡ "股票交易软件"如何正确使用
➡ 网上炒股常见的重要概念

一、"大盘技术图"怎么看

　　　　　　股市中的信息量非常大，远远超过个人思维可以消化和理解的容量。借助软件炒股帮忙，股市中的海量信息可以尽收眼底，从中挑出有价值的信息和技术指标，在实战中就能掌握主动。流动变化的盘面是股票市场在"放电影、讲故事"，新股民要做的是真正理解故事（盘面）的含义、读懂电影（某只股票）的主题。学会看盘、读懂市场，新股民就能进行正确的投资决策。

　　下面以某炒股软件为例，演示使用炒股软件看行情的全过程，详解其中要点。各种炒股软件的基本功能与操作界面大同小异，新股民掌握一种即可熟悉所有同类型软件。

　　许多炒股软件是针对在某家证券公司办理开户的股民使用，也有许多无需开户也可在线看行情（新股民可从网络上下载一个行情软件）。假设新股民已在某证券公司开户，从其官方网站下载软件，安装完毕后，桌面上会出现两个快捷方式图标：一个主要用来看行情，一个主要进行实时交易，新股民可同时点击两个图标，打开两个软件系统，交叉使用。

　　打开看盘软件，选择正确的网络连接，整个盘面即可尽收眼底。看大盘行情，主要看的是"功能"一栏的五项界面："大盘技术图"、"大盘分时图"、"沪深A股综合排名"、"自选股技术图"、"自选股分时图"。这一小节，我们先从"如何看大盘技术图"开始讲解。

上午开盘时打开看盘软件,要做的第一件事是浏览"大盘技术图"(图4-1)。键盘上的"四个方向键"对于看盘是很重要的。新股民可以通过上下键来调节盘面大小,通过左右键来观察过往每一段的股价变化。想细致观察走势,可以按"上键"不断放大;想宏观观察走势可以按"下键"不断缩小。

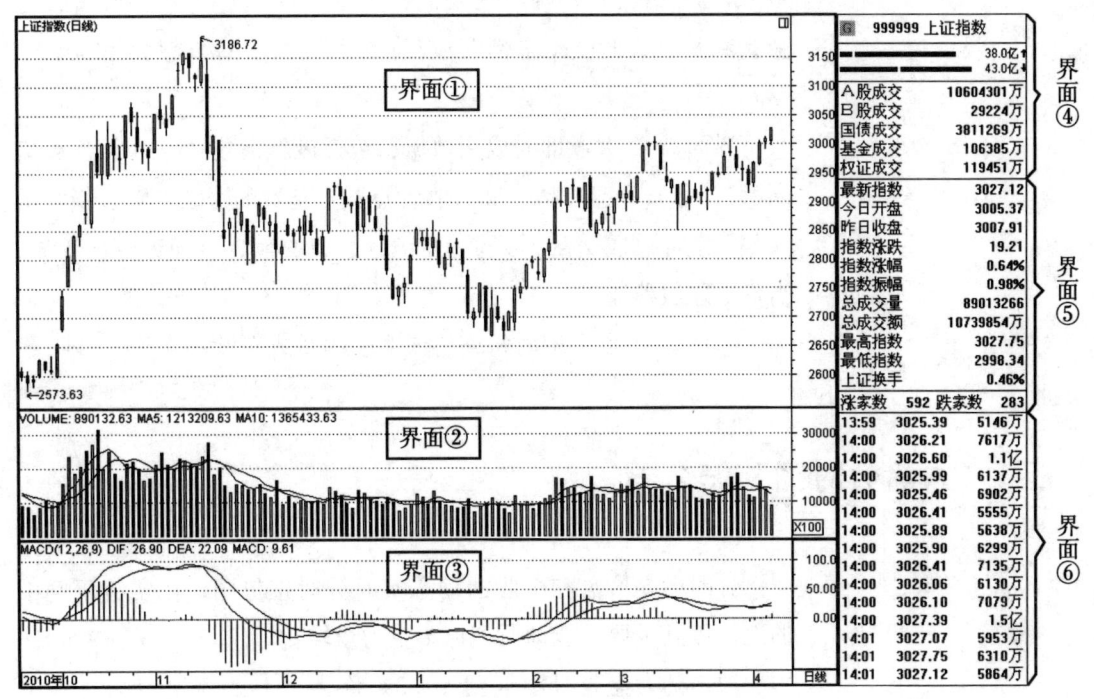

图4-1 上证指数(999999)技术分析图

界面①:上证指数日K线图。可在鼠标右键"窗口选择"中选择"一个窗口"单独浏览。日K线图的横轴坐标是"单位时间",纵轴坐标是"股票价格",记录的是单位时间(每一日)的股票价格波动情况。新股民可以按"F8"键切换K线盘面的不同周期,如1分钟线、5分钟线、15分钟线、30分钟线、60分钟线、周线、月线、季线、年线等。

界面②:成交量界面。若选择"两个窗口",将增加"成交量界面(VOLUME)",显示过去一段时间日成交量的直观图形大小及变化情况。量在价先行,成交量是盘面上一项重要的指标。

界面③:技术指标界面。若选择"三个窗口",将增加"技术指标界面"，软件预先设定的指标一般是"MACD"，用"＊"、"／"两种键盘符号点击双键切换，选择 ASI、KDJ、VR 等多项技术指标，研判大盘的未来走势。

界面④：大盘即时成交总量。包括"当前大盘买盘和卖盘即时总金额"，如图 4－1 所示，当前买盘金额是 38 亿元，卖盘金额是 43 亿元；还有"国内主要证券类型（A 股、B 股、国债、基金、权证）即时交易金额"，当前 A 股的总交易金额为 10604301 万元。

界面⑤：大盘即时成交数据。包括最新指数（即时大盘成交点数）、今日开盘点数、昨日收盘点数、指数的涨跌点数、指数的涨跌幅度、总成交量（买卖手数）、总成交额、上证大盘换手率、当日涨跌股票数等。

界面⑥：盘中即时每一笔成交金额及成交量。

二、"大盘分时图"怎么看

分时图是大盘和个股的动态实时分时走势图，在实战研判中的地位极其重要，能即时把握多空力量转化。

沪市的大盘分时图（图 4－2）称为"上证领先指标"（沪指），深市的称为"深证综合指标"（深综指）。大盘分时图的横轴坐标表示"当天的开盘时间"，分为四部分，每段为 1 小时；纵轴坐标是"股票价格"，分时图记录的是当天的股票价格走势。

大盘分时图的盘面强弱用红绿色柱表示：红色柱代表"上涨买盘力度强弱"，显示买入股票的成交量人气，红色柱越长代表盘中买气越强，股票涨得越快；绿色柱代表"下跌卖盘力度强弱"，显示卖出股票的成交量人气，绿色柱越长代表卖气越强，股票跌得越快。

大盘分时走势图上有两条曲线，白色曲线称为"含权大盘领先分时价格线"，黄色曲线称为"不含权大盘领先分时价格线"，曲线上的每个点都代表一分钟的价格。如果黄色曲线比白色曲线走势强、多数情况在白色曲线上运行，代表盘子（总资

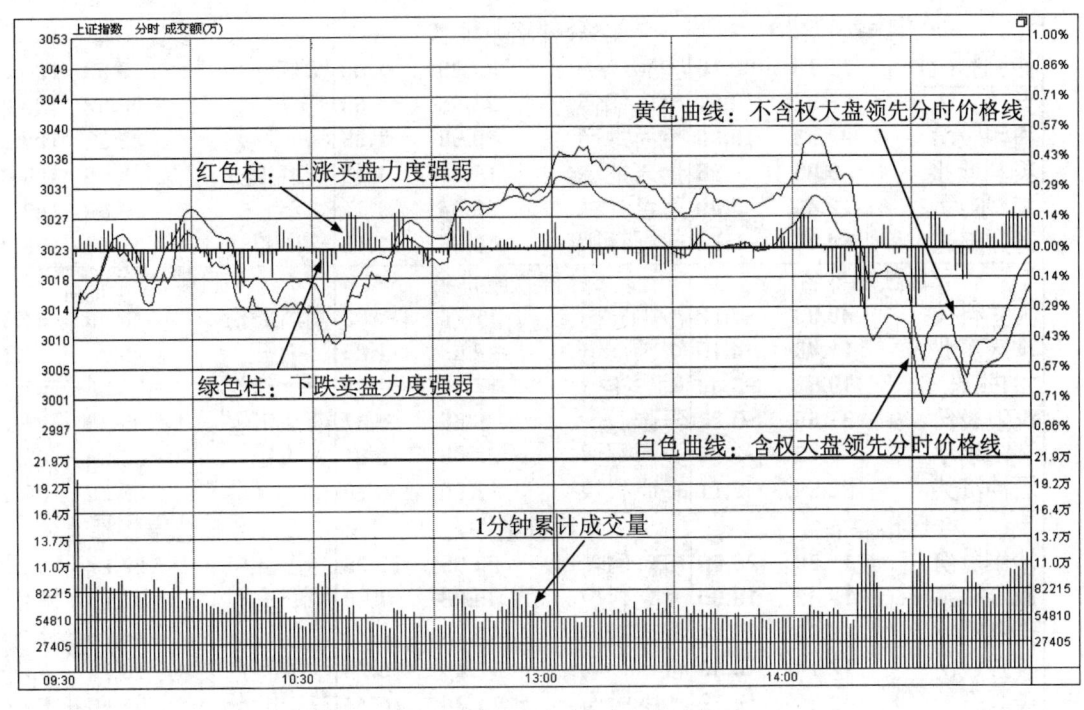

图4-2 上证指数（999999）分时走势图

产）小的股票走势强，盘子大的股票走势弱；如果白色曲线比黄色曲线走势强、多数情况在黄色曲线上运行，代表盘子大的股票走势强，盘子小的股票走势弱。如果两根曲线都在正值百分比上向上运动，表示当前大盘走势良好。分时走势图最下面一栏为对应每一分钟的成交量，每一柱线都代表"1分钟累计成交量"，单位是"手"。

接下来，浏览"沪深A股综合排名"（图4-3），了解当下哪些题材和板块股出现轮动效应。此选项查看"报价"一栏即可找到，还可在键盘上输入快捷键"87"。

涨幅榜上的股票，多数是受内部或外界的利好消息影响促使股价大涨。一般来说，外部的利好消息包括所处题材的热点炒作、公司研究出某项新技术等；内部的利好消息包括公司基本面状况得到改善、业绩上扭亏为盈或出现大幅增长、公司实施优惠的利润分配方案等。

今日涨幅排名			5分钟涨速排名			今日委比前排名		
沙钢股份	11.76	88.16	国腾电子	83.99	2.40	*ST钛白	9.68	100.00
安纳达	26.92	10.01	*ST 偏转	23.05	1.68	安纳达	26.92	100.00
海印股份	22.33	10.00	招商地产	19.50	1.35	海印股份	22.33	100.00
美利纸业	9.05	9.96	远兴能源	10.28	1.18	美利纸业	9.05	100.00
威尔泰	12.49	8.89	蓝色光标	29.94	1.11	*ST当代	10.82	100.00
齐翔腾达	64.80	8.74	盐湖钾肥	55.96	1.10	*ST 威达	31.63	100.00
今日跌幅排名			5分钟跌速排名			今日委比后排名		
大立科技	40.03	-4.12	沙钢股份	11.76	-1.92	南风股份	46.39	-94.08
重庆实业	11.46	-4.10	华菱钢铁	4.69	-1.26	二六三	29.70	-93.79
*ST张股	10.52	-3.40	星辉车模	17.30	-1.03	新大新材	53.68	-91.37
汉缆股份	37.60	-3.22	美达股份	6.86	-0.87	浙江永强	33.48	-91.18
襄阳轴承	8.43	-2.88	先河环保	28.00	-0.81	人人乐	22.34	-89.82
石油济柴	22.59	-2.71	皖通科技	17.05	-0.76	卫士通	25.20	-88.32
今日振幅排名			今日量比排名			今日总金额排名		
沙钢股份	11.76	26.88	*ST 偏转	23.05	11.20	西山煤电	27.87	18.2亿
威尔泰	12.49	10.99	大立科技	40.03	7.28	中联重科	16.94	10.9亿
美利纸业	9.05	10.94	海虹控股	14.29	7.20	海虹控股	14.29	7.2亿
濮耐股份	17.14	10.68	威尔泰	12.49	6.74	铜陵有色	29.76	6.8亿
美盈森	42.25	10.19	沙钢股份	11.76	6.44	冀中能源	51.58	5.8亿
鱼跃医疗	42.63	9.93	鲁丰股份	38.81	5.89	中金岭南	21.37	5.7亿

图4—3 沪深A股综合排名

三、"报价分析图"怎么看

点击炒股软件"功能"一栏的"报价分析",即可浏览"报价分析图"(图4—4)。进入界面后,查看最下面一栏的"A股"、"中小板"、"创业板",从中可以选出你比较看好的股票,构筑自己的股票池。

以"A股"为例,新股民会看到报价分析图上多只股票的信息。每只股票都有"代码"、"名称"、"涨幅%"、"现价"、"涨跌"、"买入价"、"卖出价"、"总量"、"现量"、"今开"、"昨收"、"最高"、"最低"等基本项目。现结合图4—4,详解其中的部分概念。

代码：在沪深股市上市的股票,均有其6位数代码。深市的上市股票代码形式为"00××××",如图4—4中的"世纪星源

	代码	名称	涨幅%	现价	涨跌	买入价	卖出价	总量	现量	涨速	换手%	今开	昨收	最高	最低
1	000001	深发展A	-0.17	17.17	-0.03	17.17	17.18	18.1万	199	0.17	0.58	17.16	17.20	17.24	16.96
2	000002	万 科A	—	—	—	—	—	0	0	—	0.00	—	9.15	—	—
3	000004	ST国农	0.37	13.57	0.05	13.57	13.58	4760	11	-0.07	0.57	13.50	13.52	13.65	13.26
4	000005	世纪星源	-0.24	4.19	-0.01	4.19	4.20	40335	1	0.00	0.44	4.21	4.20	4.24	4.17
5	000006	深振业A	-0.12	8.48	-0.01	8.48	8.49	13.5万	255	0.00	1.82	8.42	8.49	8.66	8.42
6	000007	ST零七	1.12	9.05	0.10	9.05	9.07	15311	7	-0.11	0.83	8.96	8.95	9.10	8.92
7	000008	ST宝利来	0.98	12.34	0.12	12.34	12.35	6550	10	-0.08	0.89	12.20	12.22	12.36	12.16
8	000009	中国宝安	1.76	19.13	0.33	19.12	19.13	17.0万	28	-0.05	1.58	18.75	18.80	19.22	18.51
9	000010	S ST华新	—	—	—	—	—	0	0	—	0.00	—	14.63	—	—
10	000011	深物业A	0.63	7.97	0.05	7.97	7.98	26929	7	0.00	1.93	7.95	7.92	8.04	7.92
11	000012	南 玻A	1.50	20.97	0.31	20.97	20.98	16.1万	32	-0.28	1.26	20.73	20.66	21.18	20.73
12	000014	沙河股份	0.59	10.30	0.06	10.30	10.31	30052	15	0.00	1.49	10.20	10.24	10.35	10.13
13	000016	深康佳A	0.00	5.02	0.00	5.01	5.02	57107	101	0.19	0.95	5.01	5.02	5.04	4.98
14	000017	*ST中华A	0.00	6.20	0.00	6.19	6.20	19016	89	0.00	1.64	6.11	6.20	6.26	6.11
15	000018	ST中冠A	1.15	8.76	0.10	8.76	8.78	14865	13	-0.34	1.49	8.66	8.66	8.87	8.62
16	000019	深深宝A	0.27	11.05	0.03	11.04	11.05	6846	9	0.09	0.48	11.03	11.02	11.07	10.95
17	000020	深华发A	0.63	9.61	0.06	9.61	9.63	8693	3	0.00	1.34	9.55	9.55	9.64	9.46
18	000021	长城开发	1.04	10.66	0.11	10.65	10.66	46784	3	0.18	0.35	10.55	10.55	10.70	10.53
19	000022	深赤湾A	1.49	17.05	0.25	17.03	17.04	15002	3	0.11	0.32	16.80	16.80	17.16	16.65
20	000023	深天地A	0.00	9.37	0.00	9.36	9.37	15001	5	0.00	1.52	9.43	9.37	9.46	9.33
21	000024	招商地产	0.78	19.45	0.15	19.43	19.45	89324	13	-0.05	1.31	19.19	19.30	19.56	19.12
22	000025	特 力A	-1.23	10.45	-0.13	10.44	10.45	15339	10	0.09	0.86	10.31	10.58	10.53	10.25
23	000026	飞亚达A	—	—	—	—	—	0	0	—	0.00	—	17.11	—	—
24	000027	深圳能源	0.30	10.11	0.03	10.10	10.11	44644	2	0.19	0.20	10.07	10.08	10.13	10.03
25	000028	一致药业	1.22	28.26	0.34	28.25	28.26	9666	5	-0.14	0.54	28.04	27.92	28.40	27.90
26	000029	深深房A	0.00	5.31	0.00	5.31	5.32	26744	100	0.00	0.30	5.32	5.31	5.34	5.27
27	000030	*ST盛润A	—	—	—	—	—	0	0	—	0.00	—	9.07	—	—
28	000031	中粮地产	-0.75	6.65	-0.05	6.65	6.66	11.4万	27	0.00	0.63	6.70	6.70	6.71	6.61
29	000032	深桑达A	1.50	10.15	0.15	10.15	10.16	22094	38	-0.29	0.95	9.98	10.00	10.19	9.95

图4—4 沪深股市报价分析图

(000005)";沪市的上市股票代码形式为"60××××",如"王府井（600859）"。

名称：上市公司股票的基本名称（拼音第一个字母），一般为所属企业名称的简略说法，如"苏宁电器"、"中石油"、"中石化"等。利用软件选股的一个实用技巧是：在电脑键盘上输入特定股票代码或名称首字母，就能很快找到。

涨幅%：股票即时上涨或下跌的百分比。红色带正号的数字表示目前该股"上涨多少个点"，绿色带负号的数字表示目前该股"下跌多少个点"。在中国A股股市系统中，红色代表上涨，绿色代表下跌。

现价：股票最新的成交股价。

涨跌：股票即时上涨或下跌金额（与前收盘价比较），通常是几毛钱或几分钱。

买入价：股票最新的买入价。

卖出价：股票最新的卖出价。

现量：股票最新交易手数。红色的数字表示当前"买入多少手"，绿色带负号的数字表示当前"卖出多少手"。

今开：股票今日的开盘价，即该股今日开盘时第一笔成交价。

昨收：股票上个交易日的收盘价，即该股上一交易日收盘时的最后一笔成交价。

最高：当日股票即时最高成交价。

最低：当日股票即时最低成交价。

停盘：股票当日停止交易。停盘的股票不外乎以下几种情况：该公司有大事准备公布、可能影响股价；该股票出现不正常连续大涨或大跌；由于某种原因证券交易所决定对该股进行停盘审查。停盘股票的盘面状态为：总手为0，只保留上一交易日收盘价，其他数据都是空白，表明该股当日由于某种原因未开盘，股民不能参与该股交易（图4—4中"飞亚达A"）。

四、"个股技术图"如何解读

个股技术图与分时图，与大盘技术图与分时图在结构上基本一致，只是右侧的窗口数据略有不同。现以上港集团（600018）为例，详解与成交量有关的重要数据（图4—5）。

成交量数据①：委比、委差及即时前5栏买卖数据。

成交量数据②：总量、量比、外盘、内盘、换手、股本、净资、PE（动态市盈率）。

成交量数据③：即时买卖价格与手数。

委比：衡量某一时段买卖盘相对强度的百分比指标。委比的取值是－100到＋100，＋100表示当前全部委托都是买盘，涨停股的委比一般是100；－100表示当前全部委托都是卖盘，跌停股的委比一般是－100。委比为0，表示买盘与卖盘数量相等。委比若为正值，表示买盘较强；委比若为负值，表示卖盘较强。图4—5中委比为－53.58％，表示当前的卖盘委托比买盘委托多。

委差：委买与委卖的差值，是投资者买卖意愿的数据体现，一定程度上反映了价格的未来方向。委差为正值，表示价格上升

"1"就是如何成为一个合格的股民

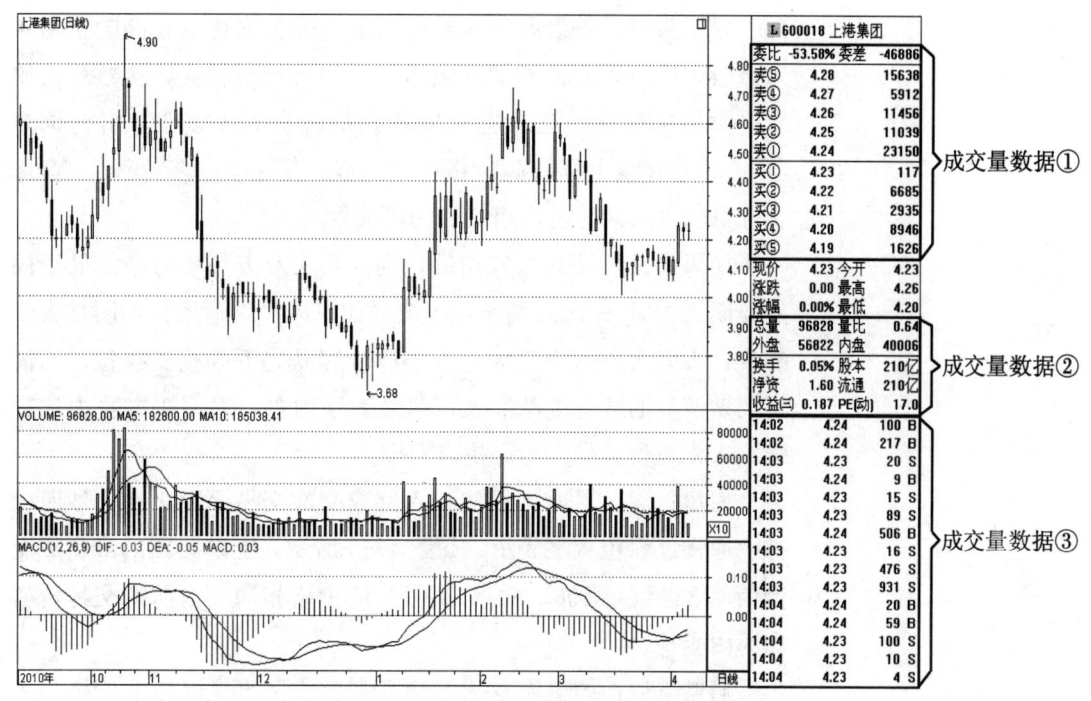

图4—5 上港集团（600018）技术图

的可能性较大；委差为负值，表示价格下降的可能性较大。当然，委差值受主力操纵的影响较大。

委托买卖数据：盘中即时前5栏委托买入和委托卖出的价格及手数。买入价用"买①"、"买②"、"买③"、"买④"、"买⑤"表示；卖出价用"卖①"、"卖②"、"卖③"、"卖④"、"卖⑤"表示（如图4—5中成交量数据①）。

总量：盘中即时的股票交易总成交数量，可判断当天与未来的价格走势，尤其在总成交量出现异常放大的情况下。对比最近几日的成交总量，可判断该股是放量还是缩量。股票交易的数量单位不是股，而是"手"。一手等于100股，股民买入股票至少为一手。总手表示目前该股票买卖双方的交易手数之和。

量比：股市开盘后现时每分钟的成交量与过去5个交易日平均每分钟成交量的比值，作为衡量相对成交量的指标。

外盘：截至目前该股按卖出价成交的交易手数之和，炒股软件中通常以红色数字表示。假设上港集团的最新成交价为4.24元，与"卖①"价格相同，当前交易价格即为外盘价。

通常来说,外盘大意味着当前多数股民愿意以较高的价格买入该股,后市看好该股的人较多。卖出价相对较高,多数股民愿意以卖出价成交,意味着观望者大都愿意买入该股,潜台词是"主力愿意在盘上以较高价格抛出该股,便于下一步操纵"。盘面上外盘较大,意味着后市看涨的可能性大。

如果内盘与外盘大致相近,则为买卖双方势均力敌。处于固定周期(如日K线)的某只股票,如果内盘逐渐增大,明显大于外盘,表明卖方压力巨大,未来股价容易向下寻找支撑位。当固定周期该股的外盘逐渐增大,明显大于内盘,表明买方势力比较强,未来股价容易向上寻找阻力位。

内盘:截至目前该股按买入价成交的交易手数之和,炒股软件中通常以绿色数字表示。如图4—5所示,上港集团的最新成交价为4.23元(现价),与"买①"的价格相同,当前的交易价格即为内盘价。

通常来说,内盘大意味着当下多数股民愿意以较低价格买入该股,后市看空该股的人较多。买入价相对较低,多数股民愿意以买入价成交,意味着持股者大多愿意卖出,潜台词是"该股主力愿意在盘上以较低价格抛出该股,便于下一步操纵"。我们不能以盘面上内盘较大而认定后市一定看空,只有盘下内盘大量成交才为"实卖盘"。

换手:习惯上称为"换手率",是交易股数占流通总股数的百分比,作为分析个股成交量的一项指标。一般情况下,换手率在3%以上表示个股处于相对活跃状态,短线操作获利的可能相对增加。当天的换手率较高,意味着买卖该股的人数较多,此股较为活跃,上涨或下跌的幅度较大,做短线的利润空间不小。只要不是刚上市的新股,某一天出现特大换手率(30%以上),第二天股价基本上会下跌(股谚:天量见天价)。

股本:即股份公司发行全部股票所占的股份总数。在股市里流通的股本可能只是其中一部分,对于全流通股份来说"总股本=流通股本"。如图4—5中"成交量数据②"所示,上港集团的流通股本与总股本相同,该股属于全流通股。

净资:即每股净资产值,是公司净资产除以公司总股份所得出的数值,是支撑股票市场价格的重要基础。净资越大,表明公司每股股票代表的财富越雄厚,创造利润的能力和抵御外来因素影响的能力就越强。

PE(动):即该股的动态市盈率。市盈率指在某个考察期内(通常为12个月)股票的价格和每股收益的比值,其数值是动态变化的。投资者通常利用该值评估某只股票的投资价值,或者用该指标在不同公司的股票之间进行比较。

如图4—5中"成交量数据②"所示,上港集团的当前股价约为4元,当前市盈率为17倍,过去12个月每股盈利为4÷17≈0.24元。理论上来说,A股市场股票的动态市盈率若连续几年保持在20~40倍,值得长期投资。

即时买卖价格与手数:右侧界面的最下面一栏,显示最近十几笔买卖时间、价格和交易手数,其中买入用字母"B"表示,卖出用字母"S"表示。如果卖出手数比买入手数多,意味着主力下一步很可能做空,股价会因此下跌。如果买入手数比卖出手数多,意味着主力下一步很可能做多,股价将因此上涨(如图4—5中"成交量数据③")。

当日股票的K线变化,显示当天多空双方的角力结果,多头今天将股价拉至高位或是空方将股价打压下行,我们都可以结合K线变化和成交量数据分析出来,以便做出正确的决策。一般说来,当天的最后一笔交易都是主力做的,通过几百手甚至几千手的买入或卖出,起到一定的护盘作用。

前面曾提到"多头(做多)"和"空头(做空)"的概念,这里简单解释一下。**"空头"**指的是股市中看淡后市的一方,他们会在当下积极卖出股票或者不入市(做空),等待股价下跌到一定阶段时再买入;**"多头"**指的是股市中看好后市的一方,他们会当下积极买入股票,等待股价上涨到一定阶段时卖出。股市中,我们把对多头有利的消息称为"利多(利好)",对空头有利的信息称为"利空"。

炒股软件中有一些常用的"快捷键",新股民有必要记住,以便在看盘过程中节约时间,提高效率。

"1+Enter键":上证A股的所有股票信息。

"3+Enter键":深证A股的所有股票信息。

"61+Enter键":上证A股的即时涨跌幅排名。

"63+Enter键":深证A股的即时涨跌幅排名。

"87+Enter 键"：沪深 A 股的各项综合排名。

"F1"：当前股票每日的历史成交明细。

"F2"：当前股票的量价关系表及竞买率％。

"F3"：上证指数的分时领先走势图。

"F4"：深证指数的分时领先走势图。

"F5"：切换"日 K 线图"和"分时领先走势图"。

"F6"：自选股的即时价格信息。

"F7"：当前股票的全景功能图。

"F8"：切换 K 线周期（1 分钟线、5 分钟线、15 分钟线、30 分钟线、60 分钟线、日线、周线、月线、年线等）。

"F10"：当前股票的基本面信息。

五、"技术图 K 线"怎么看

在炒股软件的日 K 线图上用鼠标随意点中某一根 K 线，便会显示其四个组成价格：开盘价、收盘价、最高价、最低价，如图 4—6 所示。在盘中除了开盘价，其他三种价格都是变化的，直到收盘后，当日的四个价格才完全确定。

阳线在标准的炒股软件上一般是由红色线段组成的空心长方形柱体，开盘价在下，收盘价在上；阴线一般是由蓝色线段组成的实心长方形柱体，开盘价在上，收盘价在下。无论阴线还是阳线，最高价都在 K 线实体的上影线顶部，最低价都在 K 线实体的下影线底部。

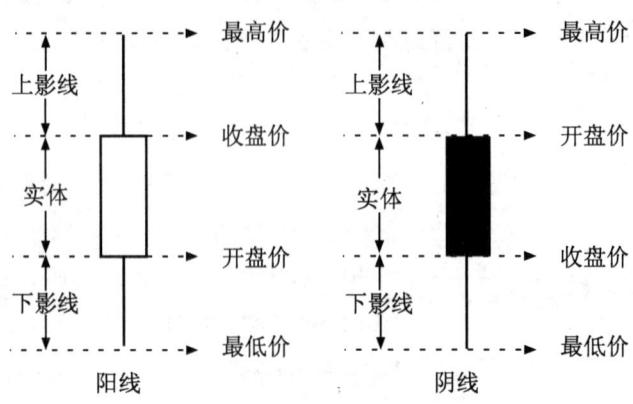

图 4—6 阳线与阴线

"1"就是如何成为一个合格的股民

K线为什么要这样设计呢？是为了让炒股者清晰直观地了解当天价格的变化过程。在股市交易中，多空双方每时每刻都在交锋，导致价格变化不停，K线颜色、实体的变化及高低点影线的长度，形象地反映了多空双方交锋的细节。美国股市使用的是"竹节线"，尽管也有四个数值和红绿颜色对比，但是相对K线直观性差了许多。真正的技术高手，只看干干净净的K线图就能判断出当前及下一日的价格走势及多空双方背后的博弈情况。可以说，炒股必须先从K线学起，它既是技术面炒股的起点，也是终点。

日K线主要看的是什么呢？多空双方的当日力量对比。以此判断今日收盘时会出现何种K线，推断未来的价格走势。开盘价，是多空双方当天交锋的起点；最低价，是空头能量最大的点位；最高价，是多头能量最大的点位；收盘价，是双方争斗一天的平衡点。随便看一眼某一日的K线，即可知道当天多空双方博弈的过程与结果。用这个思路去看K线，才是内行看门道。

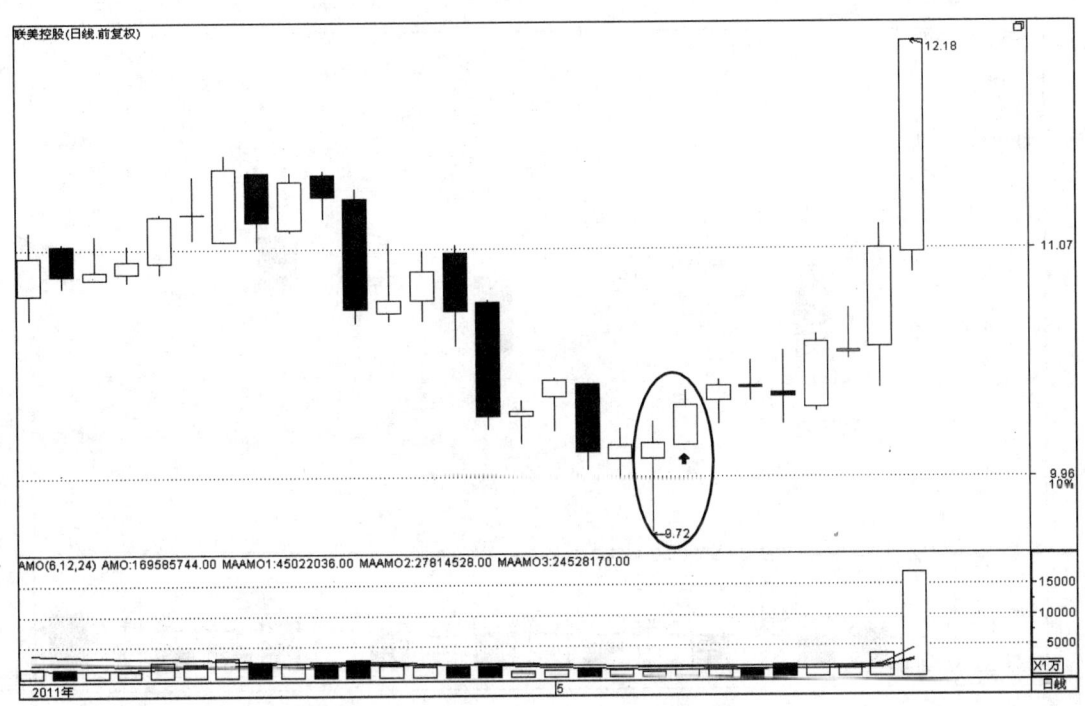

图4—7 联美控股（600167）预示上涨的K线形态

举例说明，如图4-7所示：某日K线是一根只有上影线的中阳线（箭头处），以上一交易日的K线为参考，分析当日是高开（当日开盘价在前一日收盘价之上）、低开（当日开盘价在前一日收盘价之下）还是平开（当日开盘价与前一日收盘价差不多）。图4-7中，前一日是多头的小胜利（小锤子阳线），当日多头巩固胜果，以占据优势的中等强度进攻，股价一路高开高走，最终形成一个中阳线，只有最高价、没有最低价（K线没有下影线，即最低价就是开盘价，意味着当天多头从出发点开始优势性推进，空头几乎无力抵抗）。最后出现一段上影线，意味着下午空头经过殊死抵抗（有限度地卖出），将多头挡回至收盘价。照此形势分析，明日（至少早盘）多头将占据一定优势。

在盘中透过K线指标的变化，可以了解即时战况，对当日多空双方的力量对比和价格走势清晰把握。一旦出现中阳线或中阴线，双方会纠缠在守方的底线据点（阻力位或支撑位）上反复争夺。用战争的角度去理解K线，也就把握了K线的本质。

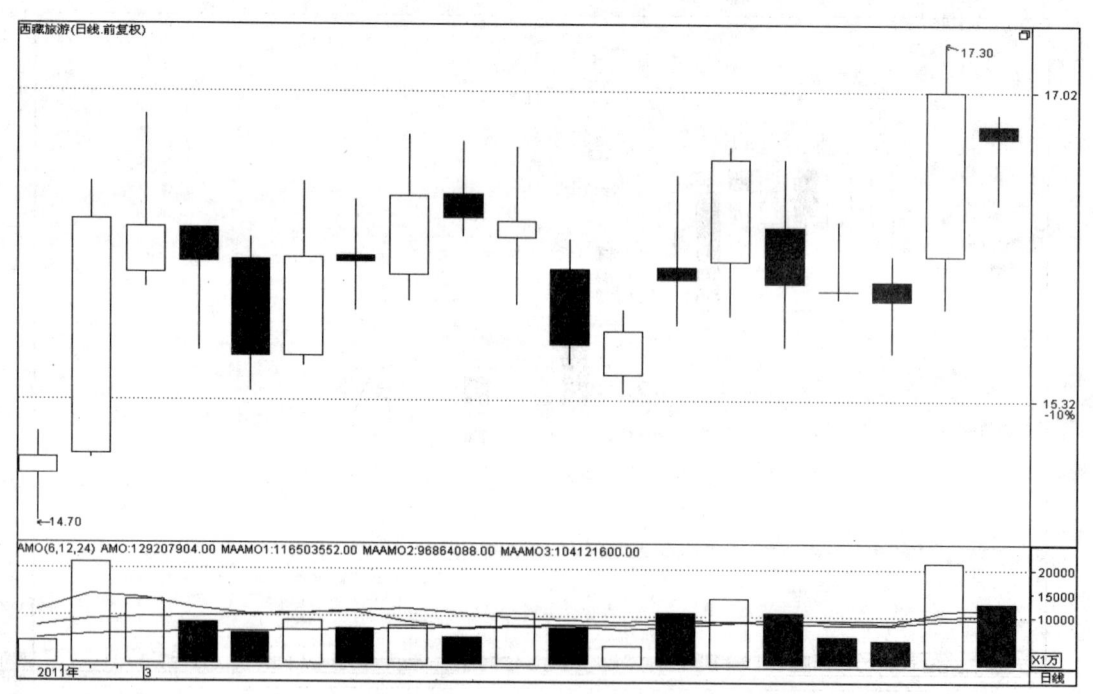

图4-8 西藏旅游（600749）无法判断后市的K线形态

每一种技术指标都有一定的局限性，单纯看 K 线，有时也很难判断出下一日的走势（图 4-8）。任何技术指标与方法只能对应股票未来走势的一部分，有时候仅凭 K 线是很难判断后市的。实战中首先应找到符合某一技术的走势，然后再利用该技术分析和判断。对实战中有价值的 K 线、K 线组合及技术分析，本书将在"下篇"中详解。

六、"股票交易软件"如何正确使用

交易软件基本功能和界面大同小异，新股民掌握一种即能操作所有同类型软件。以现在常用的交易软件为例，演示使用交易软件的全过程，详解其中要点。

打开交易软件，出现账户及信息登陆界面，其中包括"站点（选择离你最近的网络连接服务器）"、"营业部（选择你开户的营业部）"、"账号类型（一般为资金账号）"、"账号（开户时券商给你的数字代码）"、"交易密码（开户时自己设置的 6 位数密码）"、"通讯密码（默认是 888888，登陆后要改成自己熟知的密码）"。"隐藏账户"的选项，可打勾，这样你输入的 5 位数账户数字，都显示为"×××××"的密码形式，以保证账户安全。

登陆确认后，即可进入交易界面进行自助操作。常用的几项是买入股票、卖出股票、从指定银行账号进行转账、预理单、交易查询、收割单等（注意：周六日或停盘期间，不允许银行账户进行转账）。操作的提示文字通俗易懂，新股民可以很快上手操作。

买入股票时，输入你选中的股票代码和买入数量，买入价格便会自动蹦出来，这是"买①价"，即最新的买入价（图 4-9）。如果你对这个价位不满意，可以查看当前卖家的五种价格，选择合适的价位入场，或者填入一个你认为满意的价位（当天涨停与跌停之间的一个价格），等待计算机撮合成交。如果未能成交，要先"撤单"，更改买入价继续填单。卖出股票也是以同样原理操作，为确保成交老股民一般会在买卖点上坚持"买要多一分，卖要低一分"的原则（图4—10）。

沪深A股实行买入的"T+1"制度，就是当天买入的股票，至少要等到下一个交易日才能卖出。如果新股民持有的股票由于某种原因停牌，须等到该股重新开盘后才能交易。

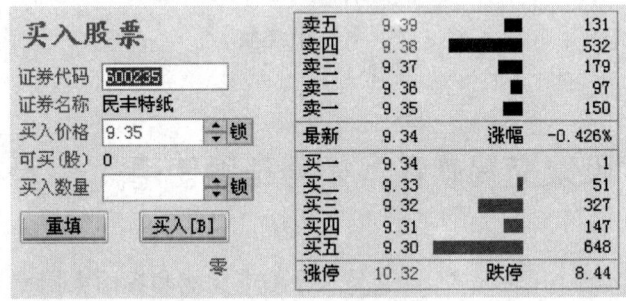

图4—9　买入股票的操作界面

图4—10　卖出股票的操作界面

若想查询股价的即时盈亏，可查看交易界面正下方的"持仓"一栏，对当前盈亏情况即时掌握。新股民可据此选择继续持有或是卖出。

通常我们可以不用选择即时成交的方式买卖股票，可按自己心理希望的买卖价格进行填单。需要注意的是：预埋买入应在现时价格以下埋单，预埋卖出应在现时价格以上埋单。交易软件支持的预埋单功能是当日有效，也就是说只要是零点以后在交易软件中设置的买卖单当天都有效。对于一般新股民来说，可以采用早上开盘前填单的方式处理，交易当天都有效。

七、网上炒股常见的重要概念

除了多头、空头，还有一些概念在股票交易中经常用到。与股友聊天时如果可以随口蹦出这些专业术语，既显示出你是专业的股民，也有助于你阅读股票财经类的文章资讯。

1. 与股市形态有关的重要概念

牛市：指股市前景利好、股价像牛头一样使劲往前顶的长时间周期。牛市也称"多头市场"。

熊市：指股市前景利空、股价像熊头一样耷拉脑袋往下走的长时间周期。熊市也称"空头市场"。

人气：这个词最早就是股票术语，用来形容股市的兴旺程度，后来才引用到其他领域。

回挡：在股价上涨的牛市周期中，股票短期的下跌走势。

反弹：在股价下跌的熊市周期中，股票短期的上涨走势。

反转：长期牛市后股价回挡到一定程度，使得多头市场开始转入空头市场；或者在长期熊市后股价反弹到一定高度，使得空头市场开始转入多头市场，这两种情况都属于"反转"。

盘整：股价在较长时间内空头或多头的趋势都不明显，停留在某个价格区间上下波动。盘整也叫"横盘"、"整理"。

突破：股票从盘整状态转入空头市场或多头市场。

阻力位：股价上涨到某一价位附近，如有大量卖出行为，股价会在此位置徘徊多时，甚至回跌。这一价位即为"阻力位"、"阻力线"。

支撑位：股价下跌到某一价位附近，如有大量买入行为，股价会在此位置徘徊多时，甚至上涨。这一价位即为"支撑位"、"支撑线"。

跳空：股票受到强烈利空或利多消息刺激，开盘时高于或者低于前一日收盘价。A股通常以高于前一日上影线最高点或低于前一日下影线最低点的开盘形态作为技术上指标性明确的"跳空缺口"。

探底：股价经过几次反复下跌至某一价位时止跌回升，此价位即为当前底部，股价的这段走势即为探底。

背离：主要指成交量与实际价格出现反方向的变化，即"价升量缩，价跌量增"的行为，也叫"背驰"。出现背离，意味着股票走势调整或反转的几率增加。其他技术指标与价格也可以出现同类行为，统称为"背离"。

2. 与股票交易有关的重要概念

建仓：指买入股票。对主力而言，买入股票称为"吸货"。

持仓：持有股票观望后市、暂不进行交易的状态。

仓位：持有股票市值占个人总资金的比重，一般用百分比表示。

重仓：所持股票比重较大。

轻仓：所持股票比重较小。

满仓：手中全部持有股票，账户中没有现金。

减仓：看空后市而卖出部分持有股票的行为。

加仓：看好后市而继续买入持有股票的行为。

空仓：手中没有股票，账户中全是现金。

平仓：将持有的股票抛出变现。对主力而言，卖出股票称为"出货"。

斩仓：将持有的股票赔本抛出变现。

套牢：与所持有股票的相对买入成本价比较，即时价格远远低于买入成本价，如果卖出将会亏损。持股人不愿认赔损失，等待股价再次回到买入价。这种持有股票的状态，称为"套牢"。

解套：股票终于重回成本价以上，股票持有者能够不赔本地卖出。

踏空：由于股价上涨造成股民未能以理想价位买入股票。

技术面研究：研究与股票价格动向、交易量、交易趋势有关的技术指标，预测未来的股票价格走势，以此为参考进行股票交易。

基本面研究：研究上市公司的行业、资产、收益等因素，研究宏观政治、经济、军事动态，预测未来的股票价格走势，以此为参考进行股票交易。

杀跌：在股票出现下跌波动时卖出股票。对散户而言，杀跌就是在股市下跌时不管当初股票的买入价是多少，立刻卖出股票以避免更大损失，俗称"割肉"。如果大势利空或者个股、整个板块股利空，杀跌的做法是非常及时和必要的；如果大盘利好，个股或整个板块股的短期跌势不能持续，杀跌便是一种失误的决策。

追涨：在股票出现上涨波动时买入股票。股价大幅拉升时追涨，很容易高位套牢。追涨理应讲求策略：选择没有经历过大涨、相对历史价格不算高、最好是低位盘整已久且放出很大成交量的个股。

涨停：沪深股市对于所有正常交易的品种实行幅度为10%的涨幅限制，俗称"涨停"、"涨停板"。当日涨幅达到10%，该股当日价格将不能继续上涨。

跌停：股票当日跌幅达到10%，俗称"跌停"、"跌停板"，即该股当日价格不能继续下跌了。

ST股：ST是英文Special Treatment的缩写，意为"特别处理"。1998年4月22日，沪深交易所宣布，给国内部分股票代码前加"ST"的标签，主要针对出现财务状况（连续亏损）的股票，提醒股民注意，并规定ST股日涨跌幅度限制为±5%，以避免主力的大手笔炒作。在A股市场，经常会出现ST股短期内暴涨和暴跌的特殊情况。作为新股民，对ST股应避而远之。

3. 与主力、机构及券商有关的重要概念

派发：股票价格上涨到一定高位、交易活跃时，主力开始抛出股票的行为。

对倒：为保持股价不回落、营造出市场活跃利好的假象，主力会进行"左手换右手"的伎俩，在卖出股票的同时又买入股票，这种行为称为"对倒"。

跳水：股票价格快速大幅度下跌，在K线图上会有高而明显的价位断档，酷似"高台跳水"的形态。

打压：主力将股价大幅度压低，趁机大量买入股票获取筹码

的行为。

抬拉：主力将股价大幅度抬高，趁机大量抛出股票的行为。

洗盘：主力为让中途买入、意志不坚定的散户卖出股票，采取各种手段让持股者自动出局。

本章精讲要点

◎ 网上炒股，主要是利用炒股软件查看五项界面："大盘技术图"、"大盘分时图"、"沪深A股综合排名""个股技术图"、"个股分时图"。

◎ 做到以下五点，才是真正学会上网看行情：

① 知道盘面上的概念及其含义。

② 看懂分时图与技术图。

③ 根据需要调节盘面的大小比例，熟练使用快捷键。

④ 读懂盘面上任意一条K线的真实含义。

⑤ 对MACD、成交量等技术指标略懂。

◎ 交易软件看似简单，但是真正用好不简单。

◎ 了解股票交易中的专业术语，掌握技术面操作的要点，新股民第一次交易也能做到有备而来。

第5章
"股市基本面的识别与应用"精讲
——什么样的信息最值钱

➡ 不能盲信股市消息
➡ "基本面专家"的话可信吗
➡ 如何看待媒体上的股评
➡ 哪些基本面传闻不能信
➡ 如何看待主力放出的基本面消息
➡ 基本面究竟应当看什么

一、不能盲信股市消息

消息对于商业行为历来都是具有参考价值的，有价值的消息等同于价值连城的商机。不过在股市上这句话就未必准确了：有了消息不等于拥有一切，尤其是那些"内部的小道消息"。散户股民中大都是平常百姓，他们通过各种渠道打听到的"内部消息"，恐怕早已被至少几千人同时传播过N次。即便消息被证实是准确的，得到好处的也绝不可能是散户。

许多人将炒股分为"基本面"和"技术面"两大类。基本面是通过股市中的各种基本面资讯赚钱获利，比如最近哪些板块股比较活跃、散户关注的股票有怎样的市场资讯、某只股票的营运业绩和财务状况如何、国家的总体经济走势怎样等等，通过对这些信息进行分析，选股入市，再根据资讯变化，结合有限的技术盘面和股票走势，选择持有或是卖出。技术面就是只看盘面，运用各种技术分析的理论、指标，加上实战经验进行判断，再结合有限的基本面信息确认，进行买卖操作。

股市中确实有靠基本面发家的"高手"、"牛人"存在，比如早期市场的牛人杨百万，他就是靠天天读报、看资讯、研究党的政策入手，股票做得很成功。还有一位老股民，对听到看到的每个信息都感兴趣，但是从不作评论、也不为这些消息轻易打动。哪怕是亲人告诉他的信息，他既不表态更不下单，仅凭自身钻研（坚持认真看报、仔细分析）和悟性，多年下来炒股居然也获利颇丰。对普通散户来说，这绝非是一朝一夕之事，人与人之间的悟性有很大的不同，如果都能轻易看懂基本面，岂不是满大街都是"张百万"、"李千万"了？

仅凭某一条基本面消息而入市是不明智的。有些散户最热衷于打探多种消息，追寻主力动向，听到一丁点消息，不加分析就下单。侥幸赚到钱就眉开眼笑，不幸赔了钱就怨天尤人，连同告诉他消息的人也一并迁怒。对待基本面消息的不理性，使得许多人成了股市中的赌徒，而股市中真正能赚到钱的是那些事事洞若观火的"老江湖"。

很多散户看到某公司年报优良或有重组消息公布时，禁不住在下午开盘前挂单买进，想在当天捞个涨停价，第二天开盘冲高时抛出，结果多半是高位套牢。业绩优良的年报在公布之前主力早已知道，待到公布时股价差不多快升到顶了。如果你是主力，此时不出货还待何时？

二、"基本面专家"的话可信吗

当你加入到股民的队伍里，很容易接触不同的股民，他们中的很多人都会以"股市基本面专家"身份自居，侃侃而谈"某某股终于要动一动了"、"某某股的年报很好，值得炒作"、"某某板块短期两三年看不出有太好的业绩预期"、"政策结合企业基本面（业绩、背景、资产）就能看出它是不是黑马股"……事实果真如他们所讲的那样吗？

股市中真正有价值的基本面，涵盖的信息量太多太广，非得几年专业积累和认知才能捋清脉络。90％以上对基本面侃侃而谈的股民，很可能有一只或几只股票处于套牢状态，没辙了，就会仔细研究这只股票及其所属板块的信息，"左看右看，前看后看"非要找出该股大涨的理由，期待被套牢的股票上涨后轻松解套。

更多的股民由于炒股赚得少、赔得多，便把炒股视为一种"社交方式"（逢人三句必谈股票、加入各种股票群、到论坛里与各类散户股民切磋观点）和"娱乐方式"（写股评博客、发股评帖子、找各类与股票有关的好玩资讯），而忘记自己炒股的初衷：赚钱。新股民应当引以为戒，千万不要把股票变成一种生活方式、一种不是以盈利为目的的消费游戏。想法越简单（不赔钱、步点踩对、赚到预期利润点）、目标越清晰（只关心选中股、关心何时建仓、关心何时平仓）、动机越单纯（就是要赚到多少点），才能在股市中长期获利！

如果经常观察网上的股评文章，不难发现那些"人气较高的股票博客"，多数文章都是结合当前大盘走势，变着法地对那些深度套牢的股民进行心理安慰，减少被套牢股民的心理压力。比如他们会将近期的股市涨跌与重大社会事件联系起来，称"日本前些日子地震了，大盘才会受影响跟着跌，我们才会套牢。这天灾人祸的事，咱也没有办法"，这样的观点显然多数被套牢的股民是乐意接受的。于是，这些博主就成了股民们的倾诉对象，成了"股市中的知心大哥（大姐）"。而一些对技术面研究很到位的股评博客，却少有人问津，原因在于技术本身就是略显枯燥和简单的。

大道至简，股市中真正能使散户获利的所谓"秘笈"，多隐藏在技术层面，说出来就是那么简单，关键看新股民在实践中真正掌握多少。

三、如何看待媒体上的股评

如今各类媒体（财经类的电视频道、报刊和杂志）都纷纷推出以证券市场为主要内容的财经节目，收视率大都不错。很多散户已经把听看各类股评，作为日常生活的重要组成部分，养成了"开市看行情，收市听股评"的习惯。

股评的真实定义是"针对目前的股市状况从专业层面进行解读，引导股民如何看盘和分析，对于后市进行一定的专业提示"。关注股评的人，很少会对股评的观点进行认真琢磨和分析，只是记住专家说的某一句"××板块可能会有轮动效应"、"××股可能会持续走高"。

拿足球彩票来说，了解各支球队的专业足球评论员总会在每一轮的正式竞猜前给出自己的观点和结论，但几乎没有与最终结果完全吻合的,因为球场上的变化总是难以预料的。股市也是如此,股评中关于股市行情的分析、预测、潜力股的推荐,只是一种专业的个人观点,新股民必须结合技术盘面来验证这一观点。

从目前的态势看,电台、电视台和报刊等媒体为提高收听(视)率和发行量,迎合普通中小股民的需求,股评可谓是越做越细,个股推荐和问题答疑越来越多,相应的股评失误率也越来越高。某些股评人背地里是主力机构的代言人,专门发布令股民上套的信息。对于这种黑嘴推荐的股票千万不要去碰。

股评的重点应是:研究宏观的经济金融形势,分析国家政策对资本市场的影响,从战略角度为股民提供决策建议;研究产业政策及未来变化趋势,分析上市公司的即时变化对股票价格可能产生的影响;从投资技巧、投资策略、投资理念等方面,为股民提供操作思路。

四、哪些基本面传闻不能信

新股民对于股市中的基本面消息一定要去粗取精、去伪存真,不宜盲目行动。有句话说得好"永远都对的道理永远都没有用处",例如"政府不会坐视不管,后市肯定看涨"、"同类型××股比它高出两倍"……这些话就是如此:一年365天政府难道天天都要管股市吗?同类型的××股还有一直在原地趴着、几个月不动的呢。通过技术走势验证过的消息,才是最有价值的基本面消息。

一只股票在跌的时候,总有无数理由支持其上涨,也同样有无数的理由支持其继续下跌。单看基本面是很难判断准确的,必须结合技术面进行分析。

在大盘处于牛市时,某只股票若有十分利好的基本面消息,近期内应谨慎观望(很可能是主力下的套);在大盘处于熊市时,某只股票若盘面表现得比大盘强势很多,可伺机做短线、少量买入(后市利好的可能性较大)。

关于某只股票的公司年报，应当这样看：出年报之前的一个月内技术面若走势不好，可断定该股不会有太好的年报信息。反过来则不成立，不能单纯以年报信息的好坏推断该股未来的走势。

五、如何看待主力放出的基本面消息

使用炒股软件时，经常会蹦出该软件提供商推出的"盘中推荐"界面，告诉大家最新的基本面信息。有些消息是为该软件做免费广告，有些消息是某只股票的主力放出来的。常见的基本面消息多是这样的：

① 昨日我们（某炒股软件）推荐的××股涨幅为2.2%，跑赢沪深300比例为0.45%。××股资本孵化初见成效、业务加速发展，股民可继续关注（××顾问）。以上信息仅供参考。股市有风险，入市需谨慎。

② ××概念股今日早盘走势疲软，截至10时30分，××股跌3.42%，××股跌2.86%，××股也在昨收盘点位来回震荡（××顾问）。以上信息仅供参考。股市有风险，入市需谨慎。

③ 目前一份"××（一种新材料）新电子半导体材料概念股"在网上广为流传，其中的××股票近日表现不俗。与传统的半导体材料硅相比，××的优势是……（一大堆好处和优点）。而××的另一个优势……（此处略去20多字）。二级市场上，××概念股××股今日盘中涨停，报11.38元（××顾问）。以上信息仅供参考。股市有风险，入市需谨慎。

对于这些即时的基本面信息（俗称"主力讲故事"），散户新股民应当如何看待呢？

打个通俗浅显的比方：如果把一只股票视为一家餐馆，那么靠大资金掌控这家餐馆经营权的后台老板就是主力机构（现实中餐馆经营所有权的转让大多是规规矩矩的，在股市中经常会通过血腥的"金元暗战"改朝换代）；主力手下的操盘手们（每天操纵盘面、通过买卖交易在该股盘面上画K线图的技术牛人）相当于在后厨炒菜的厨子；专门负责散布该股基本面信息的人相当于服务员；关注和买入该股的散户相当于来这家餐馆消费的普通顾客；在炒股软件中散步该股消息的提供商，相当于时下流行的团购网站（与该餐馆签订合作意向，负责发售该餐馆的打折信息，间接替该餐馆做宣传、招揽生意），按照该股主力的意愿散播利好或利空的消息，以左右散户的买卖行为。

去餐馆就餐（选中某只股票炒股）的流程大概是这样的：找什么样的餐馆吃饭（选股），一般是上网浏览各类团购网站（查看基本面消息），这类网站里餐馆的信息最丰富、推荐也最详细（这是炒股软件的优势所在，包含个股的全部重要信息）。一般食客（散户股民）的想法都差不多，找一家流行的菜系（活跃的板块股）的热门餐馆（该板块的热点股），餐馆一定要人气旺（成交量大且活跃）、口碑好（被炒作得很火）、菜品可口（股价十几二十元有升值空间）、资金雄厚（总股数和流通股数较大）。进入餐馆后，服务员（该股基本面散布者）会递过来菜单、主动介绍招牌菜（介绍该股基本面，资产盈利状况如何、政策如何扶持、哪些信息利好），这也是大多数食客都希望的。

决定点菜后（以觉得合适的价位买入多少股），食客（散户）就是相对被动的一方了，因为去餐馆吃饭不存在先尝后买、不好吃不买单这么一说，具体菜品的味道好坏、觉得菜价值不值（炒股的收益如何、是赔是赚）就只有心里最清楚了。即使吃着不可口、不舒心（炒股赔了、心情郁闷、有上当的感觉），该买单的钱还是一块钱不能少的。

多数口碑好、人气旺的餐馆，去吃饭的食客多半是满意的；在股市里却不一样，炒作得很火、成交量大的个股，你投入资金不一定会很赚钱，赔的可能性更大，并且没有概率可言。除此之外，餐馆老板（主力）还会适当的推出打折信息（近期我这只股又出现几个涨停板了）、更换菜品和调整菜系（放出资产重组、融资之类的消息），甚至会改改招牌（借壳上市之类的传闻），无所不用其极，只为招揽更多的人往里投钱，然后在适当的时机卷走大笔钱，投资下一个餐馆（股票）。

现在，你觉得对于主力放出的基本面消息应当如何看待？当一只股票的利好消息尽人皆知，其股价上涨空间就已接近尾声，在此时入市显然是不明智的，即使运气好赚钱了，利润也很有限。对于利空的消息，你觉得可能是烟雾弹，此时建仓刚刚好，孰不知庄家正希望你这样做！炒股软件推荐的"当日涨跌榜单"，里面绝大多数都是受炒作消息影响而上涨的个股。这些股票多半没有大主力支持，持续性不够，获利空间很小，有些是主力在出货过程中用来忽悠你买盘的。单纯因为基本面消息而上榜的个股，新股民应当谨慎看待。

面对"套牢散户36计"玩得纯熟的主力，以及真真假假、虚虚实实的基本面消息，新股民应当如何甄别和判断呢？还是要从技术面入手分析。**如果技术面利好、基本面利空，主力就是在诱空（设置空头陷阱）；如果技术面利空、基本面消息利好，主力就是在诱多（设置多头陷阱）**。实战中基本面与技术面的综合分析与判断是很有难度的，对于新股民，最好的策略恐怕就是对于这些基本面消息视而不见，只从技术层面挖掘真金。

六、基本面究竟应当看什么

对于一只股票，其市场行为常常会与基本面所反映的情况相反。一家公司的经济状况和国民经济现状可能都是好的，但这只股票的市场价格反而会下跌；国民经济的现状很可能并不好，但是整个股票市场倒可能异常兴旺。股市复杂的内幕，就隐藏在众多基本面信息中。其中，真正值得学习和关注的是以下这些。

1. 经济形势

工业、农业、商业、运输业、公用事业、金融业等各大行业的经济最新状况。

2. 上市公司经营现状

总股本、市盈率、同行业相对竞争力这三点信息最值得关注。比如流通盘在 50 亿以上的股票，总的来说股性不够活跃，一旦被套，解套的机会少之又少。

3. 国民经济发展现状

国民经济的发展分为三个周期：繁荣期、衰退期、萧条期。这恰好对应股市的三种形态：牛市、熊市、平衡市。股市作为国民经济的晴雨表，可以提前或滞后地反映国民经济走势，我们既可以根据目前的股市形态分析国民经济走势，也可以根据国民经济走势来判断股市未来的涨跌。

4. 物价变化

普通商品价格的变动对股票市场有着不小的影响。通货膨胀对股票市场趋势的影响较为复杂，既有刺激股市的作用，又有压抑股市的作用。通货膨胀到一定程度（CPI 超过两位数），将会推动利率上涨，导致股票下跌。

5. 货币供给量

国家的货币供给量增加，扩大的社会购买力就会投资于股市，将股价大幅度抬高；货币供给量少，社会购买力降低，失业率就会增加，股价也必然会受其利空影响。

6. 财政扶持

国家财政政策对于国内企业的效益有着直接影响。如果政府采取产业倾斜政策，如重点扶持电子、能源、环保、基础设施等产业，这几类板块的股票价格就会呈明显上涨走势。

财政支出的增减，会直接影响各个行业在股市里的价格起伏。股价发生变化的时间，通常是政府财政预算和重大政策尚未公布之前，或是在财政预算公布后的初始阶段（主力先于散户率先知晓）。散户新股民对于国家财政政策的变化应当密切关注，作为选股和买卖的参考。

7. 利率变动

对于股价影响最直接的莫过于金融因素。在金融因素中,银行存贷款利率的变动,对股市行情的影响最为直接和迅速。从理论上来说,利率下降时,股票价格上涨;利率上涨时,股票价格下跌。

利率上调,会增加上市公司的贷款成本,使上市公司获得的资金量相对减少,迫使上市公司不得不削减生产规模,减少未来的利润。股票价格受此影响将相应下跌。反之,利率下调股票价格就会相应上涨。

利率上调,意味着一部分资金将从股市里取出,转向银行储蓄或购买债券,无形中减少了市场上的股票需求,导致股票价格下跌。反之,利率下调,意味着储蓄的获利能力降低,一部分资金又会从银行和债券市场流向股市,扩大购买股票的需求,促使股价上涨。

8. 汇率变动

外汇行情与股票价格关系紧密。一般来说,如果一国的货币升值,股价就会上涨;一旦货币贬值,股价将随之下跌。汇率变化最直接的影响是进出口贸易,本国因为货币升值而受益的多半是进口行业,即依赖海外供给原料的企业;当本国货币贬值时,情形恰好相反,出口行业及出口公司因此受益。

若上市公司的产品有相当一部分销售到海外市场,当汇率提高,产品在海外市场的竞争力必然受到削弱,公司盈利下降,股票价格因此下跌;若上市公司的某些原料依赖进口,产品主要在国外销售,那么汇率提高,公司进口原料成本降低,股价将趋于上涨。

9. 政治因素

一些有影响力的国际政治活动,国家的重大经济政策、发展计划、政府法令、政治措施等,都会对股票价格产生敏感的影响。

比如局部战争使世界各国的政治经济造成不稳定影响,人心动荡,导致股价下跌,这是战争带来的普遍影响。不过战争对于不同行业的股票价格影响又不尽相同，与军需工业相关的股票价格将会因为战争而上涨。

10. 上市公司利润分配

上市公司的股息派发政策，对股票价格的影响最直接。通常情况是：股利高，股价涨；股利低，股价跌。

公司增加盈利不一定意味着股利增加，盈利的增加只是提供了增加股利派发的可能性。公司盈利增加后可能不会增加股利，而是用于扩大投资使其利润资本化，也可能在盈利增加后增加股利派发，这取决于公司实行的股利政策。不同的股利政策对股票价格产生不同影响：公司宣布增加股利时，股价上涨；公司宣布减少股利时，股价下跌。如果是不增不减，对股票价格不会产生太大影响。

另外，上市公司有时会采取股票分割政策（转股与送股），刺激股票价格上涨。虽然股票分割后，持股者的股权份额没有变化，却能带来获取更高收益的潜在利好因素。股票分割政策往往比公司宣布增加股利派发更具吸引力。

本章精讲要点

◎ 股市中拥有了消息不等于拥有一切，对于"内部的小道消息"一定要心中打个大大的问号。

◎ 对散户新股民来说，仅看基本面就赚钱，无异于一步登天，不现实也不太可能。应当以技术面分析为主，辅助基本面消息作参考。

◎ 对多数股评应持谨慎的怀疑态度，因为股评中多数"专家"是"砖家"。

◎ 炒股软件中的消息，能不看就不看；看要辩证地看，新股民应当思考主力放出基本面的动机和用意。

◎ 如果技术面利好、基本面利空,主力就是在诱空(设置空头陷阱);如果技术面利空、基本面利好,主力就是在诱多(设置多头陷阱)

◎ 应从十大方面入手正确分析基本面:经济部门现状、上市公司经营现状、国民经济发展现状、物价变化、货币供给量、财政扶持、利率变动、汇率变动、政治因素、上市公司利润分配方式。

下篇

"5"就是最实用的五种实战技术
——精讲股票技术分析与实战技巧

每一种炒股技术指标都有其独特的优势和局限，新股民不可能仅凭一种技术就能研判股市的所有涨跌情况。下篇是在新股民对上篇知识理解的基础上，讲解技术面最有价值的五种重要技术（实战选股术、K线看盘术、抄底逃顶术、买卖点指标判别术、资金管理术），帮助大家选对交易品种，掌握辅助炒股的实战技术。

第6章
"实战选股术"精讲
——选对牛股就是一本万利

- ➡ 选股不宜贪多,股票池里不多于5只股
- ➡ 选股的基本原则要牢记
- ➡ 小盘子最容易窜出"黑马股"
- ➡ "市盈率20~40倍"的股票值得选
- ➡ 为什么说"选股就是选主力"
- ➡ 大主力最喜欢的股票类型
- ➡ 涨停板的股票有何特征
- ➡ 走主升浪的大牛股有何特征
- ➡ 适宜中长线操作的股票有何特征

一、选股不宜贪多，股票池里不多于 5 只股

关于选股，有一句至理名言："投资牛股票，小钱变大钱；投资烂股票，大钱变小钱。"在前面我们讲过炒股的真实盈亏，同一板块股，在相同的时间投资两只股票，"牛股"的同期收益比普通股的收益通常高出 50%，甚至更多。

即便对于大势判断准确，选错股票便只能自认倒霉。这就好比狩猎时是你率先发现的猎物，但无奈身上的坐骑是头驴（不幸选中垃圾股），骑马的人（选对牛股的股民）看见猎物的时间晚，但是跑得比你快，到头来你只能眼巴巴地看着别人打到好猎物归来，自己一无所获或者收获甚少。选对牛股是新股民炒股盈利的第一步，也是非常关键的一步。

选股时，股民对于一些基本的判定原则是要掌握的，否则盘面上那么多复杂的信息，容易让人头晕，不知如何挑选。选股有很大的讲究，有经验的股民选对股的可能性很大，仅凭一眼就能看出个股的八分美丑。

选股时不宜贪多，"个人股票池"里最好不超过 5 只股票（不包括沪深大盘）。四面开花，东挑西选，效果并不好。新股民宜选中一两只股性活跃、潜力大、主力强的股票进行操作，全年都在这熟悉的两三只股票中玩，如同炒干饭一样，愈炒愈香。对股票的基本情况和股性了解越多，买入后才能放心。选股票首先要选放心股，做到持股不慌。

二、选股的基本原则要牢记

"只买市盈率低的股票，只买绩优股，只买科技股"，头脑中不要有"只买某某股"的念头，否则选中的股票十有八九都是错的。

一只股票强势还是弱势，不完全是由天生的资质决定（资产、业绩、市盈率），主要随时间和主力操盘的变化产生强势或弱势的变化。

选股就像相亲搞对象，名字不是最重要的。许多新股民总喜欢买名字熟悉的公司股票，结果这些股票多半不会因为你的捧场而给你带来好运。炒股不同于买家电，选个名牌企业就能让你放心。牌子和名字都不重要，这只股票能否赚钱才是第一位的。

在牛市上涨初期，可选热门股；在牛市的后期，可选收益较好的冷门股。股市里风险和利润永远是呈正比的，利润高的股票自然操作风险高。许多人想在股市里挑中一次可以赚50%或者几倍的股票，自然，持有该股可能跌起来也很快。操作股价波动大的股票，从中获利和亏损的概率都很高；操作股价波动小的股票，很可能赚不了几个点，但也不至于亏几十个点。认清这种风险，在选股时才能有所侧重。

不宜根据股评的推荐选股。并不是说股评推荐的股票都不对，只是风险太大，多数被推荐的股票股价均已突破，有时是在大涨，甚至连续大涨后推荐的。

三、小盘子最容易窜出"黑马股"

盘子小（总股本 5 亿股以下）的股票，最容易窜出黑马股。以总股本 2.35 亿的古井贡酒（000596）为例，如图 6—1 所示：该股在 2010 年 2 月 23 日跌至阶段性低点 31.20 元，2010 年 4 月 1 日该股跳空高开拉出大阳线，随后股价跳升至 38 元以上的价格平台做箱体整理。2010年10月8日股价以66.60元收盘，8个月时间实现股价翻1倍走势。接下来上升趋势开始加速，经过两次短暂回挡，2010年11月30日蹿升至阶段性高点91.88元，距上一次翻倍行情仅仅过了2个月。2010年该股轻松实现股价翻2倍，是"小盘子黑马股"的经典走势。

图6-1 古井贡酒（000596）翻倍走势图

总股本4.7亿的"深鸿基（000040）"也曾有过"小盘子黑马股"的短时间攀升走势。如图6-2所示：该股在2008年11月3日跌至阶段性低点2.48元，随后股价开始一段主升浪走势，以连续上升的形态在4.5元附近回挡，此后进行短期的横盘整理。2009年2月13日拉出一根大阳线，以4.86元收盘实现股价翻倍，这一过程仅用4个月时间。之后该股接连拉出几根大阳线、中阳线，在突破6元区后迅速回挡，随后一鼓作气，在2009年3月20日将股价抬升至阶段性高点7.37元，不到1个月时间完成了翻2倍行情。

下 篇
———— "5"就是最实用的五种实战技术 ————

图6—2 深鸿基（000040）翻倍走势图

四、"市盈率20～40倍"的股票值得选

市盈率是股价与税后利润的比值，表示以购买股票的方式从上市公司净利润中收回投资成本所需要的预计年限。深沪股市的平均市盈率在40倍左右，强势股一般能达到60～70倍（甚至更多）。长线投资可选择20～40倍市盈率的股票，这些股票理论上都有上涨到60～70倍市盈率空间的可能。

如图6—3所示，市盈率22.3倍的"国投新集（601918）"，该股最初处于5元底部区，在2008年12月1日开始了上升行情，接连拉出6、7根阳线，将股价抬升至10元区，以圆形走势回挡后，实现第一次翻倍（2009年3月19日），也宣告主升浪通道的开启。股价随后平稳而有规律地上升，2009年5月20日突破16元关口，实现第2次翻倍行情。在15元区间盘整较长时间后，该股继续以平稳的上升走势将股价抬升至阶段性高点22.79

图 6-3 国投新集（601918）翻倍走势图

元（2009 年 7 月 24 日），不到 8 个月时间实现股价 3 倍翻番，相当高效和强势，是具有 20～40 倍市盈率特征的典型牛股。上面提到的小盘股和市盈率 20～40 倍的股票，应作为长线投资的首选。

一般来说，市盈率低的股票很容易涨且上升空间较大。部分高市盈率的小盘股，也具备不小的成长性。如图 6-4 所示，市盈率 58.9 倍的"联合化工（002217）"，该股在 2010 年 7 月 2 日跌至阶段性低点 7.90 元，随即股价平缓上升，在 7 月 28 日拉出一根大阳线，一举跃入 10 元区盘整。经过又一波上升行情后，股价在 12.50 元稍作停留，回挡至 10.50 元。随后市场买气充足，连拉 5 根阳线，小幅回挡后升至阶段性高点 14.50 元（2010 年 10 月 26 日），3 个多月时间轻松实现股价翻倍。该股总股本 2.23 亿，符合"小盘子黑马股"的部分特征。

五、为什么说"选股就是选主力"

个股是紧跟大盘走势的变化而变化的，大盘如果持续低迷，

图 6—4　联合化工（002217）翻倍走势图

多数个股也会持续低迷，这就好比地方政策会受中央政策的影响。如果做长线，适宜在大盘低迷时入市，在大盘一路走高时退场。有句话说得很形象："证券交易所里冷冷清清，可以买只股票回家睡大觉；等到证券交易所像地铁一样人挤人，就应当马上将股票卖掉。"只要不出现战争、经济崩溃等不可抗因素，股市一定会"朝九晚三"准点开市，大盘也终究会见顶或者见底。

选股是很重要的，新股民应当尽量选中与大盘走势趋同的个股。假如选中与大盘相比变化缓慢甚至趋势相反的个股，相应的操作可能要栽跟头。

以"巨轮股份（002031）"的走势为例（2010年1月至2010年7月）。如图6—5所示，该股在2010年1月18日升至阶段性顶部14.43元，随后股价直线回落，2010年2月23日出现一根下影线较长的锤子阳线的有力支撑，股价开始反弹。2010年4月21日以后，股价经历比上次下跌走势更为迅猛的跌幅，在中途稍作头肩顶形态整理，最终跌至阶段性底部7.45元（2010年7月2日）。

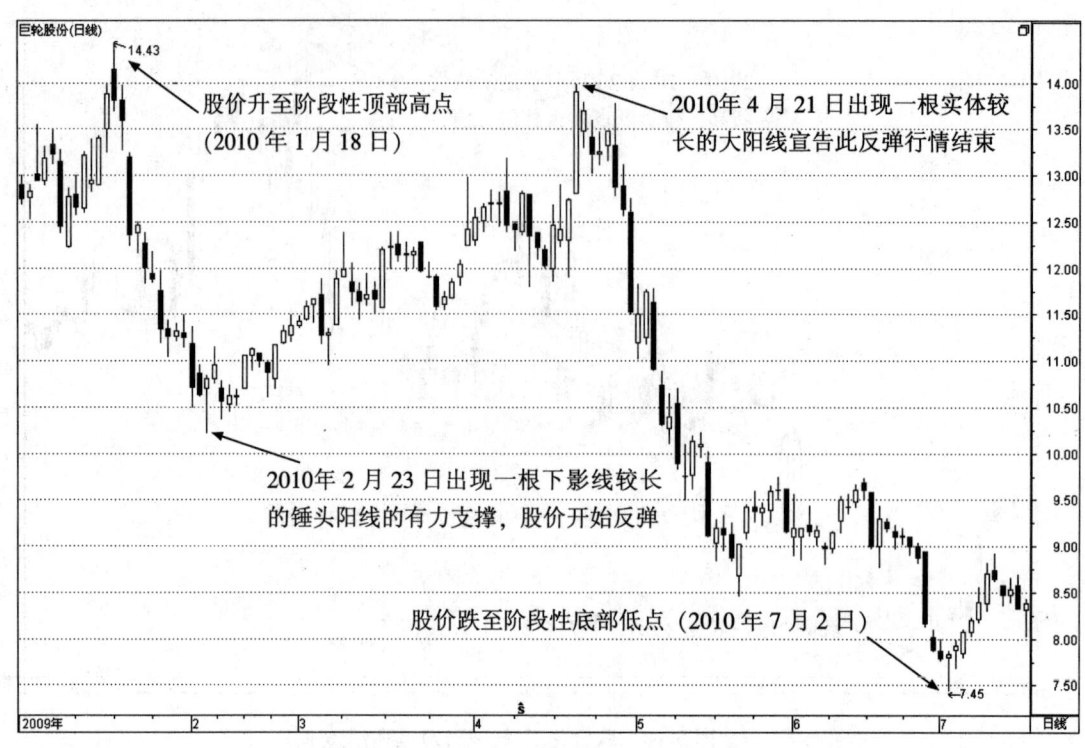

图6—5 巨轮股份（002031）2010年1月至7月日K线走势图

看完巨轮股份的走势，再来分析相同时间周期的深市大盘走势。图6—6中箭头所指示时间与巨轮股份走势图的时间一一对应。2010年1月18日深市大盘在13000点区间、头肩顶形态即将形成，当日多项技术指标表明大盘涨势将尽，即将结束短期小反弹，步入下跌的趋势，完成头肩顶突破颈线的最后一段（关于头肩顶形态及相关概念，本书将在第八章详解）；第二日，深市大盘出现预示顶部的小纺锤阴线，巨轮股份已先于大盘低开低走；第三日，大盘拉出一根恐怖的大阴线，将前六天的涨幅全部消化掉，巨轮股份受大盘影响，跌回两周以前的价位。

巨轮股份在2010年2月23日出现阶段性底部信号，股价随后大幅反弹，深市大盘早已提前反弹，2月23日正在12000点附近盘整。当巨轮股份在4月21日创出短期新高，深市大盘已于前一日以一根没有影线的大阴线将股价拖回11500点平台，宣告新一波下跌走势的开始。随后巨轮股份与深市大盘走势趋同，中途的盘整周期也比较吻合，在同一日（2010年7月2日）两者都创

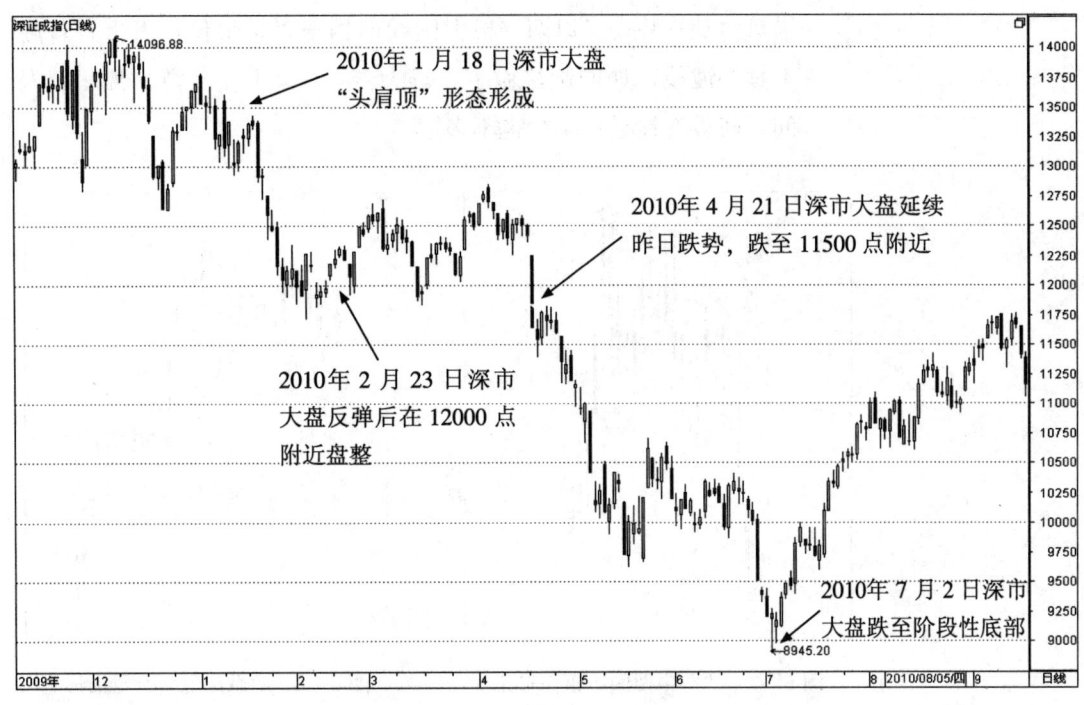

图6-6 深圳成指（399001）2010年1月至7月股价走势

下阶段性新低。

通过比较分析，可以得出结论：巨轮股份与深市大盘在股价走势上基本趋同，尤其是跌幅较大的周期。不过，仅凭日K线的大盘走势去判断该股的阶段性顶部和底部，并不完全准确，还需借助其他技术分析指标，或者找到与大盘走势更接近的一只股票。

不同的股票，背后的主力是不同的，实力上也是差距不小。通常情况下，资金雄厚的主力综合实力会明显强于一般主力，这就为我们选股提供了基本依据。新股民是不可能知道主力的真实状态的，只能通过技术面去揣摩。一个很简单的道理：资金实力强的主力请来的操盘手水平很高，K线图会画得干净、流畅，不突兀也不拖泥带水，整个走势图与大盘对应清晰，且具有一定美感。

股市中"盘面如画"的股票并不多，多数股票的盘面难有美感可言，容易出现很多不规则、有违图形常理的走势出现，其背后操盘手的"二三流画功"可见一斑。许多个股会出现"空中楼阁"的盘面形态（图6-7）：个股以两三根大阳线跃入高层平台，横盘整理一阵，又以两三根大阴线回挡至正常价位，入市者若赶上这一波段，如同恍惚做了一场大梦："天上一月游，猛然归人间；回头看钱袋，不少也不多。"

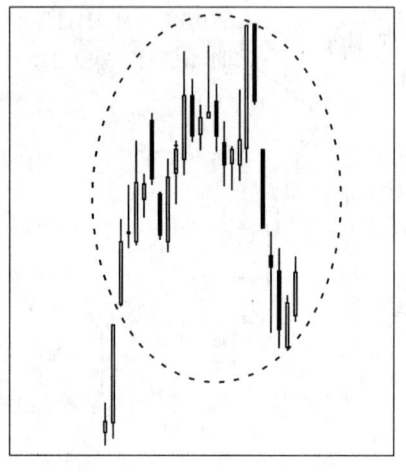 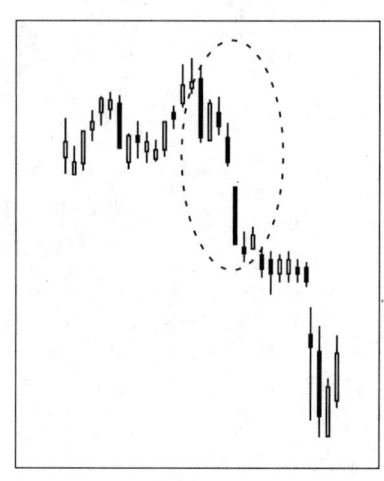

图6－7　"空中楼阁"盘面形态　　　图6－8　"悬崖踩空"盘面形态

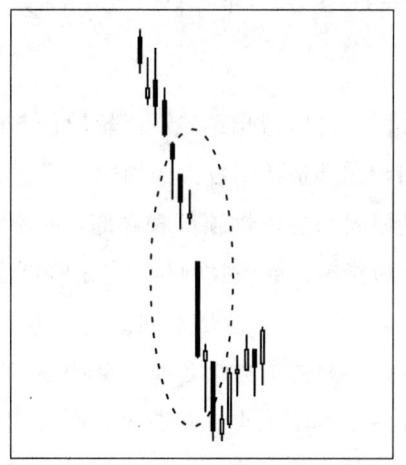 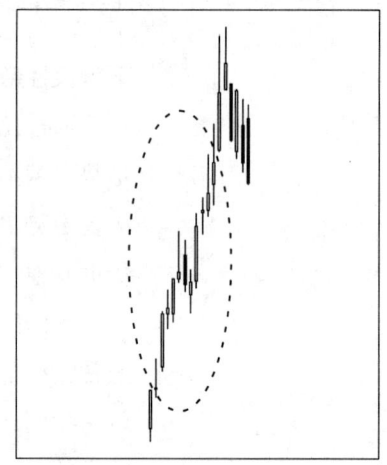

图6－9　"瀑布下落"盘面形态　　　图6－10　"通天浮屠"盘面形态

"高台跳水"的盘面形态，是不规则盘面中出现频率较多的，有些是以"万丈悬崖脚踩空"（图6－8）的惨状出现，稍好一点的带有明显的"瀑布下落"（图6－9）。有"大落"必然会有"大起"，"通天浮屠"（图6－10）的上升盘形出现的频率也不少。盘面和局部盘形不规则的股票，不见得获利空间小，只是其风险变化巨大，新股民应谨慎观察盘面，稳妥操作为主。

如何通过盘面对股票进行初步判断呢？以海油工程（600583）的周K线图为例，如图6-11所示：该股在整体形态上不是很规矩，由于多次高转送（盘面下方有红色的"S"符号，"S"代表了股票的分红信息），使得盘面走势时有中断，不连贯。在当前7元附近的区域建仓，上涨比下跌的可能性大；该股已有半年时间处于6～8元的横盘区间，波动起伏大、波段的利润空间小，但随时可能突破区间、一路走高。从该股的当前情况分析，上涨空间大于下跌空间。

图6-11 海油工程（600583）周K线图

巨轮股份（002031），如图6-12所示：该股在整体形态上与大盘基本吻合，之前曾出现一次不小的"断崖跳水"行情。如果在当前12元区间建仓是机遇也是挑战，无论是短线或中长线操作都要参考技术指标谨慎行事。该股近两年在7～14元的价格区间横盘整理，价格波动比较稳定、做波段的利润空间尚可。从该股的实际情况分析，应以波段操作的策略为主。

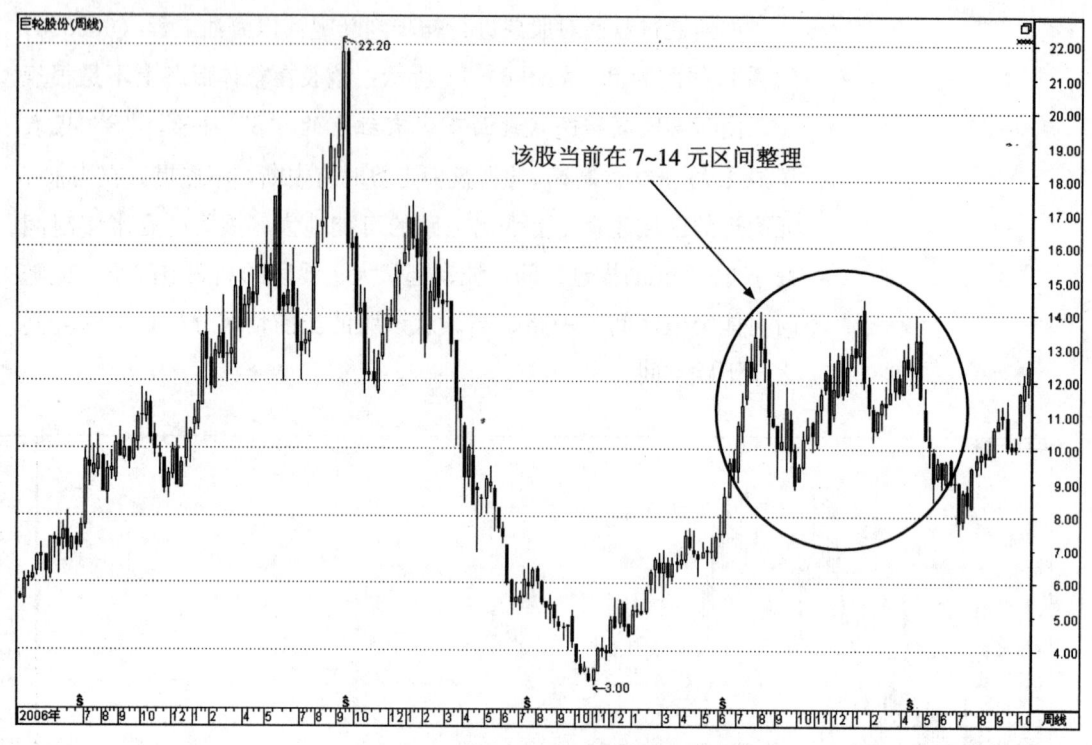

图6-12 巨轮股份（002031）周K线图

代码为"30××××"的股票属于创业板，国外以纳斯达克市场为代表，在中国股市上特指在深圳证券所交易的"深圳创业板"。在上市门槛、监管制度、信息披露、交易者条件、投资风险等方面，国内的创业板与主板市场（沪深A股）有较大区别，其创建的主要目的是扶持中小企业，尤其是以高科技产业为主的成长型企业。有鉴于创业板在2009年刚刚开市，截至目前尚不足三年"股龄"，新股民入市时应对创业板持谨慎态度。

六、大主力最喜欢的股票类型

从数据上看，A股市场换手率较高，交易费用高，但市场本身的效率却不高，股价平均增长率更是偏低，这些都是"股市被主力操纵"的具体表现。

每只股票的背后都有一个或多个主力，散户大多是被主力牵着走的，压根谈不上主动跟踪，充其量是偷偷地当个"小跟班"。研究财大气粗的"大主力"喜欢操作的股票，是散户当好跟班赚钱的必修功课。

这一类股票大致有以下特点：

① 当前股价、市盈率不算高，主力向上做有很大空间。一般来说，市盈率35倍以下算是相对较低，股价15元以下算是较低（不包括新近除权的股票）。

② 公司流通股盘子较小（5亿股以下），能吸引有实力、不差钱的大主力进驻操作。

③ 公司产品有可靠的发展前途、公司有品牌提升的空间、公司所属板块与当前宏观政策导向相符。

④ 题材值得反复炒作的股票，多头喜欢它，空头也喜欢它，大主力更喜欢它。

新股民应当根据大主力的喜好，选择合适的股票，以正确的时机介入，争取搭上主升浪一路坐轿子。

七、涨停板的股票有何特征

开盘即涨停的股票，多半是由于该公司突然出台重大利好消息，使股价在复牌后持仓者惜售、观望者急于买入，以涨停价格参与集合竞价，一开市便出现涨停，随后以涨停价格排队预买单者越来越多，当日该股强势封板。这种股票一般具有以下的明显特征：

① 股价之前处于低位徘徊状态。

② 公司突然传出利好消息（大多是年报或中报即将公布之际）。

另外一种可能涨停的股票是由于"主力逞强"所致，主力通常在拉升该股的过程中摆出强势势态：拉出涨停板，吸引散户们关注和跟风，达到"众人拾柴火焰高"的效果。此类涨停板股票一般具有以下特征：

① 股价当前已盘出底部震荡区间，向上的趋势较为明显。
② 多手大买单涌入（千手买单层出不穷）。
③ 该股涨停后，5000 手以上的涨停价买入者甚多。

如图 6—13 所示，苏州高新（600736）在 2011 年 2 月 24 日出现一字涨停板，该股受"新三板题材股"利好消息影响，出现涨停属意料之中。该股在出现涨停之前，一直在 5 元的相对低价区横盘整理，在接近 6 元区有明显的上升走势，接连拉出多根阳线，涨停前一日出现大阳线，明显突破 6 元阻力位，成交量为 57 万手，大买单层出不穷。涨停封板后，第二日由涨停时 26 万手成交量、1.9 亿成交额，飙升为 147 万手成交量、10.2 亿成交额。综合分析，该股的此次涨停是背后的主力机构趁着"新三板"的利好消息故意为之，通过强势拉板，吸引更多的散户和筹码入场，以便下一步操纵。

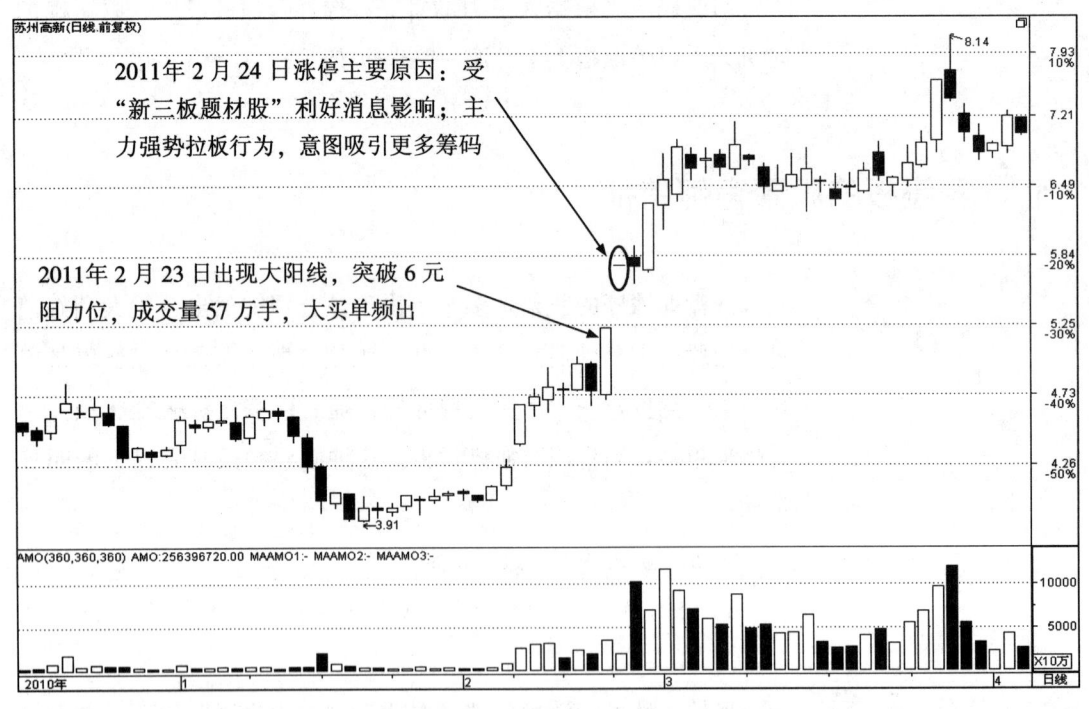

图 6—13　苏州高新（600736）2011 年 2 月 24 日涨停板示意图

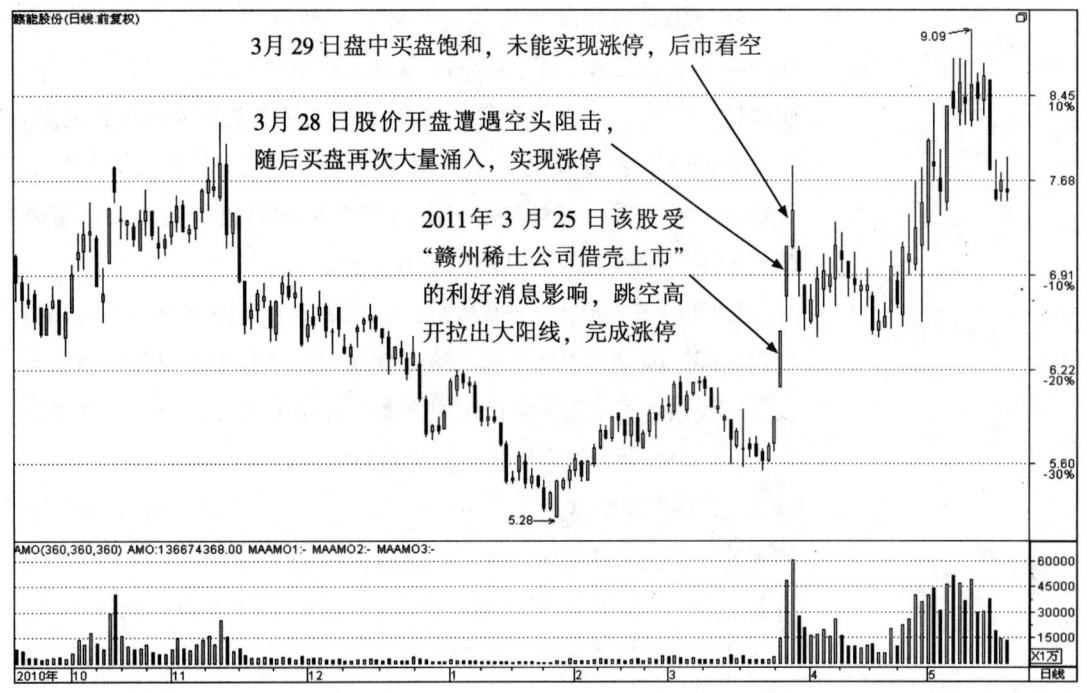

图 6—14 赣能股份（000899）涨停板示意图

如图 6—14 所示，赣能股份（000899）是江西省的一家上市电力公司，进入 2011 年以来，头上顶着多项漂亮的"概念股"光环，如市场上日益追捧的"新能源概念股"，与 2011 年第一季度炙手可热的"稀土概念股"也有联系。

2011 年 3 月 25 日，"赣州稀土公司将借壳上市"的传闻使地处赣州的该公司被市场猜测为"赣州稀土公司的新宿主"，受其影响当日该股股价照前一日大幅跳空高开（其实在 24 日主力在利好消息出来以前早已启动行情，拉出一根中阳线），盘中迅速拉出一根实体大阳线，完成当天的涨停板；下一交易日（3 月 28 日），股价开盘时遭遇空头阻击，股价一度拉回至接近昨日收盘价的点位，但随后买盘大量涌入，股价很快直线攀升，再次拉出一波涨停板；3 月 30 日，股价照昨日收盘价稍微高开，股价延续昨日的强势上涨态势，再次接近涨停价，不过此时盘中的买盘接近饱和，对后市持利空态度的持仓者大量平仓离场，股价最终收在 7.14 元，这也预示了由于传闻利好消息而催生的短期涨停走势的终结。

涨停板对应的盘中 K 线有两种：一种是"一"字线涨停，表明上一日收盘后积累了大量的预买单，使得当天开盘即宣告涨停。出现这一行情，一方面该股的基本面需要有重大的利好消息刺激，另一方面（也是重要的一点）需要有主力"强力拉板赚人气"的大动作支持。许多正常基本面不可能催生涨停板的股票，却意外的以"一"字线涨停，其原因就在于此。

如图 6—15 所示，中航精机（002013）在 2010 年 9 月 3 日因为公司内部原因停盘 1 个多月，2010 年 10 月 18 日重新召开董事会会议，审议通过了"重大资产重组方案"等相关议案。2009 年净利润仅为 3057.98 万元的中航精机，受重组的利好消息刺激，在 2010 年 10 月 22 日重新复牌后，罕见地连拉 9 个"一"字涨停板，股价从停牌前一个交易日的 16.18 元收盘价大幅提升至 38.16 元（11 月 3 日收盘价），不到 10 天时间股价涨了一倍，接下来创出新高 44.89 元。该股重大资产重组也受到券商机构的追捧，包括中投证券、招商证券在内的 4 家券商都给该公司强烈推荐的评级。该股走势属于典型的"极端性基本面利好消息，引发连续涨停板走势"。

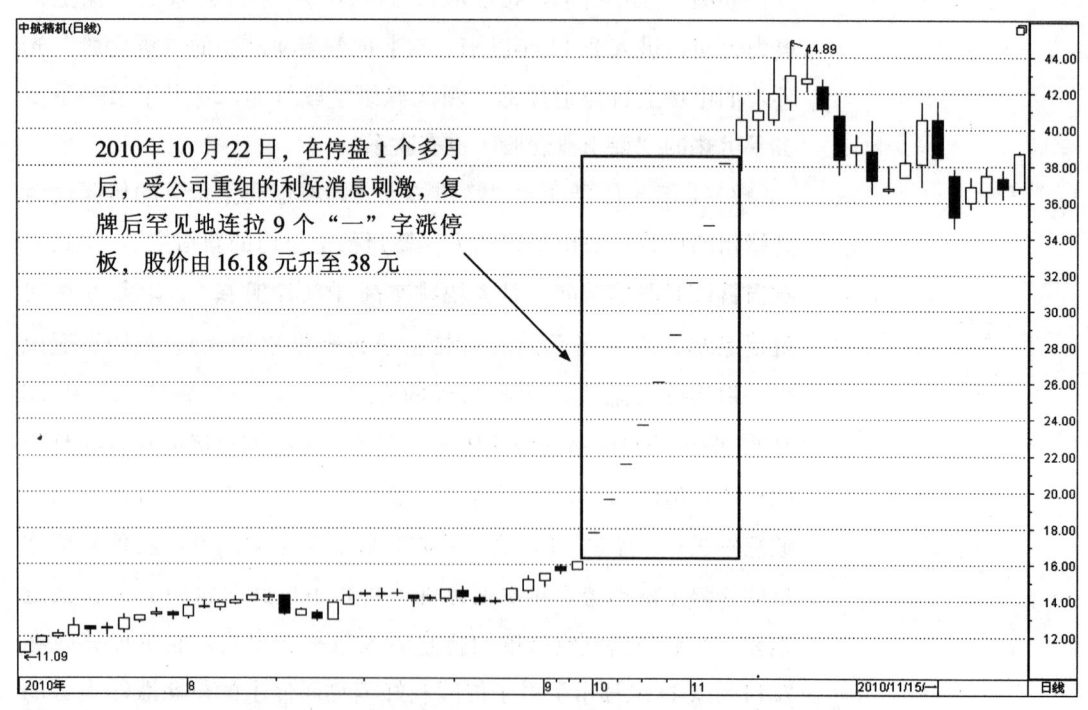

图 6—15　中航精机（002013）2010 年 10 月涨停板示意图

另一种涨停板就是像上面提到的赣能股份，主要是由于传闻利好消息的刺激，导致盘中以实体较长的大阳线拉出涨停板。新股民需要在实战中理解和区别这两类涨停板股票。

八、走主升浪的大牛股有何特征

买盘较小、卖盘较大且股价不下跌的股票，有成为主升浪牛股的潜质，可以重点关注。此类股票的成交量和价格之所以呈现这种状况，是由于主力为低价收集股票筹码而用大量卖盘造成股价要下行的假象，但同时隐形买盘（即时成交）使股价不至于下跌。这类股票随时可能出现大幅上涨。

买盘较小、卖盘也小、价格稍有上涨的股票，可以重点关注。此类股票的成交量和价格之所以呈现这种状况，是由于主力在平稳吃货后盘面很轻，接下来很可能要大幅拉升股价，主力此时抬拉可谓"投入小，收益大"。

在大盘横盘时上涨、在大盘下行时横盘的股票，可以重点关注。该股的主力实力较强，处于收集筹码中期，该主力的成本价通常在最新价附近，大盘下跌刚好可以加快其行动，也可显示其实力，招揽散户光顾。

将"恒星科技（002132）"（图6—16）与深市大盘同时期的走势（图6—17）进行对比：深圳成指在2010年7月30日至8月13日，处于典型的横盘整理阶段；相同的时间段，恒星科技却接连拉出十根阳线，"在大盘横盘时大涨"，从11元涨至18元，涨幅60%，非常强势。随后，深圳成指在2010年8月18日至8月27日，呈短期下跌的走势；相同时间段，恒星科技没有跟随大盘下跌，进行短暂的横盘整理，随后股价突破22元，该股基本上符合"大盘横盘时上涨，大盘下跌时不跌"的态势，升入主升浪的可能性为七成。

随后的走势也验证了这一点：该股在19元区域整理1个月时间，随后强势拉出五根阳线，迅速地站稳24元平台，很快再次拉出3根阳线进入29元平台，以相同的方式站稳平台，升至34元平台，直至创出阶段性新高35.73元（2010年12月9日）。

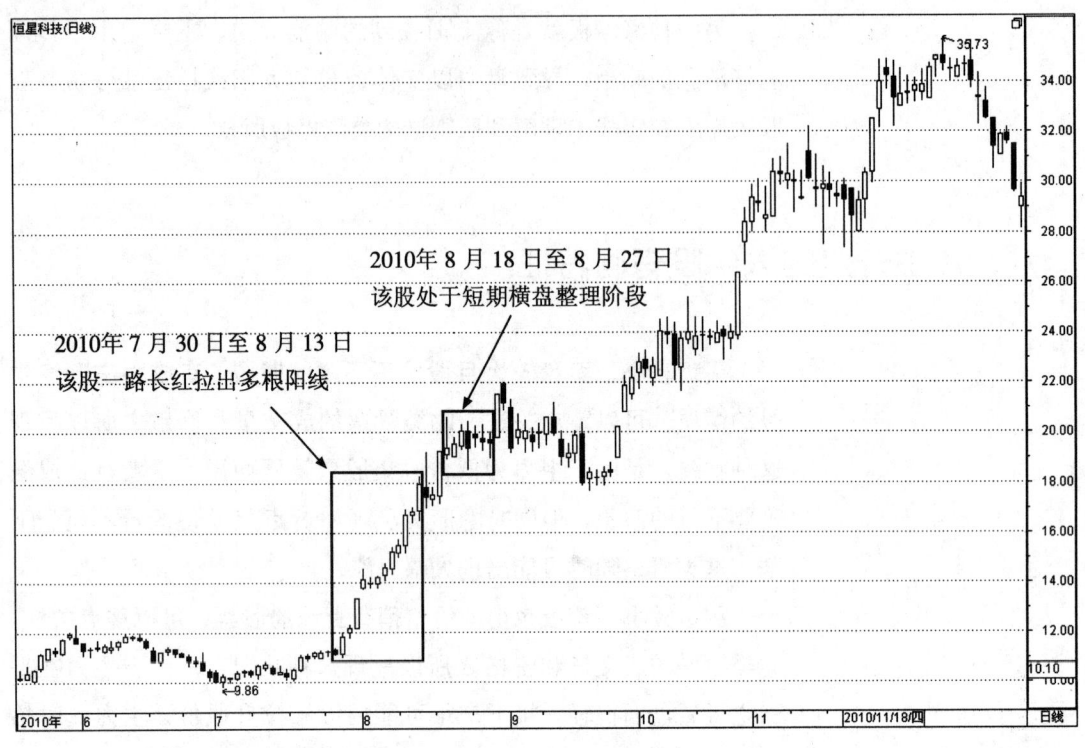

图6-16 恒星科技（0002132）2010年7月至8月走势图

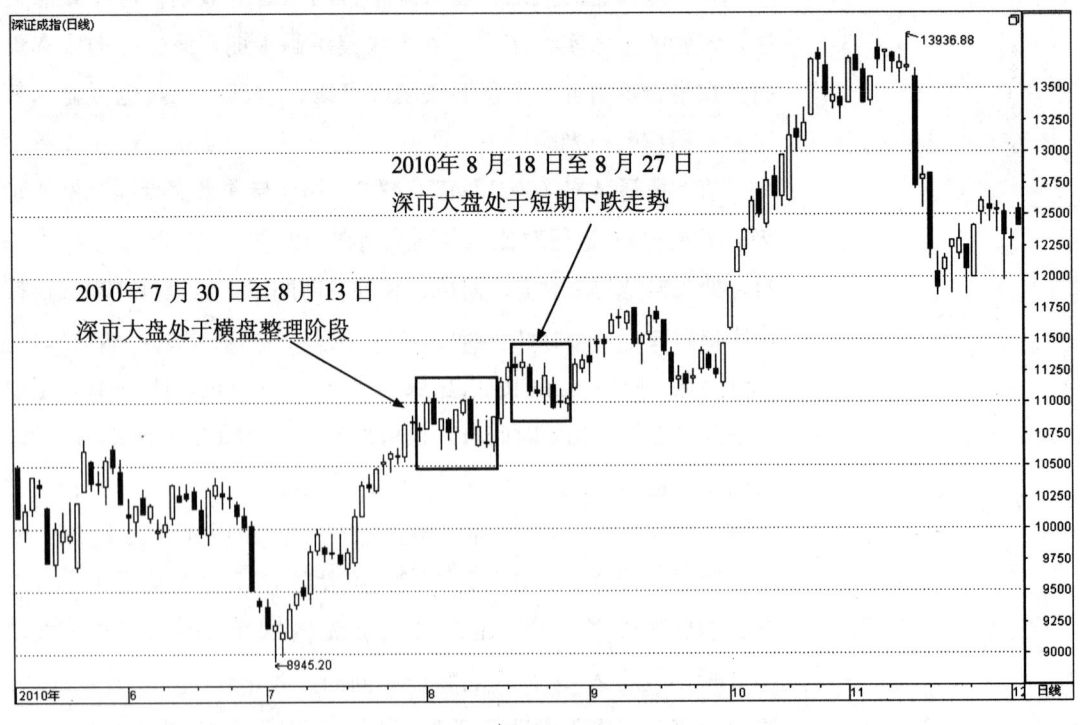

图6-17 深圳成指（399001）2010年7月至8月走势图

如图6—18所示，兴森科技（002436）2010年8月在底部区域横盘整理，8月10日至11日，该股分别出现3万手、2万手的卖盘，股价并未受其影响而下跌；17日至18日，该股再次出现2万手以上的卖盘，股价只是小幅下跌。有鉴于此，可判断该股主力正在平稳吃货，并悄悄抬高股价，接下来很大可能要进行大动作——大幅拉升股价，使股价进入既定的主升浪。事实也很快证明了这一点，2010年10月19日至21日该股在拉出"红三兵"K线形态后，股价正式进入主升浪，用了3个月时间，创出阶段性新高71.49元（2011年1月6日）。该股在这一阶段的走势，佐证了"买盘小、卖盘大且股价不下跌"的主升浪牛股特征。

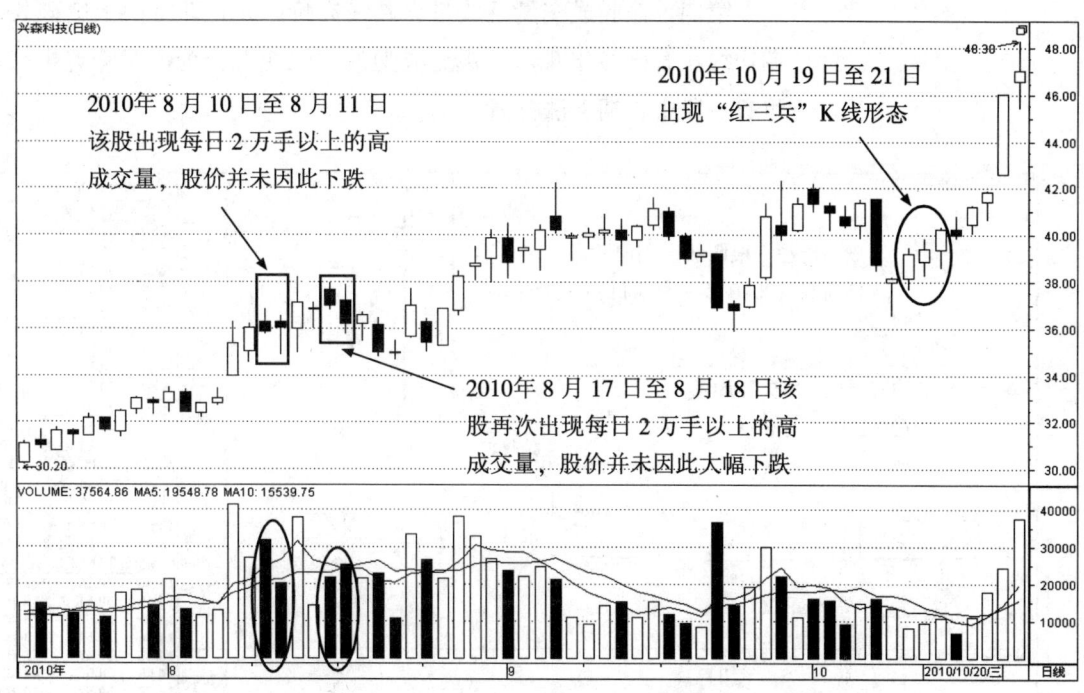

图6—18 兴森科技（002436）主升浪信号示意图

九、适宜中长线操作的股票有何特征

新股民进行中长线操作，应根据以下四点挑选潜力股。

第一，该股近期有炒作的热点。发生重大社会事件的题材股

（如世界各地发生军事冲突时，军工题材股就会火爆）、股市近期炒作的热点股（如稀土概念股、有色金属概念股、生物基因股等）、中报年报利好的股票（利润未分配、募股资金产生效益、行业提价等）等。

第二，该股本身的成长性较好。如入选"上市公司成长潜力50强"、"本行业的龙头企业"、"良好的现金流背景"、"良好的在建与储存项目"、"国家政策扶持企业"等。

第三，该股的资本扩张能力较强。"总盘子与流通盘子都很小"、"含有较高的未分配利润、资本公积金或净资产"、"尚未送配"、"该地域的上市公司整体活跃"等。

第四，该股成交量已放量突破最高价，并且即将向上突破长期均线。若已经出现，可视为典型的"强庄"行为，意味着未来将有一段中长期上涨行情。

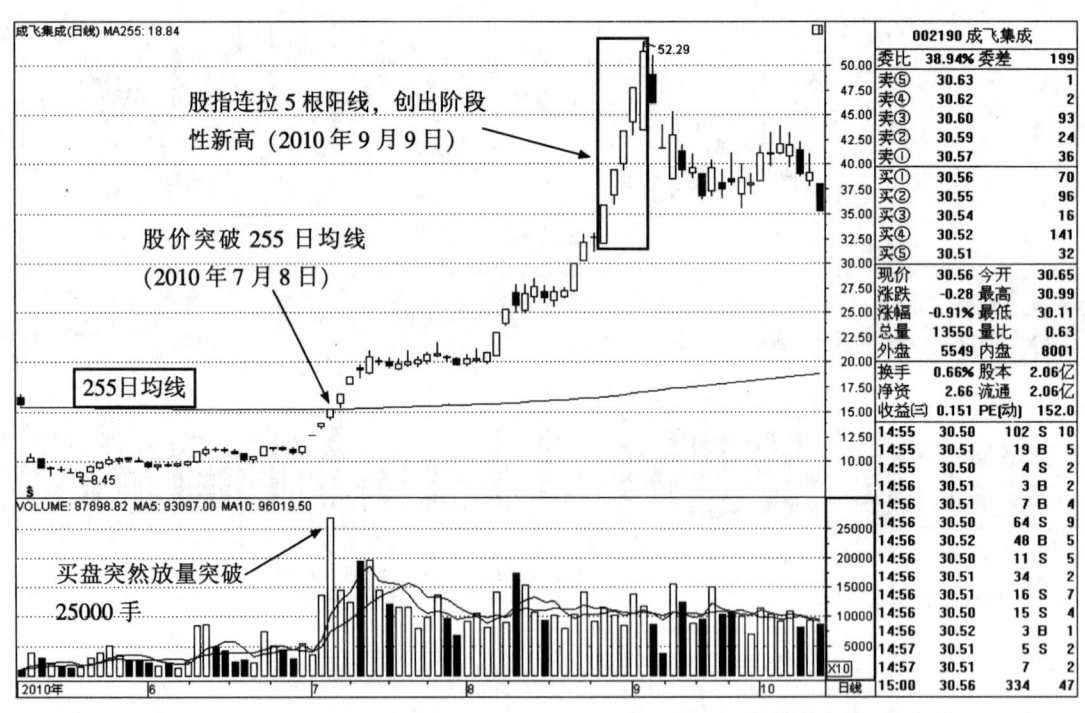

图6—19 成飞集成（002190）中长线操作示意图

如图6—19所示，成飞集成（002190）是成都飞机工业有限责任公司的全资子公司，主要从事模具设计、研制和制造，计算机集成技术开发与应用，属于典型的"高科技股"，是行业内公认的四大汽车覆盖件模具生产企业之一，是中国汽车覆盖件模具重点骨干企业，汽车模具产品已远销到美国、英国、意大利等国家。从基本面来看，该股的成长性非常不错：总流通股为2.06亿股，属于"总盘子与流通盘子都很小的股票"；资本扩张能力尚可。

技术面分析，该股一直在10元区域盘整，直至2010年7月8日，成交量突然放量（当日买盘突破25000手），股指也在这一天突破了255日均线，"强庄"牛脚已经显现，未来将出现一波不小的上涨行情，这一天是建仓的最好时机。股价随后在20元附近盘整，随后升至26元附近整理，然后连着拉出5根阳线，创出阶段性高点52.29元（2010年9月9日）。该股在10元左右的时候，无论基本面还是技术面分析，都属于适宜中长线交易的股票，新股民应当在实战中总结和体会，找到类似的股票，在适当的时机建仓。

本章精讲要点

◎ 选股的十项基本原则：

① "股票池"里选中五只股性活跃、潜力大、背后主力强的股票，全年应在选中的五只股票中操作一两只。

② 至少选择一只总股本在5亿股以下的股票。

③ 同一板块股中选出最适合操作的一只股票。

④ 选股时不要有"只买某某股"的念头。

⑤ 尽量不要选择名称看起来很熟悉的股票。

⑥ 牛市前中期宜选已上涨的牛股，牛市后期宜选低价股。

⑦ 选中一只涨跌有规律、长时间小幅上涨的股票。

⑧ 选中一只操作风险低的股票做长线投资。

⑨ 不轻易根据股评或他人的推荐选股。

⑩ 选中一只20~40倍市盈率的股票做长线投资。

◎ 看盘选股，首先看直观的盘面是否具有美感，新股民对于频繁出现"空中楼阁"、"高台跳水"盘形的股票暂不考虑。

◎ 可适当挑选一只大主力比较喜欢的股票：市盈率35倍以下；股价15元以下；公司流通股盘子较小；公司产品有前景；公司品牌可升值；公司所属板块在政策面利好；题材值得炒作。

◎ 可能的涨停板股票有如下特征：

① 公司即将公布利好消息（年报或中报）。

② 股价已在相对低位盘整一段时间。

③ 成交量短时间内异常活跃，几千手大买单大量出现。

◎ 即将进入主升浪的牛股有如下特征：

① 买盘较小、卖盘较大且股价不下跌的股票。

② 买盘较小、卖盘也小，价格略微上涨的股票。

③ 在大盘横盘时上涨，在大盘下行时横盘的股票。

◎ 适合中线操作的股票有以下四点特征：

① 近期有炒作的热点。

② 成长性较好，例如属于"国家政策扶持企业"。

③ 资本扩张能力强，例如有"较高的未分配利润、资本公积金或净资产"。

④ 成交量已放量突破最高价，即将向上突破长期均线。

第7章
"K线看盘术"精讲
——掌握炒股的盘面语言

- ➡ K线的历史及本源
- ➡ 详解K线的主要类型及特征
- ➡ 预示后市上涨的K线组合有哪些
- ➡ 预示后市下跌的K线组合有哪些
- ➡ 实战中必须牢记的经典K线组合
- ➡ 实战中预示底部和顶部的K线组合

一、K线的历史及本源

K线,又称"阴阳线"、"阴阳烛"、"蜡烛图",产生于日本17世纪的幕府时代,日本米市商人一般用这种蜡烛形状的图形记录米市当天的行情与价格波动,现在普遍引入股市及期货市场。中国A股市场的股价变化,使用红蓝两色的蜡烛图(即阳线和阴线)来表示。新股民想要从技术盘面研究股市的变化,必须先从理解K线入手。

在K线发源地日本,最早利用蜡烛图进行技术分析的人叫本间宗久。当时日本处于幕府时代,军阀间的战争和割据比较频繁,直到德川家康时代社会才趋于稳定。本间宗久所处的大阪市是当时的全国物资集散地,被称为"日本的大货仓",其中米市的交易最为红火。米市的繁荣,使得许多大老板和大资金纷纷涌入,简单的现款结算已满足不了实际需求,"大米库券"由此应运而生。

本间宗久的家境可谓"富可敌国",其赚钱能力更是远胜于父辈——他很早就看到大阪米市的巨大商机,私下里仔细研究米市交易的蜡烛图,从中摸索出一系列涨跌规律,并且统计和记录天气的周期变化,创立了自己的一套通讯系统。凭借对米市的深入研究,加上对战场取胜之道的领悟,本间宗久利用今天的股票交易手法,在米市中买卖米券,积聚了巨大的财富,创造了连续100笔交易盈利的神话!他留下的《酒田战法》一书，至今仍在炒股爱好者之间流传（注：本间宗久的家乡在日本酒田）。

蜡烛图演变至今成为K线，名称、颜色和形状上虽有变化，但是本质特征没有变：一种用战争理念显示价格波动的工具。《酒田战法》一书中随处可见"墓碑线"、"反击线"、"夜袭"等战场术语，将价格分析比喻为"战争中的军事谋略"，可谓恰如其分。

从开盘到收盘，紧盯着某只股票一天的K线走势，你会发现确实像两股势力在打仗。实际情况是：一方是"多头军"，希望当日股价向上涨，最终以阳线收盘，收盘价和最高价均高于前一日的开盘价和最高价；另一方是"空头军"，希望当日股价向下跌，最终以阴线收盘，收盘价和最低价均低于前一日的开盘价和最低价。

每天盘中的4个小时是多空双方的战斗时间，双方都想努力取得当天的理想结果，各类兵法层出不穷，重要阵地（某个关键点位）反复抢夺（通过买卖来完成），K线也"时阴时阳"，直到当天收盘闭市战斗才告一段落，战况从K线图上一目了然。主力会根据当日的操盘策略，时而帮助多头，时而支援空头，就像战争游戏中的阵营选择，可以随时变换，一切只为最大限度地从散户身上牟取暴利。

从日本文化源于中国文化的观点看，K线传递的其实是中国古代的阴阳思想，记录的是参与交易者的心理活动和资金博弈。

二、详解K线的主要类型及特征

K线是记录股票走势最好的工具。根据K线实体部分及上下影线的不同，可分为以下这些类型：实体阳线、实体阴线、只带下影线的阳线、只带下影线的阴线、只带上影线的阳线、只带上影线的阴线、带上下影线的阳线、带上下影线的阴线、十字星线、十字线、纺锤十字线、倒T字线、T字线和一字线等。

阳线是"收盘价＞开盘价"。

阴线是"收盘价＜开盘价"。

大阳线是"（收盘价－开盘价）/开盘价＞5％"。

大阴线是"（收盘价－开盘价）/开盘价＜－5％"。

中阳线是"3％＜（收盘价－开盘价）/开盘价＜5％"。

中阴线是"－5％＜（收盘价－开盘价）/开盘价＜－3％"。

小阳线是"1％＜（收盘价－开盘价）/开盘价＜3％"。

小阴线是"－3％＜（收盘价－开盘价）/开盘价＜－1％"。

1. 实体阳线

图 7-1 实体阳线

图 7-2 金瑞矿业（600714）实体阳线示意图

即没有上影线和下影线的阳线（图 7-1 和图 7-2）。交易当天最高价与收盘价相同，最低价与开盘价也相同，当天多头始终具有优势，将价格一路抬升直至收盘。

【后市预判】 出现实体阳线，意味着该股近期状态活跃，多头疯狂抬价，持股者见买气正旺均不愿抛售，明日多半还会拉出不小的阳线。

2. 实体阴线

图 7－3　实体阴线

图 7－4　东华实业（600393）实体阴线示意图

即没有上影线和下影线的阴线（图 7－3 和图 7－4）。交易当天最高价与开盘价相同，最低价与收盘价相同，空头始终具有优势，将价格一路打压直至收盘。

【后市预判】 出现实体阴线，意味着该股近期卖气如虹，空头疯狂抛售，持股者对后市看空也疯狂抛售手中股票，明日多半还会拉出不小的阴线。

3. 只带下影线的阳线

当天开盘后空头卖气较足,价格往下走低,但是在支撑位被多头成功阻击,价格向上推回开盘价,一路上扬,收在最高价(图7—5)。若阳线实体部分很小、下影线约为实体长度的两倍以上,这种只带下影线的实体阳线也叫"吊颈阳线"、"锤子阳线"(图7—6)。实盘图见图7—7。

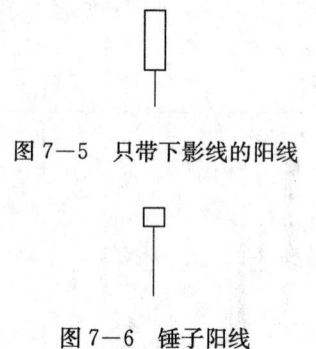

图7—5 只带下影线的阳线

图7—6 锤子阳线

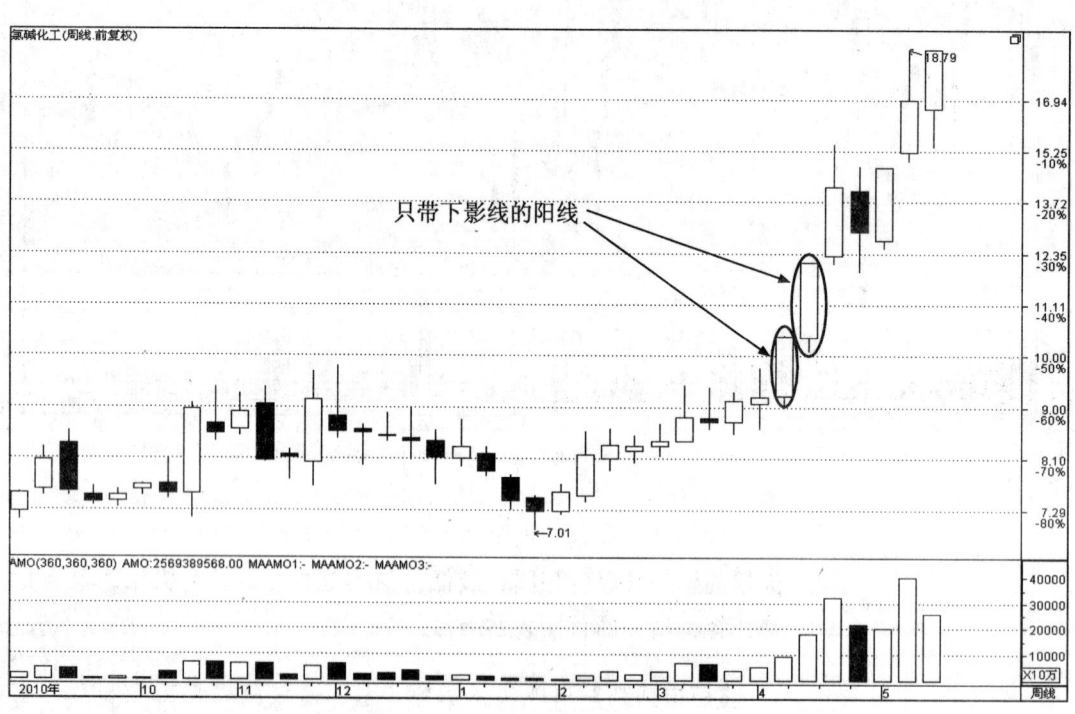

图7—7 氯碱化工(600618)只带下影线的阳线示意图

【后市预判】阳线实体部分与下影线长短不同，相应的多空双方的力量对比也不同：

① 如阳线实体较大且下影线短，表明当天多头处于绝对优势，明日大涨的可能性不小。

② 如阳线实体较小且与下影线等长，表明当天多空双方交战激烈，大体上多头占据有限的优势，明日大势难料。

③ 如阳线实体较小且下影线为实体长度的2倍以上（锤子阳线），表明当日多空双方在低价支撑位激烈争夺后，多头实力稍占优势但上升势头已竭，明日多空双方必将有一番厮杀，开盘时空头占据主动的可能性较大。如果锤子阳线出现在相对低位或长期下跌之后，是强烈的看涨信号。

4. 只带下影线的阴线

开盘后空头势如破竹，价位一下子跌得不少，多头缓过神后在支撑位上反击，将盘面向上推进，最后仍空头占优势收盘，但股价没能收在最低点（图7－8）。若阴线实体部分很小、下影线约为实体长度的两倍以上，这种只带下影线的实体阴线叫"吊颈阴线"、"锤子阴线"（图7－9）。实盘见图7－10。

图7－8　只带下影线的阴线

图7－9　锤子阴线

【后市预判】阴线实体部分与下影线长短不同，相应的多空双方的力量对比也不同：

① 如阴线实体较大且下影线较短，表明当天空头实力强大，多头的抵抗十分有限，明日股价下跌的可能性较大。

② 如阴线实体较小与下影线等长，表明当天多空双方交战

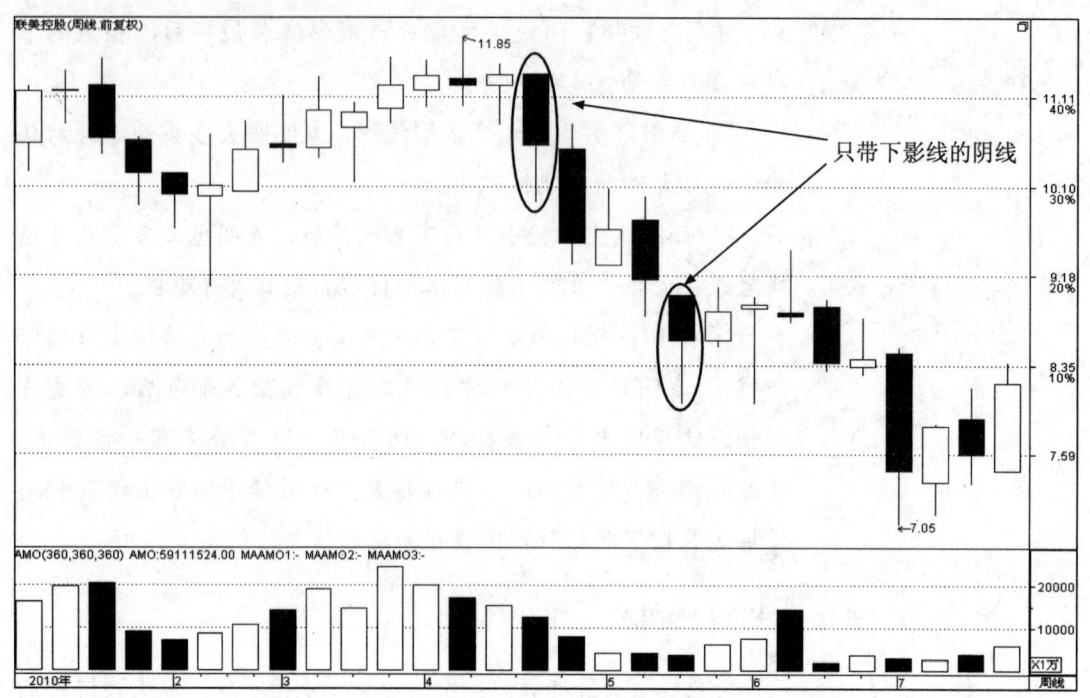

图 7-10 联美控股（600167）只带下影线的阴线示意图

激烈，大体上空头占据有限的优势，明日大势难料。

③ 如阴线实体比下影线短，且下影线为实体长度的 2 倍以上（锤子阴线），表明当日多头低价支撑位奋力阻击，将股价往上推回较大空间，使得空头的优势十分有限。此 K 线若出现在长期下跌过程中，预示着股价很可能见底，后市看涨。

5. 只带上影线的阳线

开盘后多头气势很盛，价位一路抬升，但在高价阻力位遭到空头的强力反扑，股价上升受阻转而回跌，至收盘时多头取得暂时的领先优势（图 7-11）。如阳线实体部分较小、上影线约为实体长度的 2 倍以上，这种只带上影线的实体阳线也叫"射击之星阳线"（图 7-12）。实盘见图 7-13。

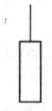

图 7-11 只带上影线的阳线

图 7-12 射击之星阳线

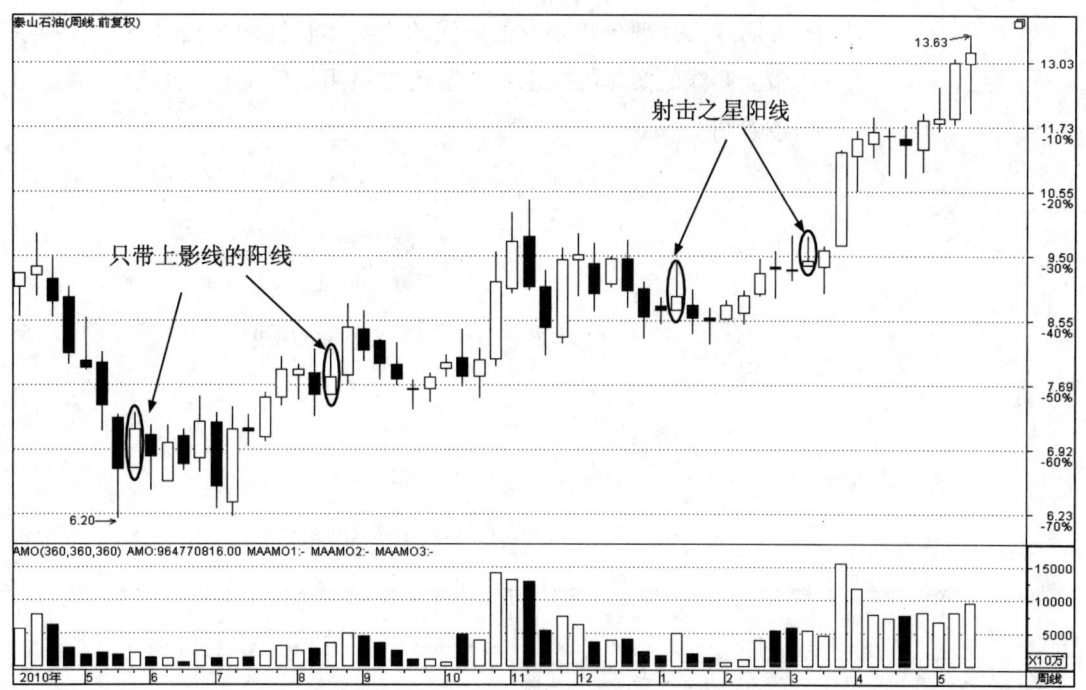

图 7-13 泰山石油（00554）只带上影线的阳线和射击之星阳线示意图

【后市预判】阳线实体部分与上影线长短不同，相应的多空双方的力量对比也不同：

① 如阳线实体较大且上影线较短，表明当天多头处于绝对强势，空头的反击十分有限，多头仍是市场的主导力量，明日将继续看涨。

② 如阳线实体较小与上影线等长，表明当天多头只是占据有限的优势，明日大势难料。

③ 如阳线实体比上影线短，甚至为上影线长度的一半以下（射击之星阳线），表明当日多头在高价位遇到空头强有力打压，空头已全面反击，多头优势岌岌可危，只不过由于当天收盘，侥幸取得有限的胜果。此 K 线如出现在长期上涨的高价区，意味着后市即将见顶，下跌的可能性较大。

6. 只带上影线的阴线

开盘后多头率先发难，将股价抬升起来，等到空头缓过神后强势打压，将股价推回开盘价以下，并以最低价收盘（图7—14）。如阴线实体部分较小、上影线约为实体长度的2倍以上，这种只带上影线的实体阴线也称"射击之星阴线"（图7—15）。实盘图请看图7—16。

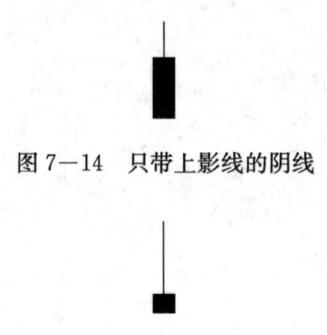

图7—14　只带上影线的阴线

图7—15　射击之星阴线

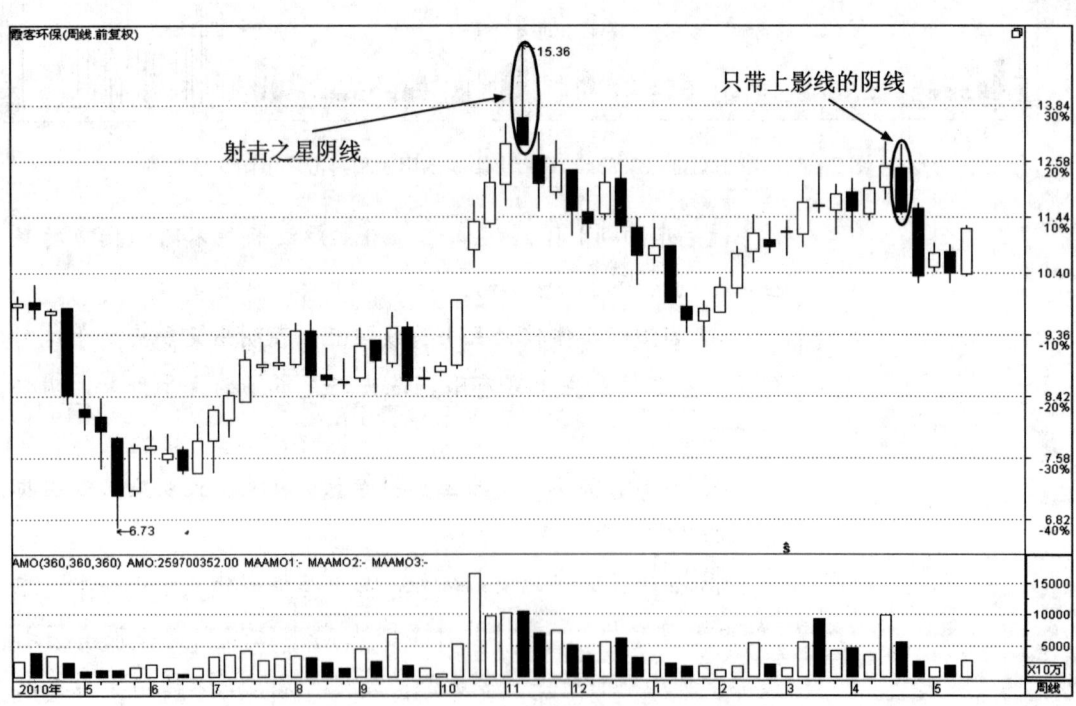

图7—16　霞客环保（002015）只带上影线的阴线和射击之星阴线示意图

【后市预判】阴线实体部分与上影线长短不同，相应的多空双方的力量对比也不同：

① 如实体部分较大且上影线较短，表明当天多头的反扑十分有限，空头由始至终占据主导优势，把价位压回开盘价后乘胜追击，继续扩大优势，后市自然对强大的空头有利。

② 如实体部分与上影线等长，表明当天空头占据有限的优势，明日大势难料。

③ 如实体部分比上影线短，甚至为上影线长度的一半以下（射击之星阴线），表明当日开盘后多头的抬拉很猛，空头虽将其价格打压下来，但只是勉力而为、暂时以较小的优势取胜。明日多头必将展开反攻，后市利好的可能性较大。

7. 带上下影线的阳线

图 7—17 带上下影线的阳线

股市中最常见的阳线类型，开盘价、收盘价、最高价、最低价一目了然（图 7—17）。开盘后空头率先打压，使股价下跌，多头于低价支撑位反扑，将价格一路推回开盘价，临近收盘时空头迫使多头获利回吐，于最高价以下收盘。

【后市预判】阳线实体部分与上下影线的长短不同，相应的多空双方的力量对比也不同：

① 如上影线长于下影线和实体部分，表明收市前空头的力量较强，明日开盘利空的可能性较大。

② 如下影线长于实体部分和上影线，表明收市前多头力竭，明日开盘很可能是空头占据优势。

③ 如上影线、下影线和实体长度差不多（纺锤十字阳线），表明当天多空双方势均力敌，明日行情很难预料。

【实战案例】如图7-18所示,天邦股份(002124)在2011年3月14日拉出一根上下影线较短,实体较长的大阳线。当股价在某一价格区间做横盘整理时,出现这样一根大阳线,意味着股价将升入更高平台整理。鉴于该股之前已有明显的主升浪走势,此根大阳线"拉出平台"的作用更加明显;随后股价在11.60元附近做整理,在3月28日再次拉出一根大阳线,股价随后在12.40元附近进行整理,并在4月13日创出新高13.45元。通过这一案例,不难看出:主升浪走势中大阳线寓意股价登上更高平台,此时可视情况考虑建仓,等待下一根明显的大阳线出现。

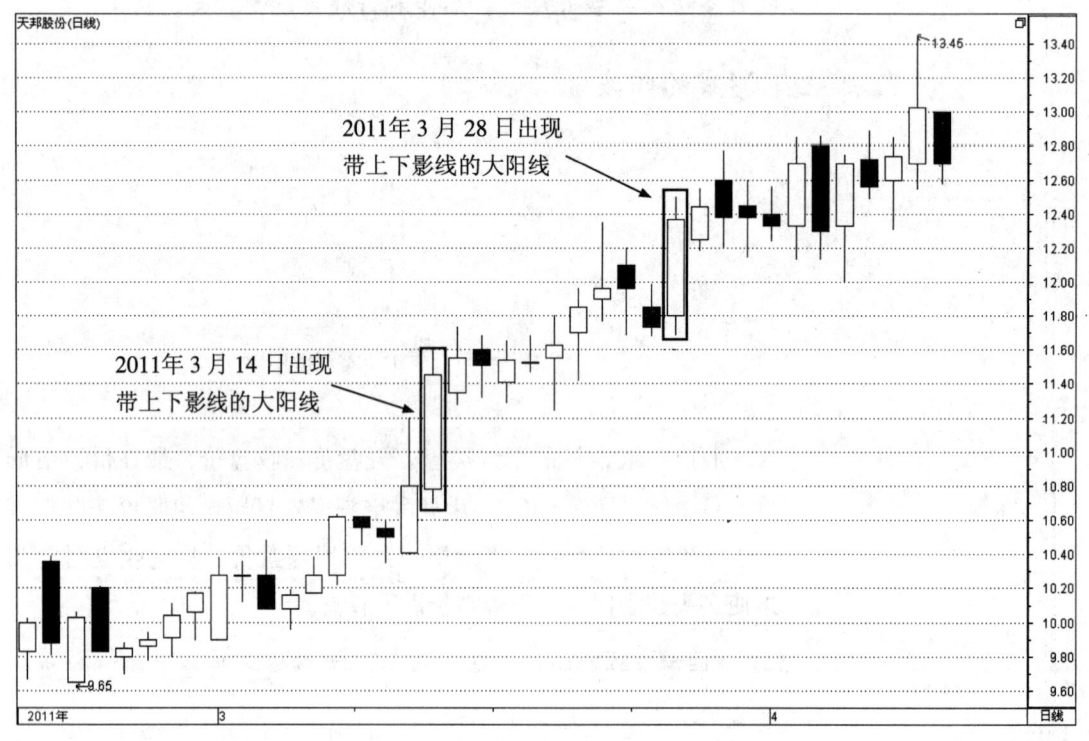

图7-18 天邦股份(002124)带上下影线的大阳线示意图

8. 带上下影线的阴线

图7—19 带上下影线的阴线

股市中最常见的阴线类型，开盘价、收盘价、最高价、最低价一目了然（图7—19和图7—20）。开盘后多头率先抢攻，很快空头就将股价打压至开盘价以下，势如破竹地下行很深。直到在低价支撑位，多头才开始有限度地反击，收盘时股价依然在开盘价以下。

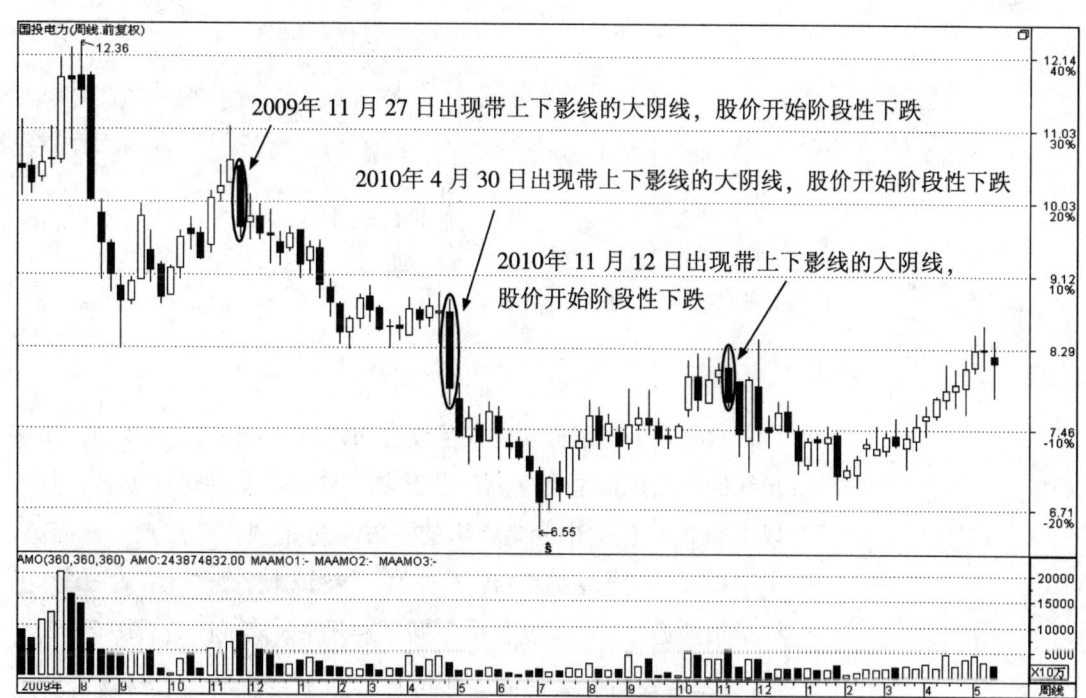

图7—20 国投电力（600886）带上下影线的大阴线示意图

【后市预判】阴线实体部分与上下影线长短不同，相应的多空双方的力量对比也不同：

① 如上影线长于下影线和实体部分，表明上午多头的反击非常到位，使得下午空头不得不长途奔袭将股价压低，但能量

已快耗尽,收盘时再次遭遇多头反击,无法于最低价收盘,后市显然整体对空头利好。

② 如下影线长于实体部分和上影线,表明空头虽将股价拉得较低,但是下午遭遇多头强势反击,临近收盘前优势已很有限。明日开盘后形势难料。

③ 如上影线、下影线和实体长度差不多(纺锤十字阴线),表明多空双方势均力敌,明日走势不明。

9. 十字星线

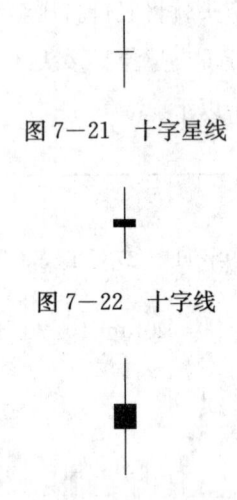

图 7-21　十字星线

图 7-22　十字线

图 7-23　纺锤十字线

只有上下影线而实体几乎没有的特殊 K 线(图 7-21)。十字星线的开盘价即是收盘价,当天多头与空头几乎势均力敌,只是以 K 线的颜色分出胜负,赢的一方不过是领先一点点。盘面上,十字星线与"十字线"(图 7-22)、"纺锤十字线"(图 7-23)的样子很接近,应注意实体的不同区别开来。实战图请看图 7-24。

【后市预判】上下影线看似等长的十字线,称为"转机线",无论是处于高价区或是低价区,出现此 K 线都意味着后市即将大变化。

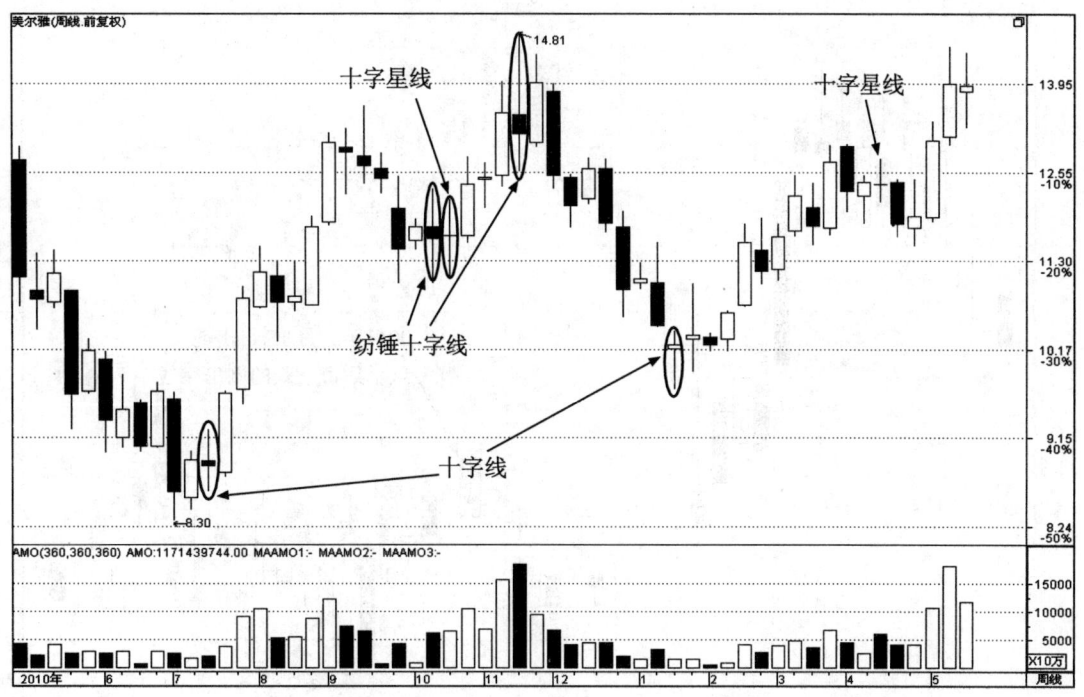

图 7-24 美尔雅（600107）十字星线、十字线和纺锤十字线示意图

10. 倒 T 字线

又称"空胜线"、"墓碑线"，当日交易都在开盘价以上成交（图 7-25）。开盘后多头向上积极推进，之后取得的优势完全被空头打压回去，但空头无力向下创造低点，仍以开盘价收盘，开盘价、收盘价也是当日最低价。

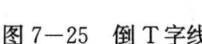

图 7-25 倒 T 字线

【后市预判】 此 K 线如出现在高价区，意味着后市行情很可能见顶大跌。

【实战案例】 如图 7-26 所示，亿城股份（000616）在 2011 年 2 月 10 日连拉三根阳线，随后于 2 月 15 日出现一根倒 T 字阴线，预示股价上涨势头已竭。股价随后很快下行，创出 4.59 元新低。

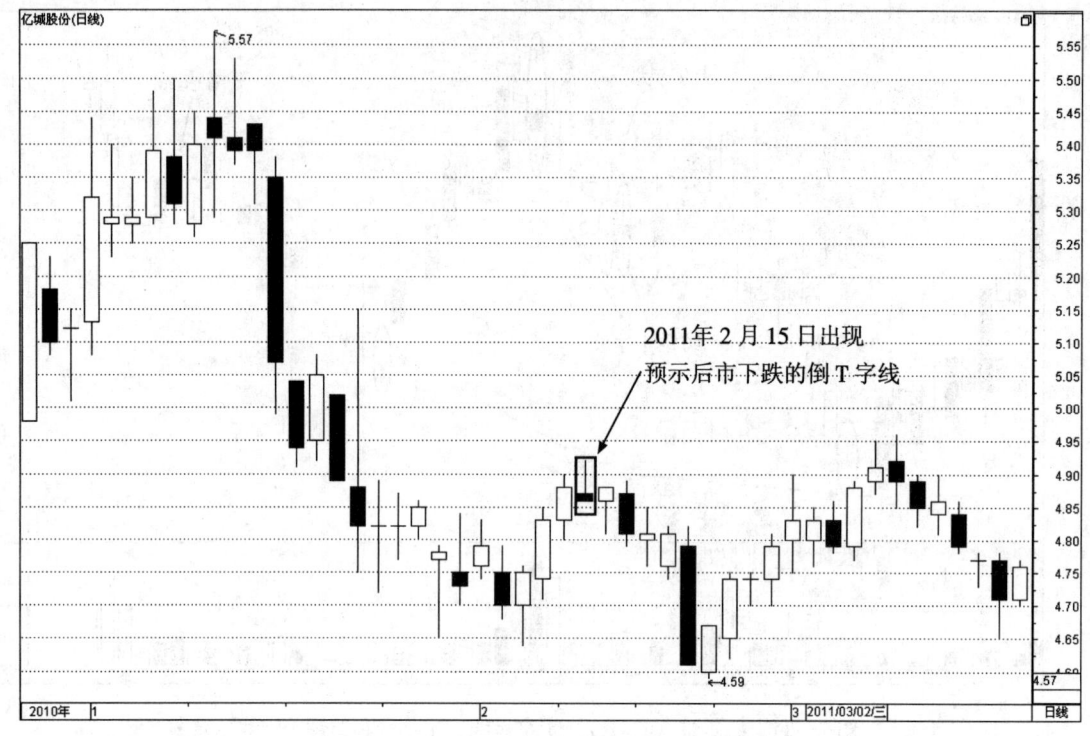

图 7—26 亿城股份（000616）倒 T 字线示意图

11. T 字线

当日交易均在开盘价以下成交（图 7—27 和图 7—28）。开盘后空头向下打压股价，随后被多头等量反攻回去，但多头又无力向上创新高点，结果仍以开盘价收盘，开盘价、收盘价也是当日最高价。

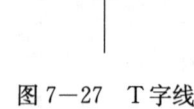

图 7—27　T 字线

【后市预判】若此 K 线出现在低价区，意味着后市行情很可能见底反弹。

图7-28 郴电国际（600969）T字线

12. 一字线

—

图7-29 一字线

以涨停或跌停开盘直至收盘，当日的四个价位全都为同一值（图7-29至图7-31）。

【后市预判】

① 通常情况，以高开的一字阳线涨停收盘，明日很可能继续涨停或大涨收盘。

② 通常情况，以低开的一字阴线跌停收盘，明日很可能继续跌停或大跌收盘。

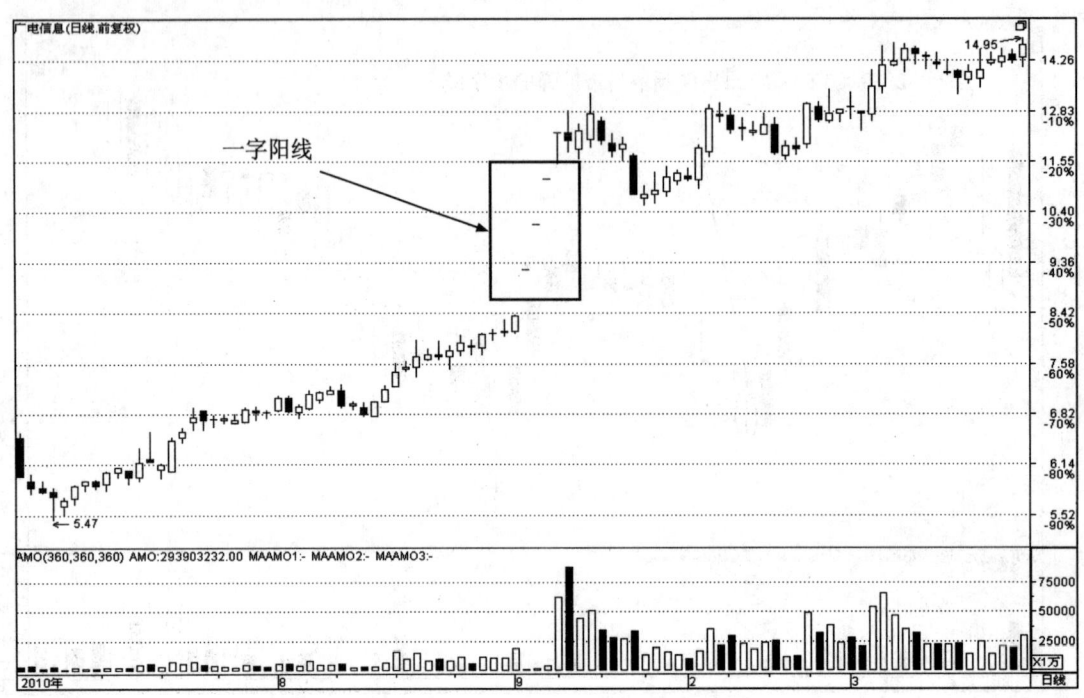

图 7—30　广电信息（600637）一字阳线示意图

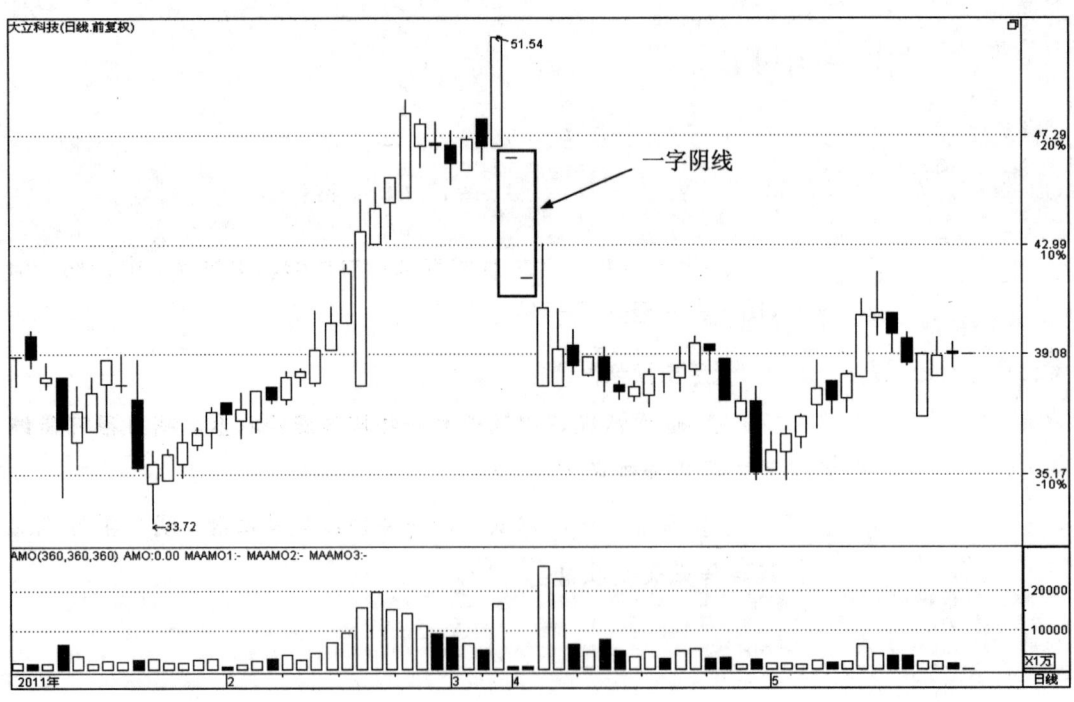

图 7—31　大立科技（002214）一字阴线示意图

三、预示后市上涨的 K 线组合有哪些

熟悉单个 K 线的基本类型后,接下来就要将多条 K 线放在一起观察,这也是日常看盘的重点。

日线看盘通常以 3～5 天的 K 线行情为一组,结合大盘的走势,对未来股价进行短期的预测。我们从"上涨、下跌和盘整"三种基本趋势入手,看看哪些 K 线组合可以很大程度上预测后市。先来看上涨行情中的重要 K 线组合。

1. 上升 N 颗星

上涨行情中连续出现多根十字星的情形称为"N 颗星",如果出现两根称为"两颗星",出现三根称为"三颗星"。如图 7－32 所示,行情连着出现一阴一阳两颗十字星,随后又出现两颗十字线,意味着四天内的股价实体未动、多空双方处于僵持阶段,接下来多半放量,股价上涨。

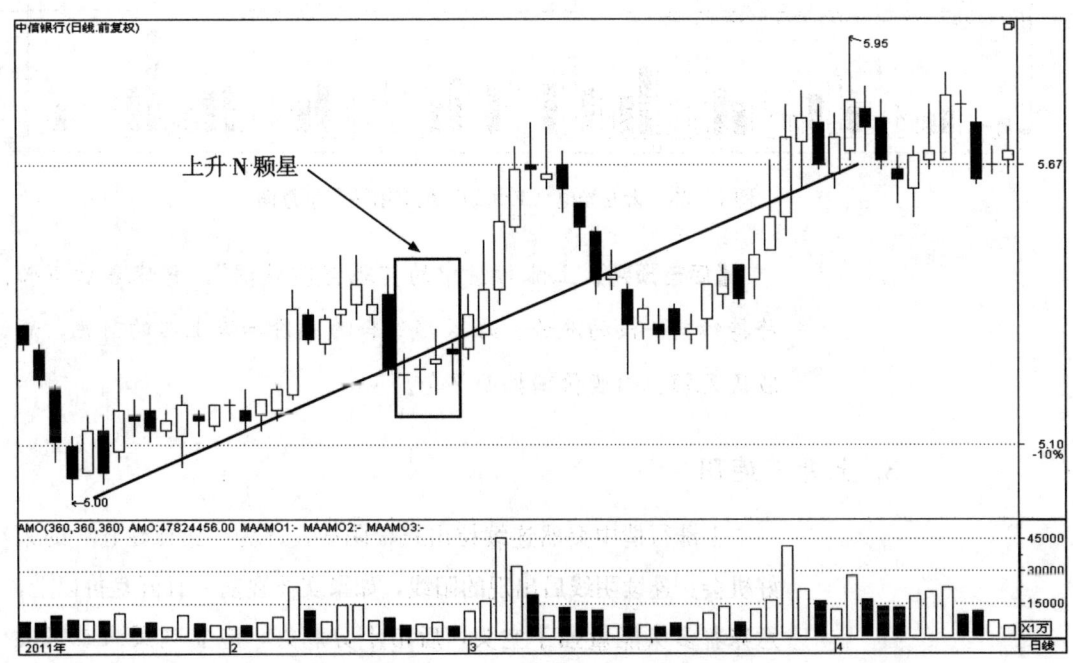

图 7－32　中信银行(601998)上升 N 颗星示意图

【后市预判】上涨行情中的N颗星，为可信度极高的建仓时机，后市必将出现一波大涨行情。

2. 跳空阳转阴

上涨行情中某日突然出现一根跳空阳线，下一日又出现一根阴线（图7—33）。

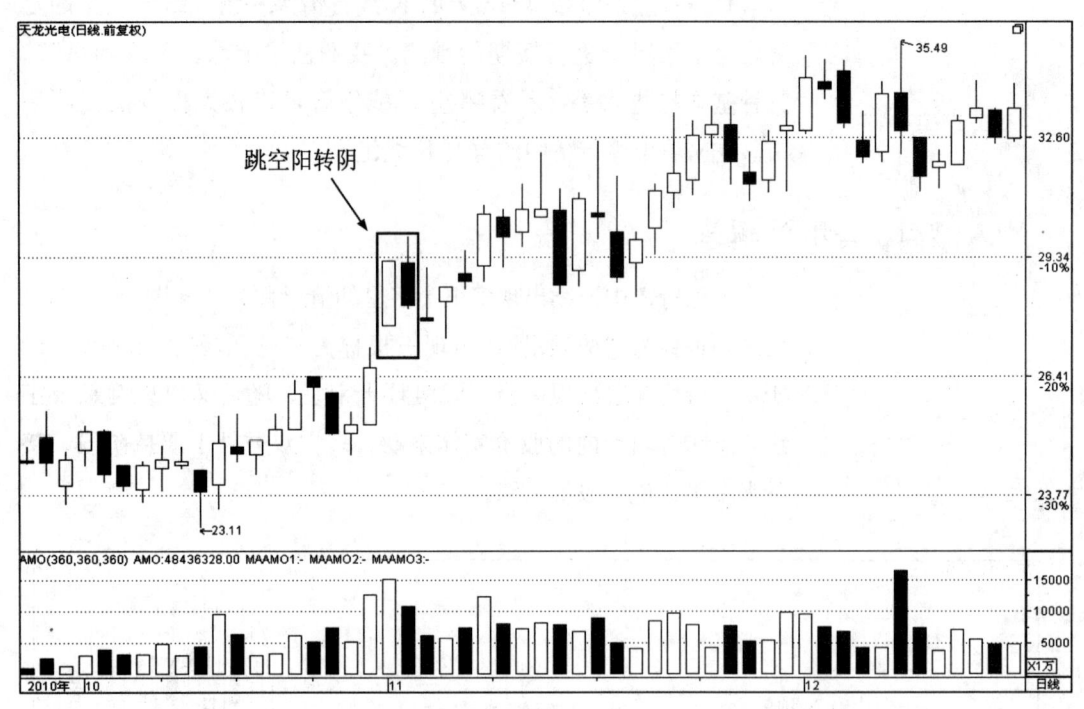

图7—33 天龙光电（300029）跳空阳转阴示意图

【后市预判】上涨行情中的"跳空阳转阴"，意味着后市必将持续前一段的涨势。此K线组合为股价加速上涨的前兆，新股民无须担心股价回挡而平仓。

3. 上升三连阴

上涨行情中突然连续拉出三根阴线，此为"逢低建仓"的大好机会。连续阴线后出现的阳线，如果实体在前一日开盘价以上，意味着多头能量强于空头，后市十分利好，应立刻买入或坚决持股。

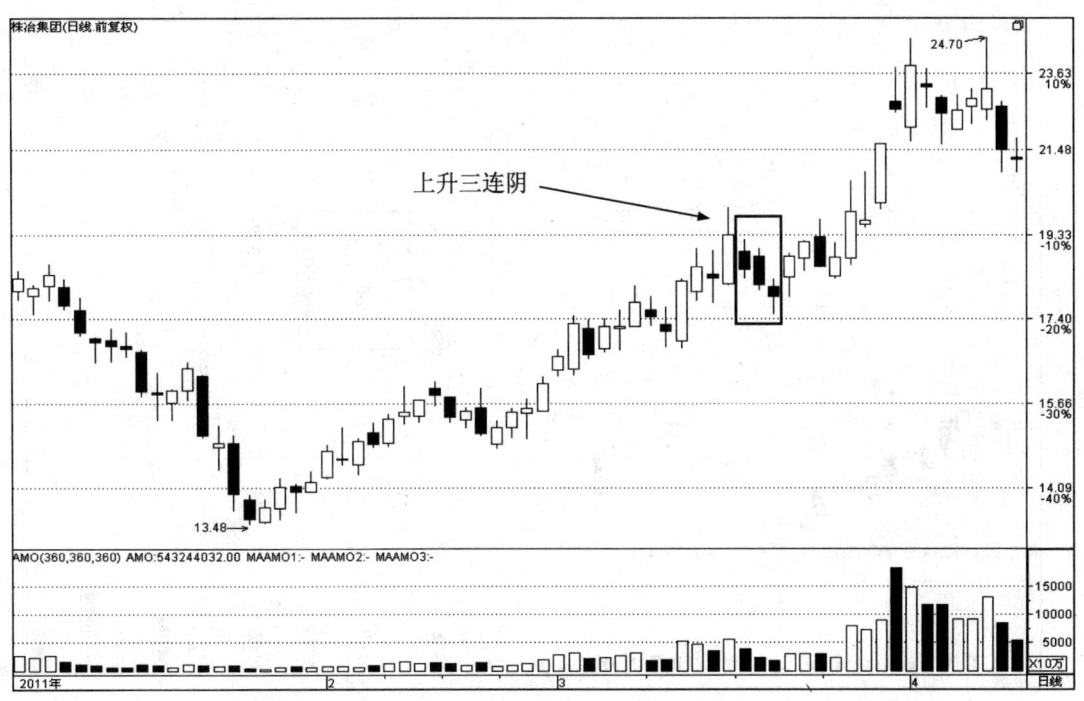

图7—34 株冶集团（600961）上升三连阴示意图

【后市预判】但凡上涨行情中连续出现三四根阴线，最好的策略是建仓以待后市。

4. 多线平台上升整理

上涨行情中股价会随着一两根强而有力的大阳线向上拉升，随后进行多K线的平台整理，等待换手率和成交量的扩大，迎接下一波涨势（图7—35）。多线平台整理形态，主要特征是多条阴线和阳线集中在一起，每条K线实体都有重合，图形上有明显的平台感。单看多线平台整理形态的走势，也可判断出接下来的走势。

【后市预判】

① 如果多线平台整体趋势向上，后市利好。

② 上涨周期的多线平台盘整形态大约是一两周时间，如果时间较长股价未突破，表明多头无力，后市利空的可能性较大。

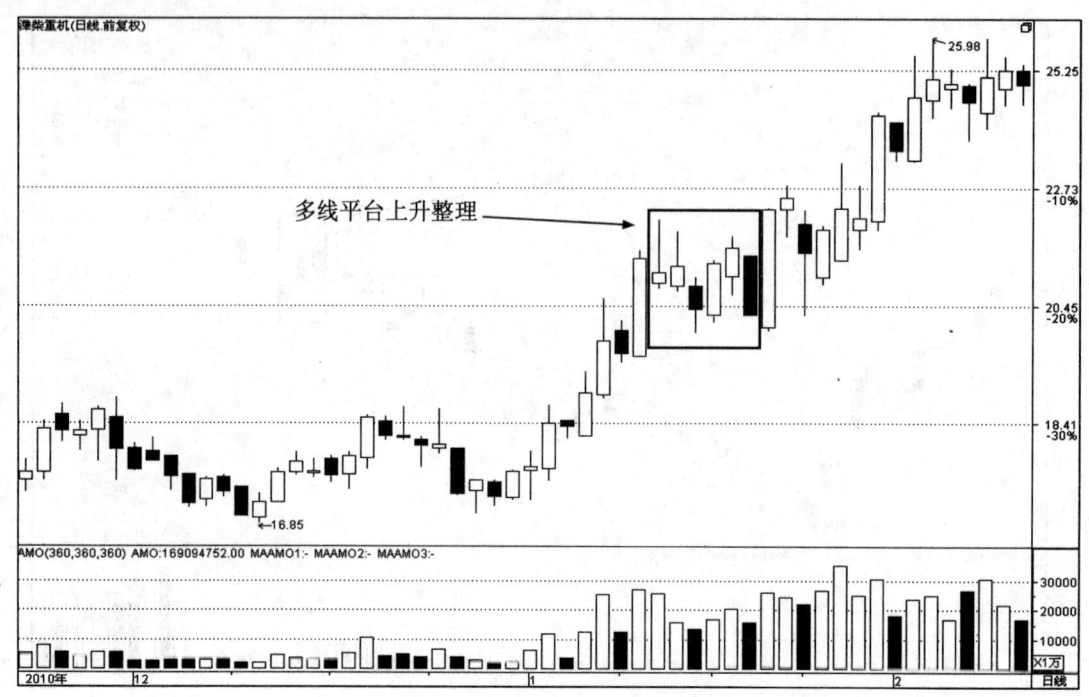

图7-35 潍柴重机（000880）多线平台上升整理示意图

5. 跳空双阳线

图7-36 春晖股份（000976）跳空双阳线示意图

上涨行情中某日跳空拉出一根阳线,隔日出现与其实体几乎并排的阳线(图7—36)。

【后市预判】双阳线形态,意味着后市将有大涨行情。

6. 上升整理线

上涨行情中某日出现一根覆盖阴线,随后又拉出一根低开的阳线(图7—37),形成整理形态。什么是覆盖线?是指股价连续上涨多日后,某一天股价高开后买盘不想追高使涨势变为跌势,当日K线实体完全在昨日K线实体以内,有被覆盖之形因而得名。

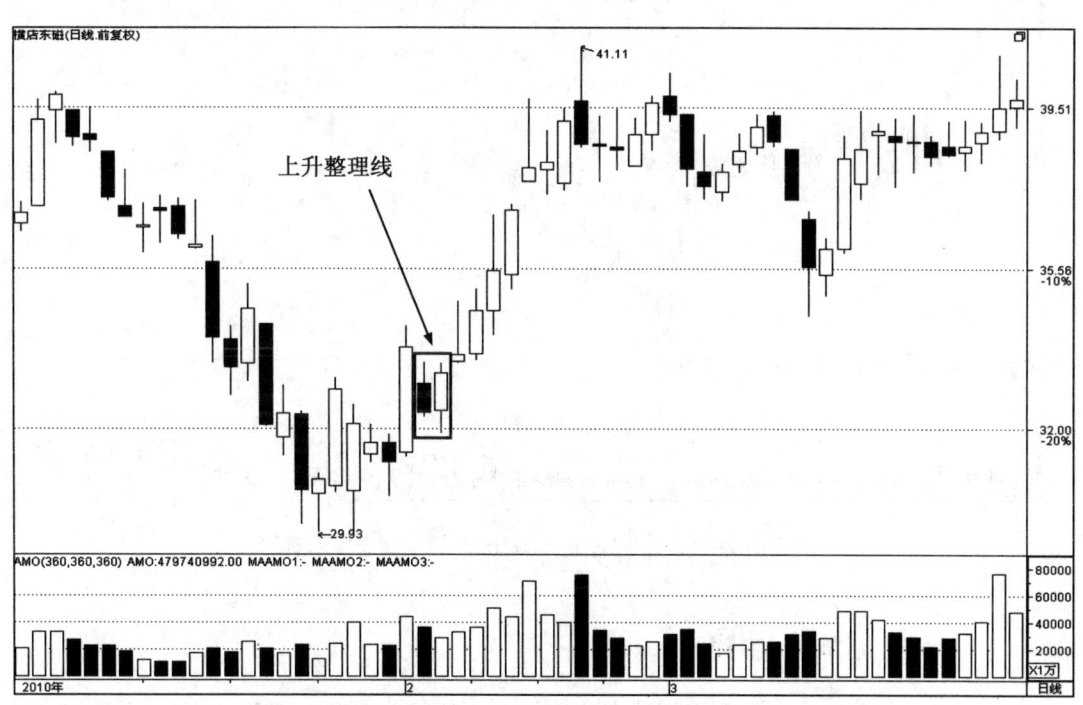

图7—37 横店东磁(002056)上升整理线示意图

【后市预判】上升整理线表明股价正在短期回调,随后将迎来反弹。

7. 探底锤子线

股价在低价区下跌,某日出现一根下影线较长的锤子阴线,意味着短期的底部已经出现（图7-38）。若在底部的下跌行情中，某一天出现带有长下影线的锤子阳线，即为"反弹锤子线"，适宜抄底建仓。

【后市预判】 出现此K线是抄底建仓的好机会。为安全起见，可待第二日行情确认反弹回升后再买入。如出现反弹阳线，表示低价区已有主力大量承接，股价即将反弹。

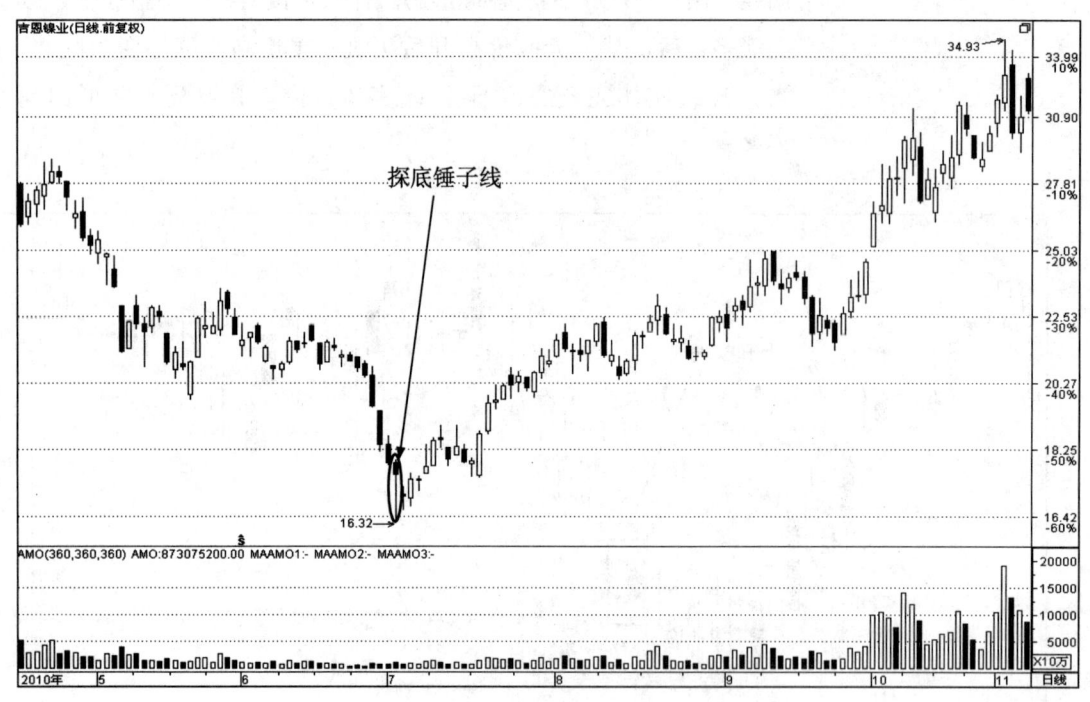

图7-38　吉恩镍业（600432）探底锤子线示意图

8. 底部十字线

在底部的大跌行情中，某日若出现一根跳空十字阴线，暗示筑底已基本完成，反弹近在眼前（图7-39）。

【后市预判】 跳空的十字阴线是底部的最好判断依据，适宜抄底建仓。如未出现十字线，十字星、实体较小且上下影线较长的阴线，也是预示底部的信号。

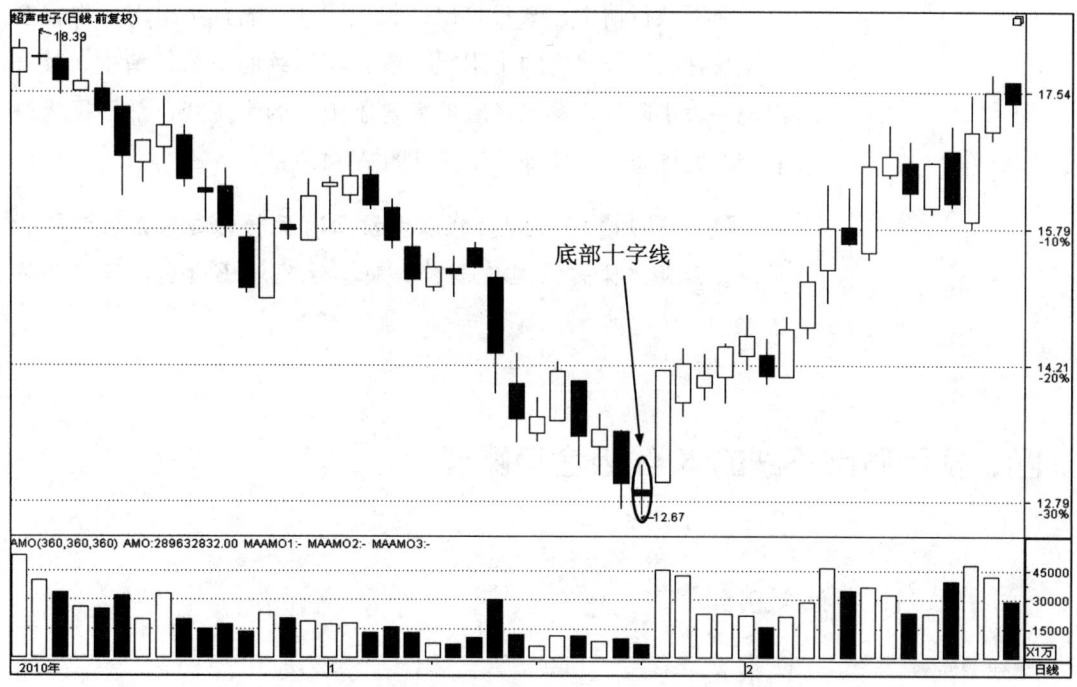

图 7-39 超声电子（000823）底部十字线示意图

9. 下跌覆盖线

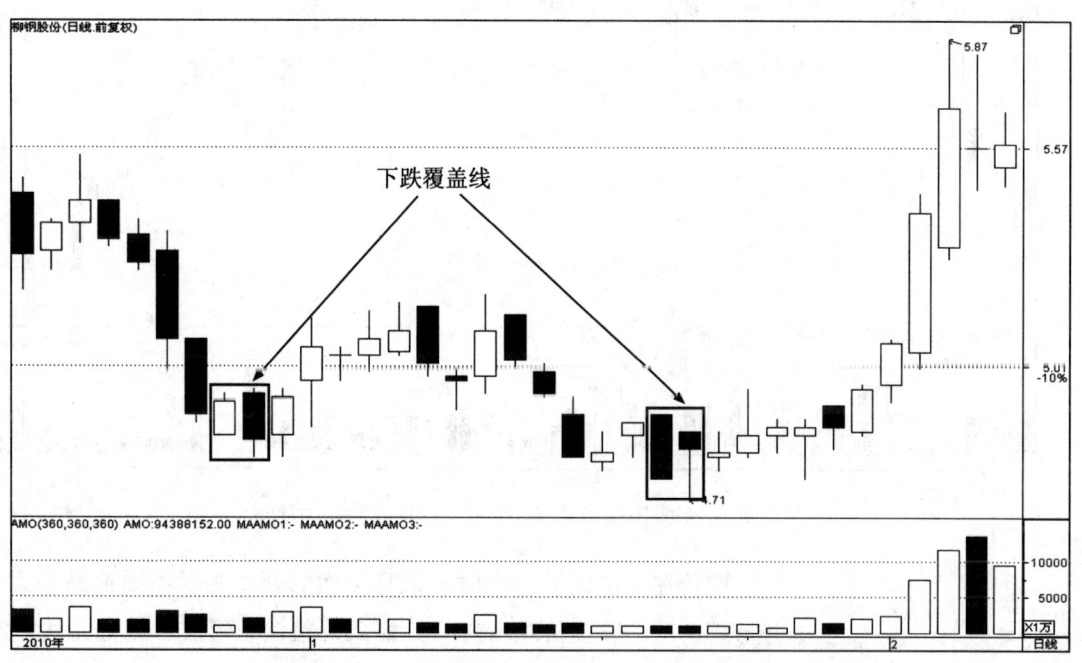

图 7-40 柳钢股份（601003）下跌覆盖线示意图

在下跌行情中，某日拉出一根大阴线，隔日又出现一根完全被覆盖在大阴线之内的小阴线。或者在连续的下跌行情中，某日出现一根小阳线，第二日出现覆盖小阳线的大阴线，都可视为筑底完成的标志，行情即将反弹（图7-40）。

【后市预判】 下跌覆盖线表示盘面有反转的迹象，股价即将反弹。此形态看起来呈现弱势，股票浮码均已出尽，股价必将上涨。

四、预示后市下跌的K线组合有哪些

1. 高位大阴线

图7-41 中福实业（000592）高位大阴线示意图

股价在高价区域上涨时，某日突然低开，买盘不愿追高，大势持续滑落，收盘价跌出前一日最低价很深，形成一根高位大阴线（图7-41）。

【后市预判】高位大阴线是市场"超买"（卖盘超出买盘）现象的体现，大量的获利回吐，使得后市迅速下跌。

2. 高位十字线

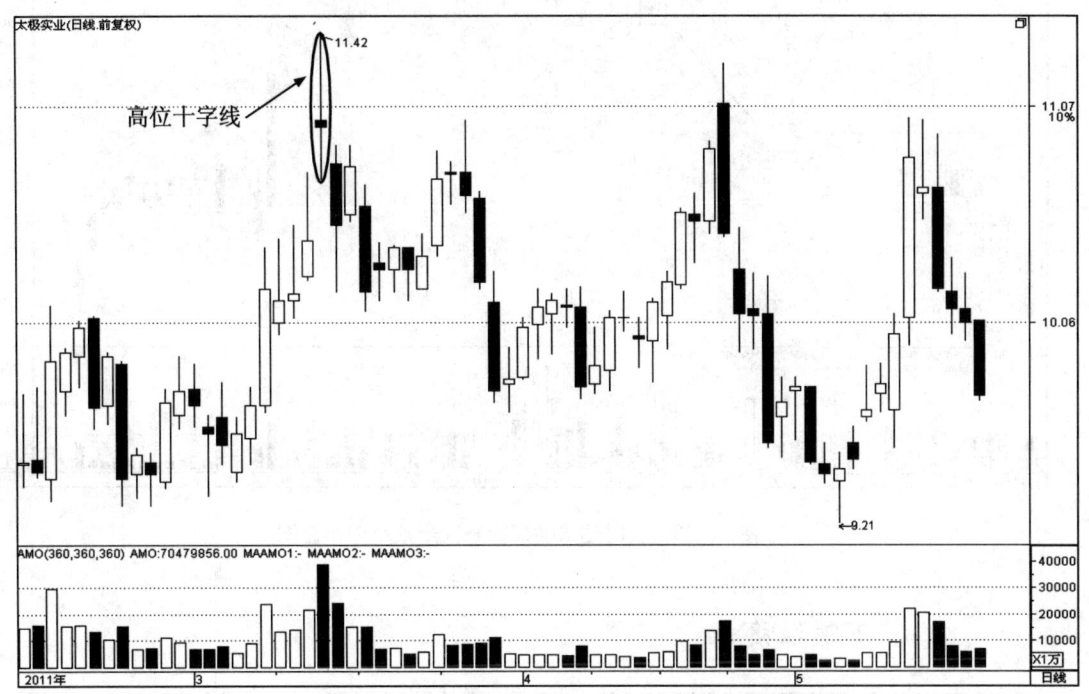

图7—42　太极实业（600667）高位十字线示意图

股价在高价区运行时，某日出现上影线较长的十字线（图7—42）。

【后市预判】高位十字线表示股价已接近顶部，涨势已竭，即将走下坡路，是明显的卖出信号。

3. 大阳盖小阳

股价在高位上涨行情中，某日出现一根小阳线，完全被覆盖在昨日的大阳线实体里。同样，持续上涨的行情中一旦出现"没有超过前一日最高点的小阳线"，可视为上涨能量不足的表现（图7—43）。

【后市预判】大阳盖小阳是股价上涨乏力的表现，行情即将回挡盘整，也可能是大跌的前兆，宜考虑获利平仓。

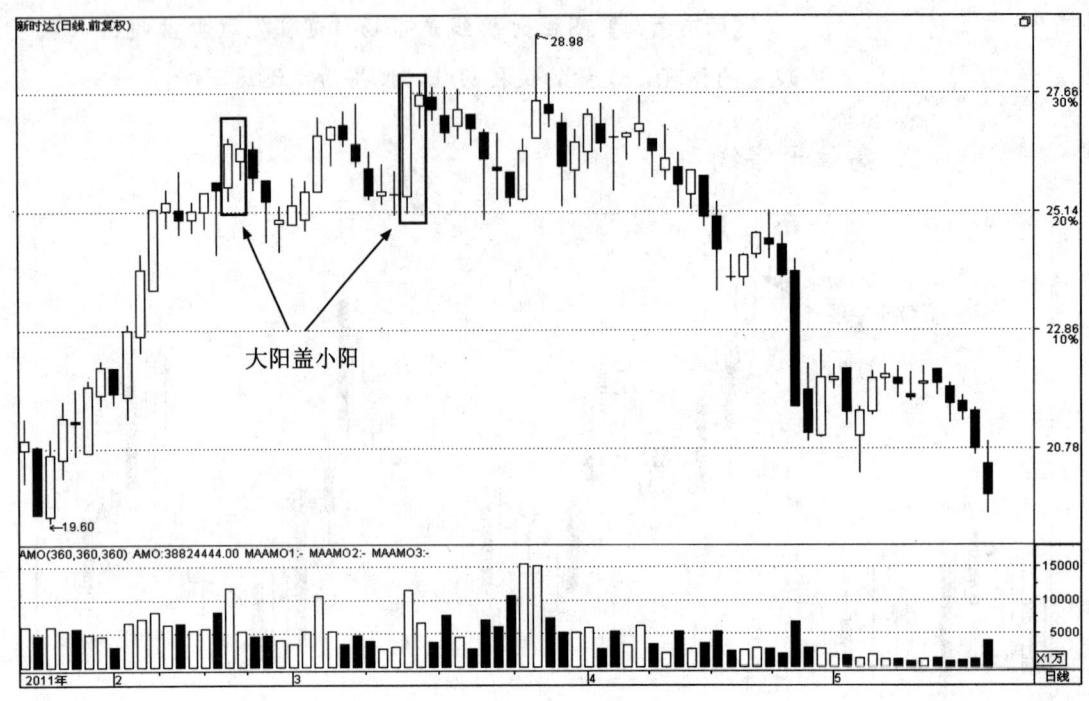

图7—43　新时达（002527）大阳盖小阳示意图

4. 下跌红旗杆

图7—44　美亚柏科（300188）下跌红旗杆示意图

连续下跌的行情中，某日出现一根低开高走的反弹大阳线。

【后市预判】下跌红旗杆为合适的抓反弹减仓的良机，随后股价必将持续下跌。

5. 高位五连阴

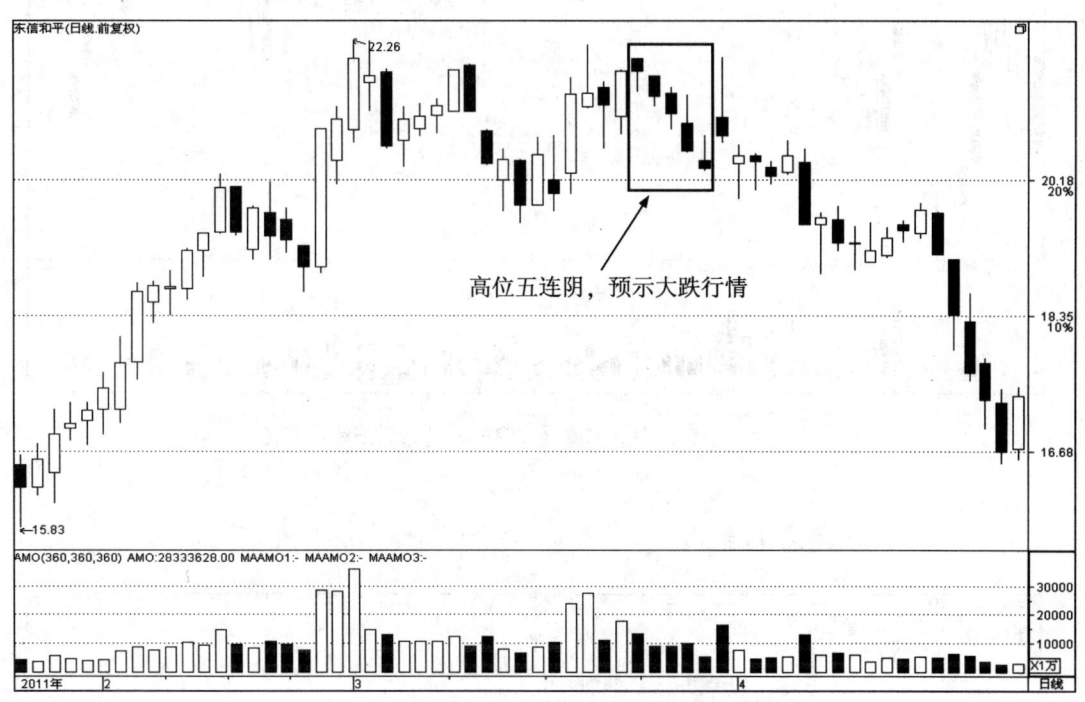

图7—45　东信和平（002017）高位五连阴示意图

股票在高价区运行中，某日起连续出现五根不长不短的阴线（图7—45）。

【后市预判】高位五连阴意味着上涨乏力，大跌行情在即。

6. 逃命大阳线

行情持续下跌中，某日出现一根大阳线，将前三日的跌幅完全收回（图7—46）。

【后市预判】宜尽快趁此逃命大阳线平仓，否则将有长期套牢的危险。

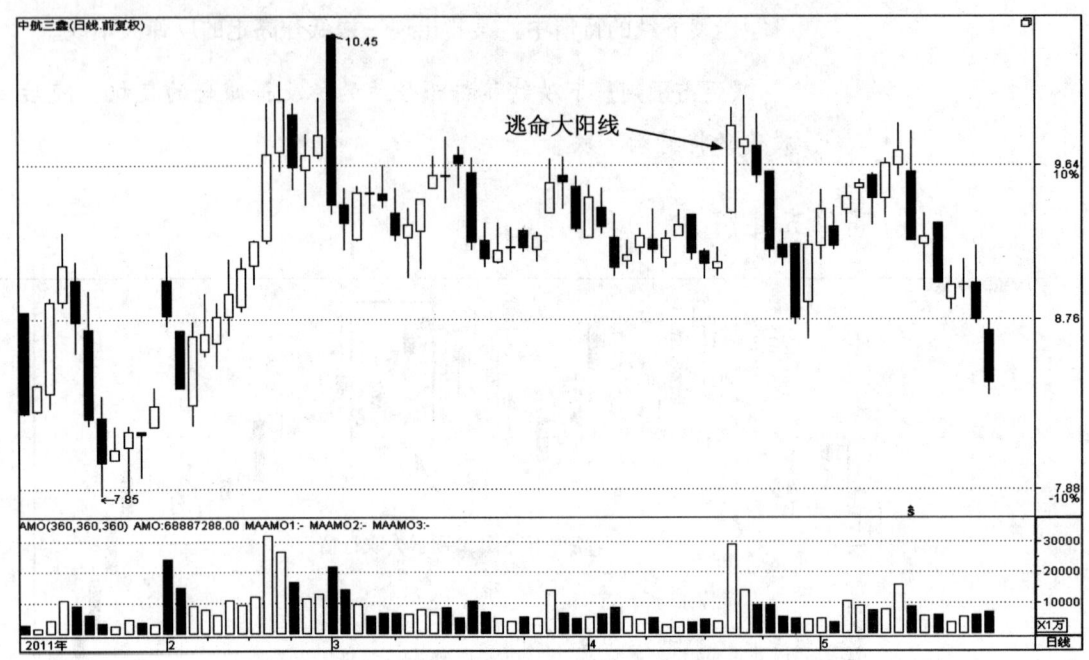

图 7—46 中航三鑫（002163）逃命大阳线示意图

7. 见顶覆盖线

图 7—47 隆基机械（002363）见顶覆盖线示意图

下篇 "5"就是最实用的五种实战技术

上涨行情中某日若出现"覆盖线",表示股价已至天价区,随时可能见顶下跌。见顶覆盖线是"超买"引发的空头的压力释放,已获利的股票筹码大量回吐,后市明显利空(图7-47)。

【后市预判】见顶覆盖线是强烈的卖出信号,也是逃顶的最好时机。

五、实战中必须牢记的经典 K 线组合

1. 跳空孤岛

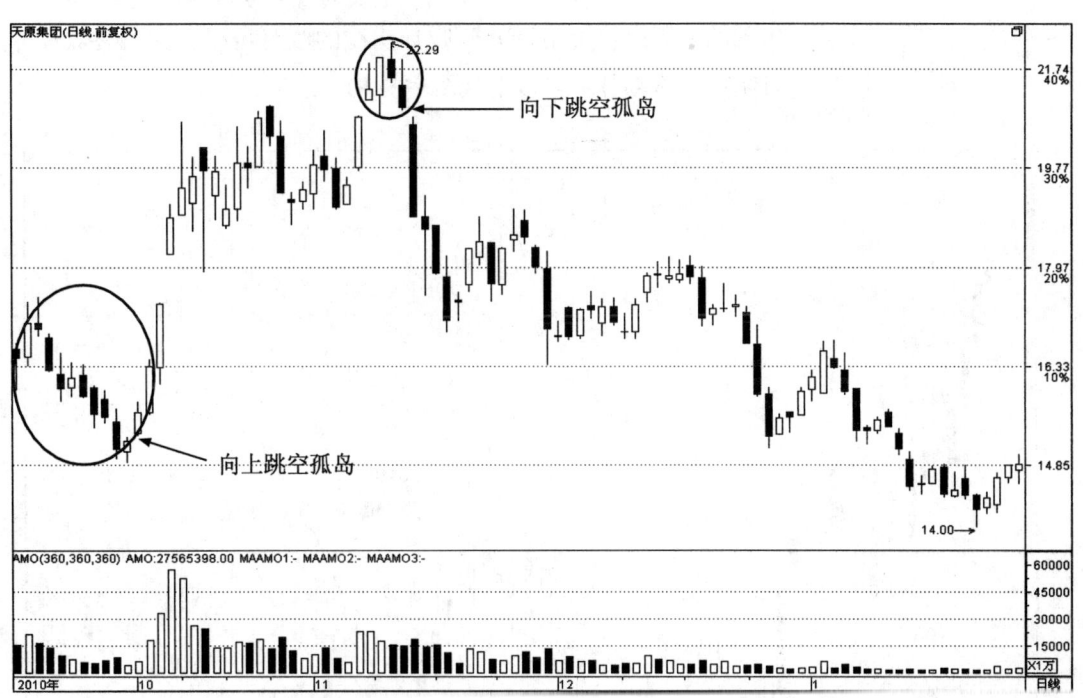

图7-48 天原集团(002386)跳空孤岛示意图

连续的上涨行情后,某日出现一根跳空高开的阴线,形如孤岛。尽管此阴线收盘价仍比昨日高,但已窥见市场上多头之虚弱,后市明显利空。反之,在下跌行情运行一段后,某日出现一根跳空低开的阳线,形如孤岛。此阳线收盘价仍比昨日高,但已窥见市场上空头之虚弱,后市明显利好。如果孤岛与昨日K线之间形

成跳空缺口，表明市场的逆向能量很强大，行情很可能骤然反转（图7—48）。

【后市预判】向上的跳空孤岛，后市利好；向下的跳空孤岛，后市利空。

2. 曙光初现

图7—49 曙光初现

连续的下跌行情中，某日拉出一根中阴线或大阴线，第二日出现的中阳线将价格抬升到昨日阴线的收盘价以上，最终收在昨日阴线实体部分一半以上（图7—49）。

图7—50 深康佳A（000016）曙光初现示意图

【后市预判】此形态预示着近期的底部区域，阳线超出阴线

1/2 实体、"曙光初现"部分越多,转势信号就越明显。此形态不如后面提到的"旭日东升"底部信号强烈。

如图 7—50 所示,深康佳 A(000016)在 2010 年 6 月 30 日至 7 月 1 日出现"曙光初现"形态,之前的下跌走势由于此形态的出现戛然而止,随后 7 月 2 日以一根低位锤子阳线创出新低,预示股价已见底部,未来将有一波上涨行情。

3. 阳母抱阴子

图 7—51 中集集团(000039)阳母抱阴子和阴母抱阳子示意图

在上涨或下跌行情中,某日出现一根中阳线或大阳线,第二日出现一根中阴线或小阴线,实体部分完全被昨日的阳线所包裹,形如在母亲怀抱中的孩子(图 7—51)。此形态也称"孕育组合",后市往往向着母体(阳线)的行情发展。反过来,如果前一日的阴线包裹着后一日的阳线,那么后市就向着阴线的行情发展,即"阳孕阴牛阳,阴孕阳生阴"。

【后市预判】第一日是阳线,后市利好;第一日是阴线,后市利空。

4. 倾盆大雨

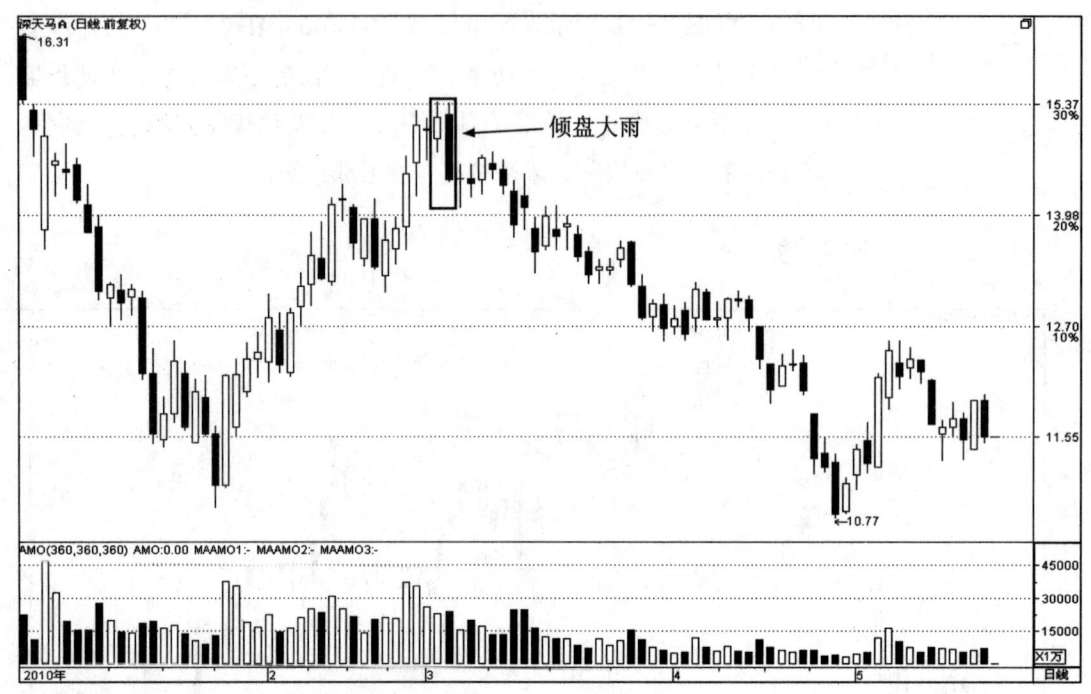

图 7—52　深天马 A（000050）倾盆大雨示意图

在连续的上涨行情中，某日出现一根中阳线，紧接着第二日出现一根低开低走的中阴线或大阴线，将价格压到昨日阳线的开盘价以下（图 7—52）。

【后市预判】此形态预示顶部区域将近，阴线超出阳线实体、"下雨"部分越多，转势信号就越强烈。

5. 平底钳子

在下跌的低价区，连续两日出现下影线持平（最低价相同）但实体不同的阴线或阳线（图 7—53）。

【后市预判】此形态表明空头已无力再创新低，多空双方趋于平衡，后市触底反弹的可能性很大。

图 7—53 辽通化工（000059）平底钳子示意图

6. 平顶钳子

图 7—54 川化股份（000155）平顶钳子示意图

在上涨的高价区，连续出现上影线持平（最高价相同）但实体不同的阴线或阳线（图7—54）。

【后市预判】此形态表明多头已无力再创新高，多空双方实力趋于平衡，后市下跌的可能性很大。

7. 红三兵

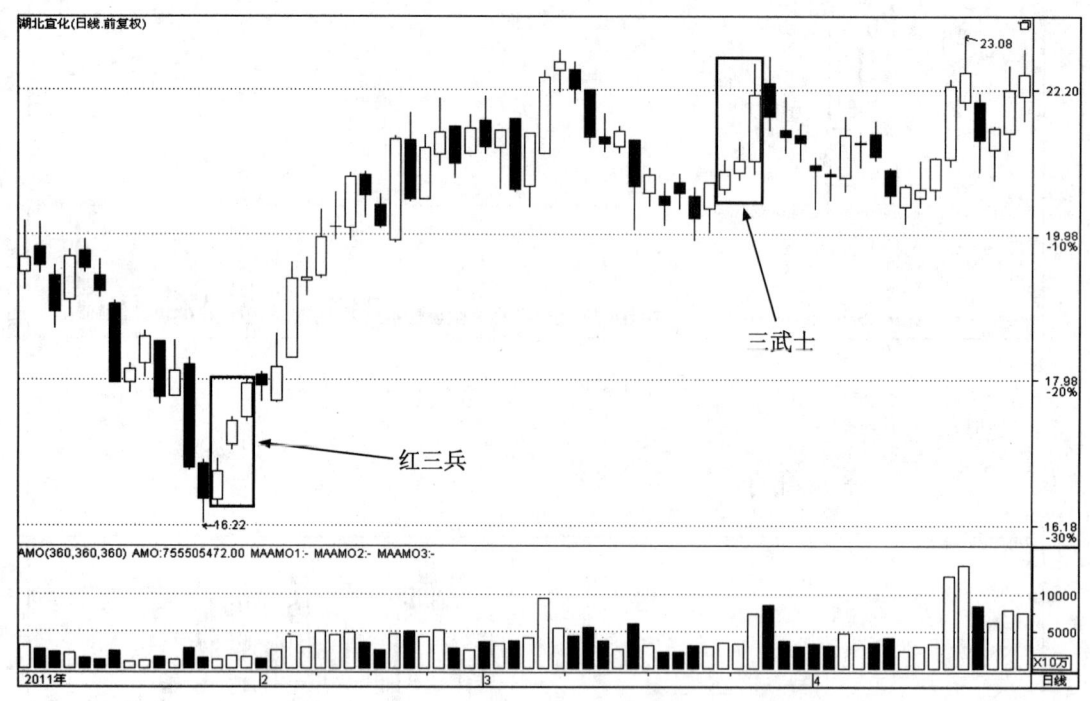

图7—55　湖北宜化（000422）红三兵和三武士示意图

股价在低价区运行，连续出现"高开高走创新高"的三根小阳线，这三个"红色的小卫兵"表示大市已走出长期下跌和盘整的阴影，步入反弹上升期（图7—55）。当三根小阳线收于短期的最高点或者接近最高点且第三根阳线涨幅最大，称为"三武士"，该K线形态对股价的拉升作用要强于普通的红三兵。

【后市预判】此形态是上涨行情初期的典型利好特征，宜建仓以观后市。

8. 黑三鸦

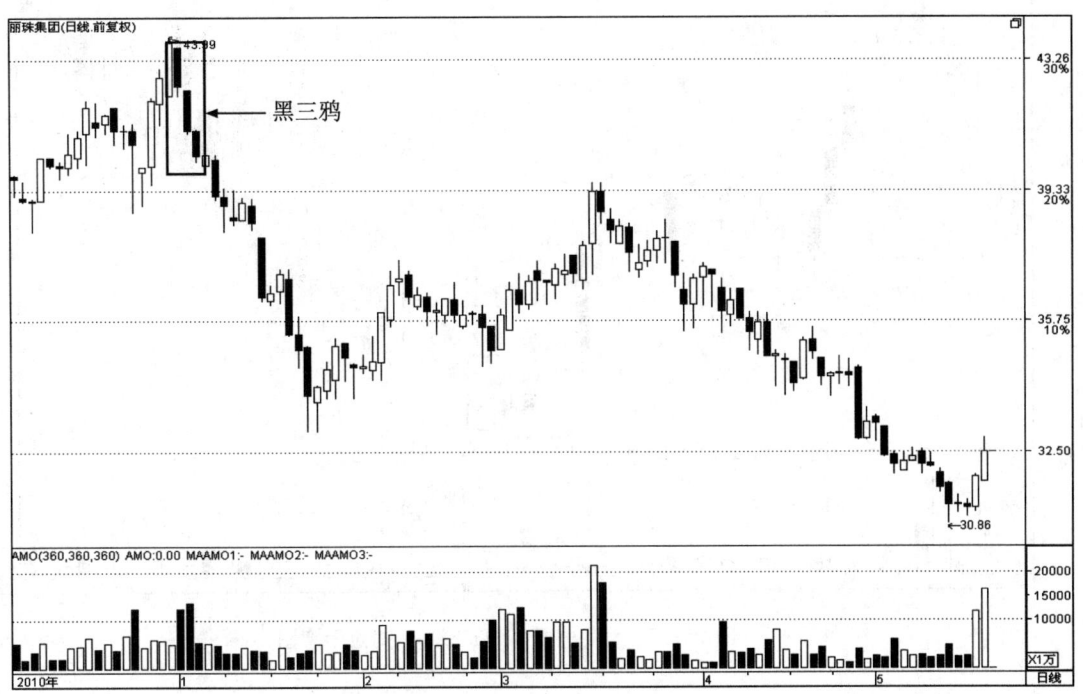

图7-56 丽珠集团（000513）黑三鸦示意图

股价在高价区运行，连续出现"高开低走创新低"的三根小阴线，这三只"黑色的小乌鸦"表示大市已告别长期上涨和高位盘整的走势，进入下降通道（图7-56）。

【后市预判】 此形态是典型的见顶特征，宜平仓离场。

9. 一对红

两条实体大致相等的阳线并排站立的K线组合（图7-57）。一对红组合中，第一根阳线是高收的，但第二日开盘后遭遇空头反攻低开，最终多头仍在前一日收盘价附近完成收市，形成与前一日几乎并列的阳线。

【后市预判】 此形态表明多头的强势无可置疑，是对上涨态势的重复、强调和肯定。当一对红组合出现在低价区，是明显的抄底建仓信号。

图 7—57　美菱电器（000521）一对红示意图

10. 一对黑

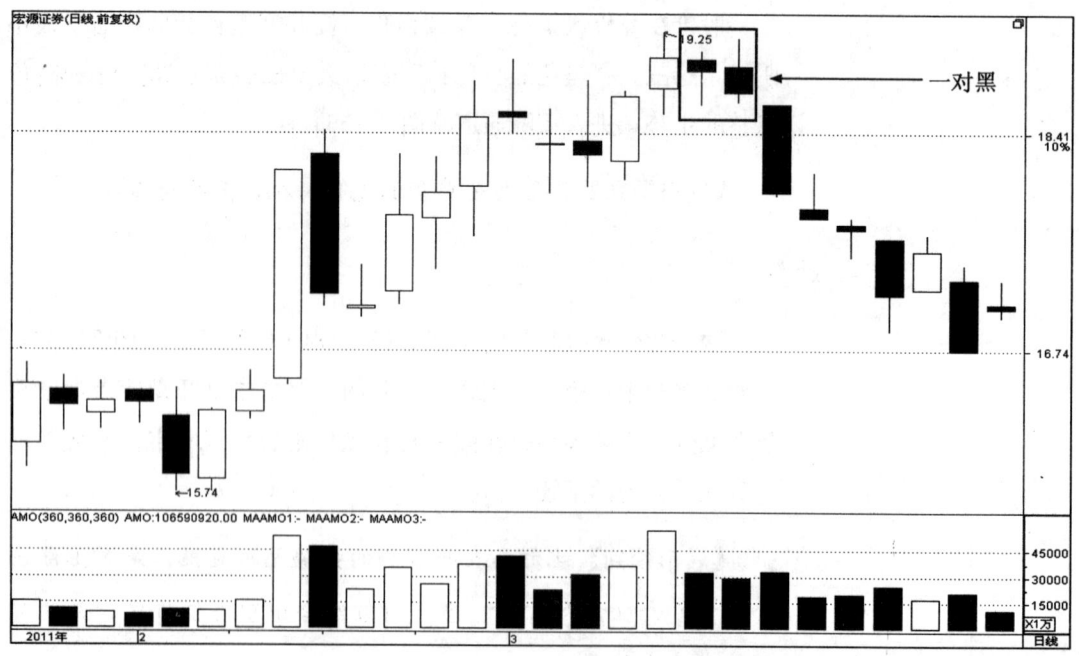

图 7—58　宏源证券（000562）一对黑示意图

两条实体大致相等的阴线并排站立的K线组合（图7-58）。一对黑组合中，第一根阴线是低收的，但第二日开盘后遭遇多头反攻高开，最终空头仍在前一日开盘价附近收市，形成与前一日几乎并排的阴线。

【后市预判】此形态表明空头的强势无可置疑，是对下跌态势的重复、强调和肯定。当一对黑组合出现在高价区，是逃顶平仓的信号。

11. 三降鹤

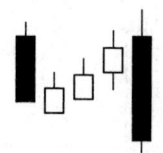

图7-59 三降鹤

在下跌行情中，某日拉出一根大阴线或中阴线，随后出现"三红兵"冲破第一根阴线的收盘价，最后又出现一根大阴线或中阴线，吞掉前面三红兵的价格（图7-59）。

【后市预判】此形态预示空头即将起势，后市利空，宜及时离场。

如图7-60所示，华润三九（000999）在2011年3月21日至28日走出"三降鹤"形态，股价在下跌周期稍作反弹整理，随后以一根大阴线将股价再次向下拉伸。此时若短线持仓，不应心存侥幸，应尽快割肉离场。三降鹤形态中，最后一天的"逃命"时机颇为重要，应在此形态第一根阳线的最低点预埋单，以避免更大的损失。

图 7-60 华润三九（000999）三降鹤示意图

六、实战中预示底部和顶部的 K 线组合

1. 黎明之星

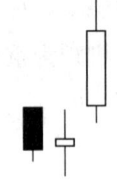

图 7-61 黎明之星

在长期下跌或盘整行情中，某日出现一根小阴线，第二日高开低走出现一根小十字星阳线，第三日跳空高开拉出一根大阳线（图 7-61）。此形态最下方的小十字星阳线犹如低迷市道时预示

黑夜即将过去、黎明即将破晓的启明星。随后出现的强有力上涨的阳线，表明长夜已经过去，行市迎来光明。

【后市预判】黎明之星又称为"清晨之星"、"希望之星"，是行情见底反弹的信号。十字星线是顶部或底部形态的最明显标志，若该形态第二日出现的K线为小阳十字线，即"黎明十字线"，底部的信号将确定无疑。

如图7－62所示，宗申动力（001696）在2010年10月28日至11月1日的走势，可视为"黎明之星"（第二根阳线为纺锤十字线）。此形态中最后一根超级大阳线，将股价由10.50元抬升至11.80元，当日涨幅为8.5%，如此强有力的信号，表明后市将有一波较大的上升行情出现，宜考虑建仓。

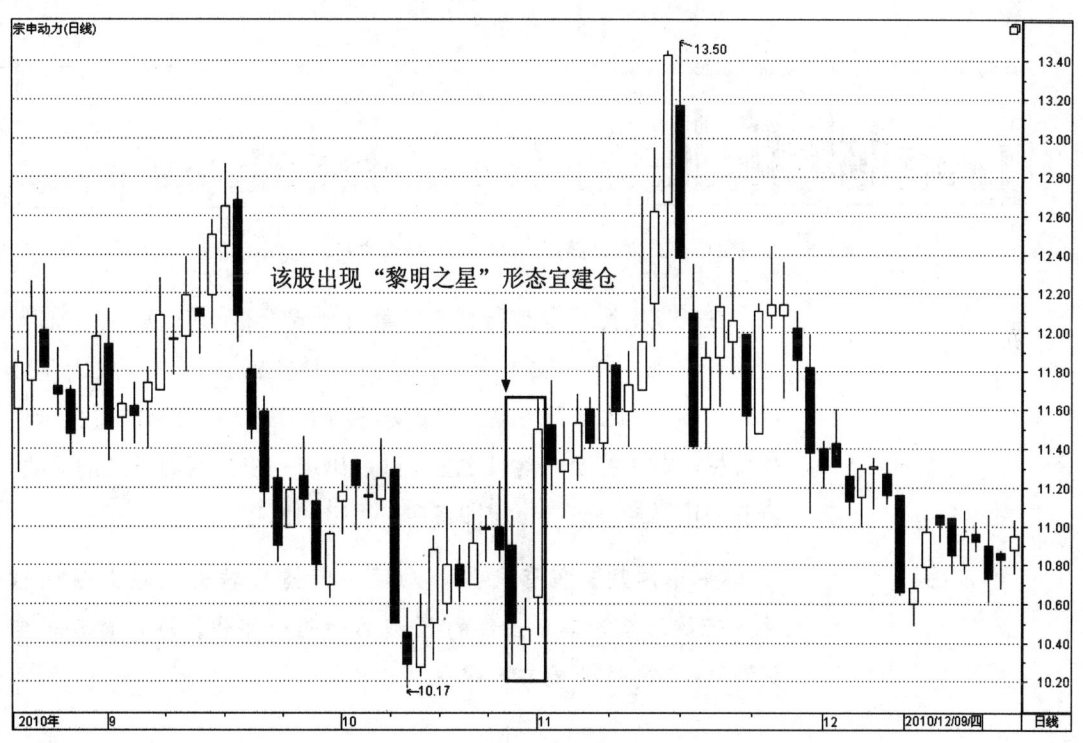

图7－62　宗申动力（001696）黎明之星示意图

2. 黄昏之星

图7-63 承德露露（000848）黄昏之星示意图

在长期上涨或盘整行情中，某日出现一根小阳线，第二日跳空高开出现一根小阴十字线，第三日跳空低开拉出一根大阴线（图7-63）。此形态中最上方的小阴十字线犹如大热市道预示白昼将尽、黄昏将至的落日之星。随后出现一根强有力下跌的阴线，表明牛市已经过去，行情即将迎来黑暗和低谷。

【后市预判】黄昏之星，无疑是行情反转或见顶大跌的信号。若该形态第二日出现的K线为小阴十字线，即"黄昏十字线"，顶部的信号确定无疑。

3. 旭日东升

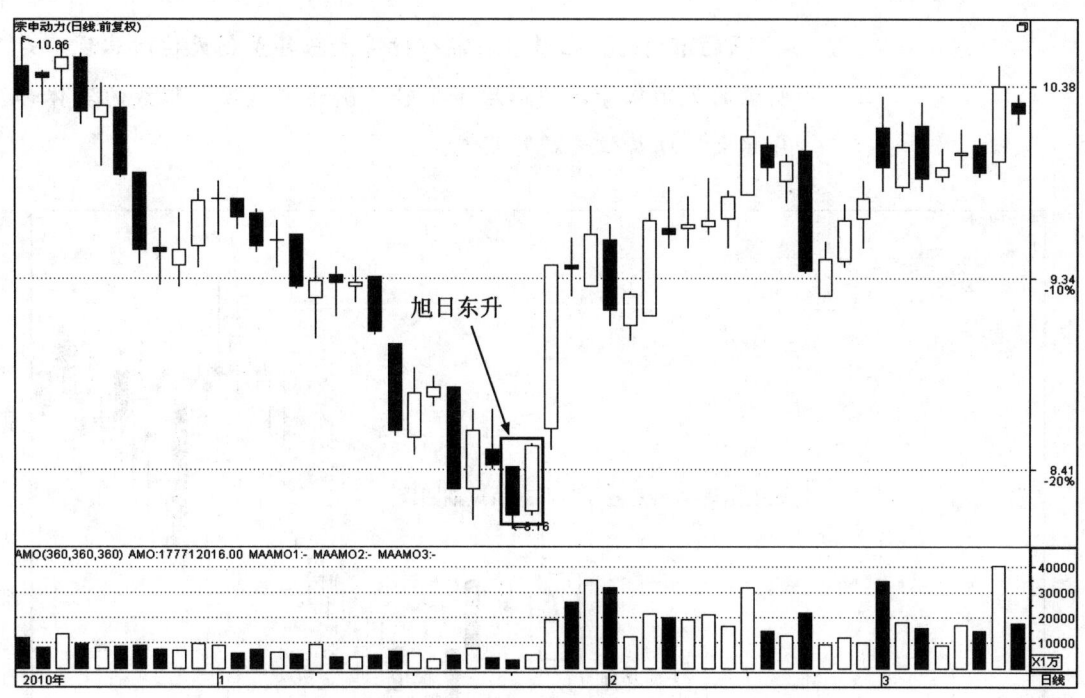

图 7—64　宗申动力（001696）旭日东升示意图

在连续的下跌行情中，某日拉出一根中阴线或大阴线，第二日高开的中阳线或大阳线将价格抬升到昨日阴线的开盘价以上，最终收在昨日阴线实体的一半以上（图 7—64）。

【后市预判】此形态也称"中流砥柱"，预示近期的大跌行情即将走完，行情即将反转。阳线超出阴线实体部分"旭日东升"得越高，转势信号就越明显，宜抄底建仓。

4. 乌云盖顶

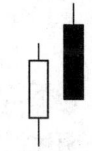

图 7—65　乌云盖顶

在连续的上涨行情中，某日出现一根中阳线或大阳线，第二日高开一根中阴线或大阴线,该阴线收盘时落在前一日阳线实体的一半以下(图7—65)。

【后市预判】此形态经常在行情大涨甚至创天价时出现,是明显的见顶信号,预示后市反转。阴线"盖顶"阳线的实体部分越大,转势信号就越明显。

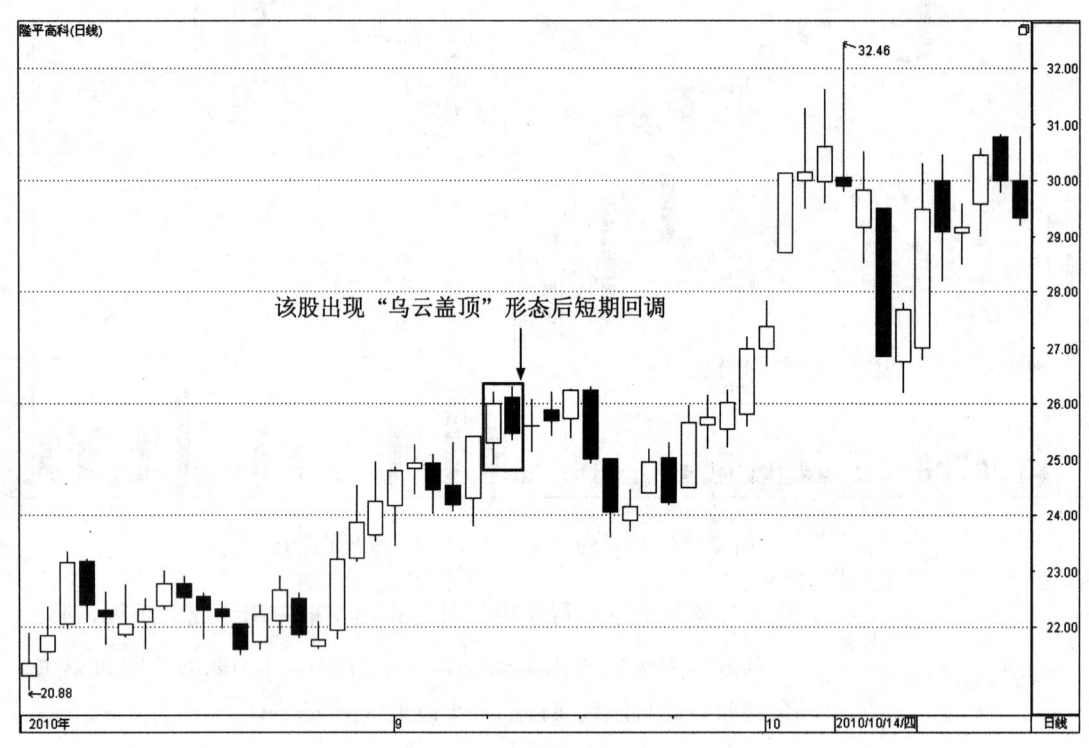

图7—66　隆平高科(000998)乌云盖顶示意图

如图7—66所示,隆平高科(000998)在2010年9月8日至9日出现"乌云盖顶"形态,此时股价处于上升周期,会做短期回调,短线操作宜考虑平仓。

5. 塔形底

在下跌行情中,某日出现一根大阴线,随后的三四天为一连串小阴线、小阳线,最后出现一根开盘价与上一根大阴线的收盘价持平的大阳线,与上一根大阴线组成双塔形态(图7—67)。

【后市预判】此形态为后市看涨的底部信号。

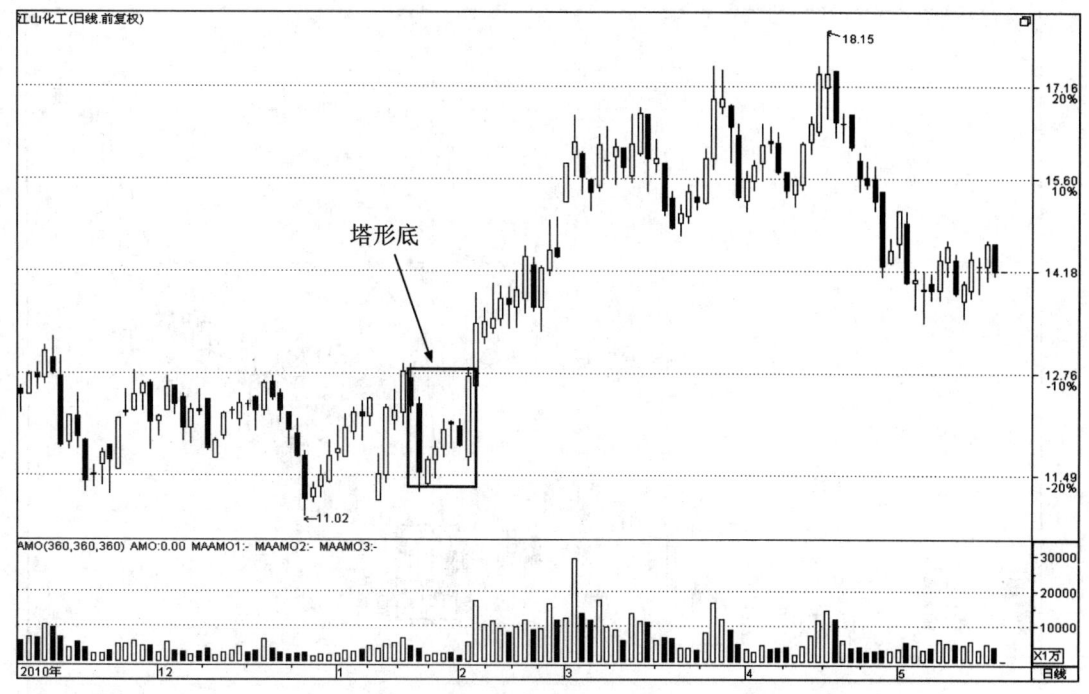

图 7—67 江山化工（002061）塔形底示意图

6. 圆形底

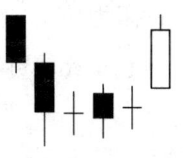

图 7—68 圆形底

在连续下跌行情中，某日出现一根大阴线，随后三四天为一连串小阴线、小阳线，走势呈圆弧形，最后以向上跳空缺口的中阳线，确认圆形底部的完成（跳空缺口，即跳空 K 线的价格高于或低于昨日的 K 线价格，两 K 线之间没有股价重合的部分）（图 7—68）。

【后市预判】 此形态为后市见底反弹的信号。

如图 7—69 所示，沙河股份（000014）在 2009 年 2 月 27 日至 3 月 6 日形成了"圆形底"形态，股价就此脱离之前的横盘整理阶段，升至 9 元附近平台整理，随后股价一路上涨，在 4 月 15

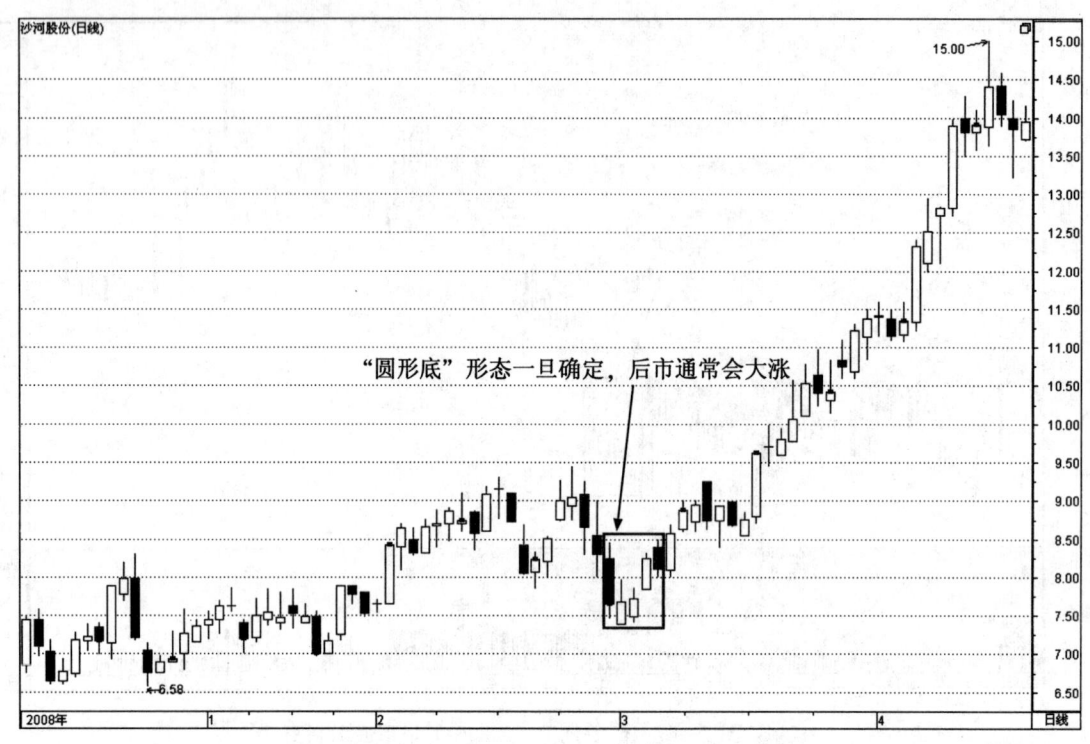

图7-69 沙河股份（000014）"圆形底"示意图

日创下15元新高。圆形底应以形态第一根阴线的最高价作为参考的阻力位，一旦某日股价突破这一价位，即宣告形态走完，此时建仓是比较可靠的。

7. 塔形顶

在连续上涨行情中，某日出现一根大阳线，随后三四天为一连串实体部分接近的小阴线、小阳线，最后出现一根开盘价与上一根大阳线的收盘价持平的大阴线，整体上与上一根大阳线呈塔形（图7-70）。

【后市预判】此形态为后市看跌的顶部信号。

图 7—70 辽通化工（000059）塔形顶示意图

8. 圆形顶

图 7—71 冠福家用（002102）圆形顶示意图

在连续上涨行情中，某日出现一根大阳线，随后的三四天为一连串小阴线、小阳线，走势呈圆弧形，最后以向下跳空缺口的中阴线确认圆形顶的完成（图7—71）。

【后市预判】此形态为后市见顶反转的信号。

9. 红头夹心饼

图7—72 荣信股份（002123）红头夹心饼示意图

在上涨或下跌行情中，两根较长的中阴线或长阴线将一根实体较短的阳线完全包裹住，酷似夹心饼干的形状（图7—72）。

【后市预判】此形态也叫"两黑夹一红"，在涨势中是见顶信号，在跌势中是继续看跌的信号。

本章精讲要点

◎ K线按照本质不同划分为：阴线和阳线。

◎ K线按照实体大小不同划分为：大阳线、中阳线、小阳线、大阴线、中阴线、小阴线。

◎ K线按照上下影线和实体的不同划分为：实体阳线、实体阴线、只带下影线的阳线、只带下影线的阴线、只带上影线的阳线、只带上影线的阴线、带上下影线的阳线、带上下影线的阴线、十字星线、十字线、纺锤十字线、倒T字线、T字线、一字线。

◎ 预示后市可能上涨或见底的K线：

① 实体阳线。

② 只带下影线、实体较大且比下影线长的阳线。

③ 只带上影线、实体较大且比上影线长的阳线。

④ 低价区出现的十字星阴线。

⑤ 低价区出现的T字阴线。

⑥ 一字阳线。

◎ 预示后市可能下跌或见顶的K线：

① 实体阴线。

② 只带下影线、实体较大且比下影线长的阴线。

③ 只带上影线、实体较大且比上影线长的阴线。

④ 高价区出现的十字星阳线。

⑤ 一字阴线。

◎ 预示后市可能上涨或见底的K线组合：

① 上升N颗星。

② 跳空阳转阴。

③ 上升三连阴。

④ 多线平台上升整理。

⑤ 跳空双阳线。

⑥ 上升整理线。

⑦ 探底锤子线。

⑧ 底部十字线。

⑨ 下跌覆盖线。

◎ 预示后市可能下跌或见顶的K线组合：

① 高位大阴线。

② 高位十字线。

③ 大阳盖小阳。

④ 下跌红旗杆。

⑤ 高位五连阴。

⑥ 逃命大阳线。

⑦ 见顶覆盖线。

◎ 预示后市可能上涨或见底的K线组合：

① 向上跳空孤岛。

② 阳母抱阴子。

③ 红三兵。

④ 低价区一对红。

⑤ 曙光初现。

⑥ 旭日东升。

⑦ 塔形底。

⑧ 圆形底。

⑨ 黑头夹心饼。

◎ 预示后市可能下跌或见顶的K线组合：

① 向下跳空孤岛。

② 阴母抱阳子。

③ 倾盘大雨。

④ 黑三鸦。

⑤ 高价区一对黑。

⑥ 乌云盖顶。

⑦ 黄昏之星。

⑧ 塔形顶。

⑨ 圆形顶。

⑩ 红头夹心饼。

第8章
"抄底逃顶术"精讲
——把握炒股赚钱的关键点

- ➡ 道氏理论：股市其实是这么回事
- ➡ 波浪理论：股市是按照这样的规律运行的
- ➡ 牛市形态：上升的股市应当如何获利
- ➡ 熊市形态：下降的股市应当如何避免套牢
- ➡ 平衡市形态：赶上牛皮行情应当如何操作
- ➡ 识别七种底部形态：把握建仓抄底的最好时机
- ➡ 识别八种顶部形态：确定出货逃顶的最后机会
- ➡ 识别五种整理形态：波段操作的适宜区间

一、道氏理论：股市其实是这么回事

形态学是股市技术分析中应用较早、发展较成熟的一门学科。多条 K 线组合，由于排列组合形式太多，单纯以此分析后市，正确率较低。为了提高预测后市的准确率，股市早期的"技术分析派"研究出一种简化的办法：不再单纯去看一根或几根 K 线的阴阳变化，而是以一段较长周期的盘面为参考，将 K 线走势看作线段来分析，以股价运行的轨迹为形态，反映多空力量的此消彼长，从而得出更有价值和规律性的东西。作为新股民，学习和了解形态就显得非常必要。

新股民研究技术面的趋势形态，首先要知道"道氏理论"。道氏理论，是由上世纪 30 年代美国华尔街两位著名的金融杂志主编查尔斯·道和威廉·彼得·汉密尔顿共同研究发表的。如今美国股市的"道琼斯指数"，就是由查尔斯·道编制和创立的。许多股市的常用术语（如空头、牛市、熊市等）都是道氏理论率先提出的。

1. 股票价格的三种运动趋势是长、中、短线三种交易的理论基础

道氏理论最有价值的地方，在于其提出了股票价格的三种运动趋势。

股价的"基本趋势"：即股价广泛全面性地上涨或下降。这种

或上或下的大变动持续时间通常为一年或一年以上，股价总升（降）幅度超过20%。正是道氏理论提出了基本趋势的"牛市"和"熊市"定义，为长线操作者把握一年时间的牛市盈利周期，避开随后的熊市衰退期提供了理论基础。道氏理论认为，基本趋势是长线股民在三种趋势中唯一应当考虑的目标，做法是在多头市场中尽早买入股票，只要确定多头市场开始发动就迅速持有股票，直到确定空头市场形成。对于在整个基本趋势下的所有次级趋势和短期趋势，不要去理会。

股价的"次级趋势"：次级趋势经常与基本趋势的运动方向相反，对股价产生一定牵制作用，也称为"股价的修正趋势"。次级趋势持续时间从3周至数月不等，股价上涨或下降的幅度一般为股价基本趋势的1/3或2/3。很显然，次级趋势就是牛市周期中向下走势明显的回挡或熊市周期中向上趋势明显的反弹。次级趋势的提出，为后来的中线操作者提供了回挡和反弹的交易策略。

股价的"短期趋势"：短期趋势只反映股价在几天内的变动情况，次级趋势通常由三个或三个以上的短期趋势所组成。道氏理论就像庖丁解牛一样，将股市的趋势划分为三个层次：基本、次级和短期。新股民通过看盘软件，可以即时调整盘面的大小比例，无论是基本大趋势、初级中趋势还是短期小趋势都可以看得很仔细，正是因为道氏理论，我们才能对股市有着如此清晰的认识。

2. 从理论定义"上涨"、"下跌"与"盘整"

道氏理论的另一大贡献，就是在技术面上定义了"上涨"、"下跌"和"盘整"三种形态。许多新股民可能会凭直觉判断"这一段是上涨的"、"那一段是下跌的"，却说不好为什么会是这样，结果很容易将复杂的盘整形态误看作是上涨或者下跌，导致操作时错误连连。

根据道氏理论，我们能够很准确地从数值上判断出上涨、下跌和盘整形态。假如将股市中两个连续波段的高点称为A1、A2，两个连续的低点称为B1、B2，如果A1<A2且B1<B2，此形态

即为"上涨"（图8-1）；如果A1>A2且B1>B2，此形态即为"下跌"（图8-2）；如果A1>A2且B1<B2，或者A1<A2且B1>B2，此形态即为"盘整"（图8-3）。

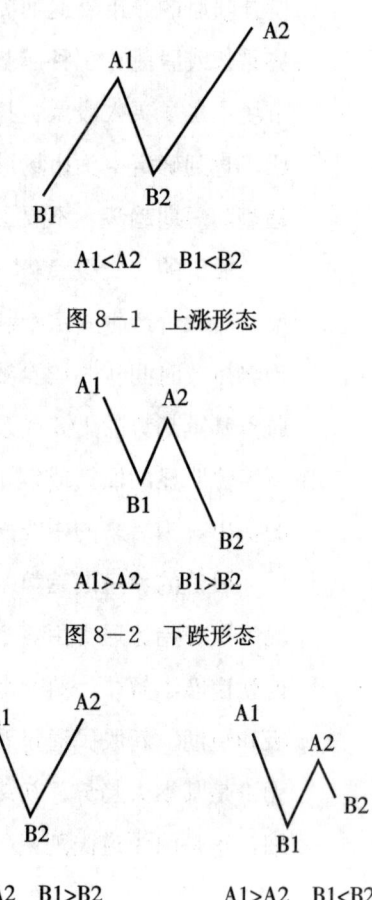

A1<A2　B1<B2

图8-1　上涨形态

A1>A2　B1>B2

图8-2　下跌形态

A1<A2　B1>B2　　　A1>A2　B1<B2

图8-3　盘整形态

对于牛市和熊市的主要趋势，道氏理论又各自划分出三个阶段。

3. 牛市三个基本阶段

以牛市趋势来说，第一阶段是**"进货期"**，有远见的股民觉察不景气的行情即将过去，将没有信心的股民不顾血本抛售的股票买入，在股市里卖出的股票数量减少时分步骤买入。

第二阶段是**"持股期"**，股市开始稳定上涨，交易量稳定增加，企业恢复景气，公司盈余增加，民众都开始聚集于股市。这一阶段，善于技术分析的交易者通常能够获得最大利润。

第三阶段是**"过热期"**，交易大厅内人头攒动，股民们异常兴奋地聚集在交易场所询问"买什么股票比较好"，似乎早已忘记市场景气的行情已持续很久，股价上涨了很长一段时间，此时正是"卖出的好机会"。过热期的尾声，冷门股交易频繁增加，没有投资价值的低价股急速上涨。

4. 熊市三个阶段

熊市趋势的第一阶段是**"出货期"**，形成于上个多头市场的最后阶段。有远见的股民觉察到股价已到达不正常的高点，于是加快出货的速度，此时成交量仍然很高，在高位有滞涨的倾向。

第二阶段是**"恐慌期"**，想要买入股票的人开始退缩，想要卖出股票的人急于脱手，价格下跌的趋势加速到几乎垂直的程度，量比接近最大。

第三阶段是**"萧条期"**，是恐慌期结束后遗留的一段相当长的次级反弹或横向变动，主要是由缺乏信心者的卖出构成。此阶段没有加速下跌，没有投资价值的低价股早已在前两个阶段跌到头，业绩优良的股票是这一阶段下跌的主力军，这类股票的持有者通常是最后失去信心的。在坏消息完全出尽以前，熊市早已过去。

5. 次级趋势是做中线与反弹的理论基础

次级趋势是与基本趋势"对着干"的一种逆动行情，其存在的意义就是为了干扰和牵制基本趋势。在牛市里，次级趋势是中级下跌或调整行情，下跌部分为基本趋势 1/3~2/3 的跌幅，调整部分的回挡为 10%~20% 的跌幅；在熊市里，次级趋势是中级上涨或是反弹行情，反弹部分为基本趋势 1/3~2/3 的涨幅，调整部分的反弹为 10%~20% 的涨幅。次级趋势在周期上有一个的判断标准：任何与主要趋势反方向的次级趋势行情，至少要持续 3 个星期左右。

道氏理论认为，上涨盘面或下跌盘面最终会发展为重要的"顶部区间"和"底部区间"，它们是新的基本趋势形成之前休息和整理的阶段，取代了正常的次级趋势，是一种特殊的盘局，有很大的不确定性。

6. 短期变动可人为操纵

短期变动，很少有超过3个星期的，通常会少于6天。道氏理论认为"短期变动没有什么意义，只不过是丰富了基本趋势的变化而已"，实际上欧美及中国的短线操作者，早已将短期变动研究演变为一种能够获利的短线操作技术，这恐怕是查尔斯·道所不曾想到的。在无论成熟与否的股市中，短期变动都是唯一可以被"操纵"的，主要趋势和次级趋势是无法被某一种个体力量操纵的。

道氏理论并不在意某个交易日中的最高价、最低价，它只注意收盘价，因为收盘价是普通股民对于当天股价的最深刻印象。股市指数的升跌变动，反映了股民的心态。股民们乐观时，甭管有理或是无理，淡定或是激动，都会推动股价上涨；股民们悲观时，甭管盲目或恐惧，受他人影响或是歇斯底里，都会促使指数下跌。

7. 道氏理论的局限性

任何伟大的理论都有缺陷和局限，道氏理论也不例外。比如道氏理论主要探讨股市的基本趋势，一旦基本趋势确立，会假设这种趋势将一路持续，直到该趋势受外来因素破坏而改变，现实的股市中存在着破坏趋势的诸多不确定性变数，这是道氏理论无法分析和解决的；用道氏理论确认基本趋势，必然是慢半拍的，把握不住最好的建仓和出货机会；道氏理论对于选股、中短线操作的具体指导意见十分有限。

二、波浪理论：股市是按照这样的规律运行的

道氏理论是股市技术分析派的开山理论，它为人们通过技术盘面预测股市走势打开了一扇窗，使股民对于股市走势有了整体的印象。不过道氏理论对于股市内在构成并没有做细致阐述，我们只知道股市中存在牛市、熊市，却不知道牛市、熊市行情是怎么走出来的。对于这些技术结构形态的问题，著名技术分析大师艾略特的"波浪理论"给出了清晰的答案。

波浪理论又称"艾略特波段理论"，是由美国证券分析家拉尔夫·纳尔逊·艾略特通过观察道琼斯指数总结出的一套规律性的理论体系，用以分析股市指数、价格走势，它也是世界股市技术分析面使用最多的工具。

顾名思义，股市的涨跌就像大海中的波浪一样循环往复、永不停歇，这也是我们观察盘面时最直观的感受。艾略特认为不管是股票还是其他商品价格的波动，都与大自然的潮汐、波浪相似，一浪接着一浪，周而复始，具有相当程度的规律性和周期循环性，任何波动都有迹可循。股民根据股市波浪一样的规律特性，可以预测价格未来的基本走势，制定正确的买卖策略。

1. 波浪理论的三个基本特点

① 股价的上涨和下跌是交替进行的，上涨之后必然要下跌，下跌之后必然要上涨。

② 推动浪和调整浪是股价波动的两个最基本形态。推动浪，就是与大势走向一致的波浪，可划分为五个小浪（第1浪、第2浪、第3浪、第4浪、第5浪）。调整浪，就是大势后期起调整作用的三个小浪（a浪、b浪、c浪）。在上述"八个波浪"走完之后，一个完整的波浪循环即告完成，股市将进入下一波"八浪循环"。

③ 八浪循环是熊市、牛市这两种基本趋势的完整结构，波浪的形态不因时间而改变。波浪可拉长也可缩短，其基本形态永恒不变。

2. 详解牛市行情中的八浪循环模型

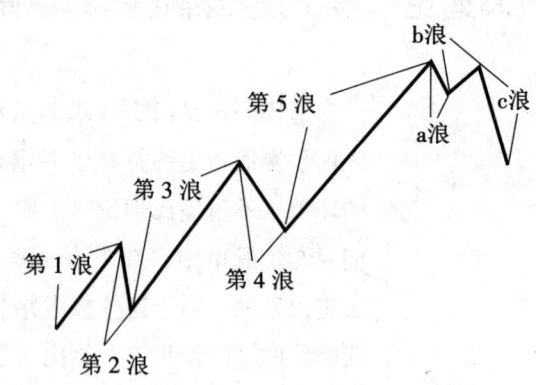

图8—4　牛市中的八浪结构图

①**第1浪**：八浪循环的开始。作为推动浪的第1浪，其主要作用是营造底部形态。空头市场结束后的第1浪，多头势力不强，尽管突破空头的压制，但后劲不足，因此第2浪调整回落时，回挡的幅度往往很深。而在长期盘整后上涨的第1浪，行情上涨幅度较大，第2浪回挡幅度较小。总的来说，第1浪的涨幅，通常是五浪中最短的。

②**第2浪**：暂时调整的下跌浪。若是第1浪承接熊市，股民会误以为熊市尚未完结，第2浪下跌的幅度会相当大，几乎吃掉第1浪的升幅，当此浪跌至底部区域（接近第1浪起点）时，市场上的卖盘开始减少，下跌压力减弱，成交量逐渐变小，第2浪调整即告结束。第2浪经常会出现反转的K线形态，如"头肩底"、"双底"（这些概念将在后面详解）等。

③**第3浪**：第3浪往往是涨势最大、最有爆发力的上涨浪，也称为"主升浪"。第3浪持续时间与幅度一般是最长的，此阶段股民的信心开始恢复，成交量大幅增加，常出现"缺口跳升"等局部形态。第3浪走势一般势如破竹，盘面上一些常态的阻力位都能轻易突破。突破第1浪高点时，为最佳的建仓信号。

④**第4浪**：第4浪是勇猛的第3浪过后的调整浪，通常以较复杂的形态出现，比如"倾斜三角形"的走势。第4浪的低点不会低于第1浪的高点。

⑤**第5浪**：第5浪的涨势通常小于第3浪。第5浪阶段，二三流股票是市场的主导力量，涨幅通常大于一类股（蓝筹股、大型股），此间市场情绪相当乐观。

⑥**a浪**：承接第5浪出现的a浪阶段，股民们大多认为上涨行情尚未逆转，此时仅为暂时回挡。实际上，a浪的下跌在第5浪期间已有暗示，如成交量与价格走势背离或者技术指标与股价的背离等，由于此时市场心态较为乐观，a浪回挡也很有限。

⑦**b浪**：b浪的成交量一般不大，属于多头的"逃命线"。由于是一段上涨行情，很容易让股民误以为是另一波涨势，形成多头陷阱，此时不出货很容易被深套。

⑧**c浪**：一段破坏力较强的下跌浪，跌势强劲，跌幅大，持续时间较长，引发股价的全面下跌行情。

3. 波浪理论的学习难点及局限

波浪理论看似简单易懂，想真正在实战中用好却不容易。股市的三种运动趋势（基本趋势、次级趋势、短期波动）中都包含"八浪循环"，每一浪都可以合并为上一浪中的子浪，也可以再分割为低一级的小浪，即"大浪中有小浪，小浪中有细浪；大循环套小循环，小循环套更小循环"，如何数对波浪就变得复杂且难于把握，再加上推动浪和调整浪经常出现"延伸浪"等变化形态，使得波浪理论在实际运用中难度不小。

每一浪的升幅和跌幅，可以用黄金分割比例去计算。第二波上涨浪的高点通常是第一波上涨浪高点的1.618倍，第三波上涨浪高点又要在第二波上涨浪的高点的基础上乘以1.618。下跌浪也是如此，一般常见的回吐幅度比率有0.236（0.382×0.618）、0.382、0.5、0.618等。具体的量度计算，我们将在后面详解。

每个波浪理论的研究者都会遇到一个问题的困扰：如何确定一段浪是否走完呢？有时你看这是第三浪，我看就是第五浪，"差之毫厘，失之千里"，数错浪的后果很严重。对于新股民，波浪理论应当在实践中不断加深理解。

三、牛市形态：上升的股市应当如何获利

牛市就是"股市处于多头市场的统治时期"，它与上涨形态的区别在于它延续的时间比较长。牛市是由多个上涨形态和少量下跌形态构成的，许多新股民认为"牛市就是股票一直在涨"，这一观点是错误的。牛市的股票多数时候是在上涨，也有偶尔回挡调整的下跌走势。

深市从5000多点涨到14000多点是一个明显的牛市，从2008年10月一直延续到2009年底，期间经历过5、6次明显的大幅回挡，10多次小幅回挡。

1. 牛市周期的三个阶段

牛市第一段：与熊市周期第三段或平衡市的低价区间重合，市场态势相对悲观，多数股民对股市心灰意冷，即使市场出现利好消息也无动于衷，很多股民不计成本地抛出股票。

少数理性的股民，通过对基本面和技术面的分析，预测市场即将发生反转，开始选择优质股买入，主力早已建仓完毕。随后市场成交量出现微量回升，一段时间后，股票持有者已多半为理性股民。进入牛市行情后，大盘及个股都要走一波很长的主升浪，在上涨过程中偶有回挡，牛市的每一次回挡都是在积蓄上涨的能量，接下来要比上一次涨得更高，以吸引新的散户入市，让整个行情像雪球一样滚起来，交易因而十分活跃。

此时的基本面、上市公司的经营状况和业绩开始好转，市盈率的增加引起股民关注，刺激更多股民入市。

牛市第二段：股市行情虽有明显利好，但偶尔回挡总会使曾经在熊市中惨跌的股民心有余悸。市场出现盘整的僵持局面，总的来说大市基调良好，股价力图上涨。这段时间可延续数月甚至超过一年，主要取决于上次熊市对股民的心理打击程度。

牛市第三段：经过第二段的徘徊，股市成交量越来越大，大市的每次回落都不会使散户萌生退意，反而吸引更多散户入市，

市场情绪普遍高涨。此时的基本面，上市公司利好消息层出不穷（如市盈率加倍、收购或重组等），并趁机大举集资，或送红股，或将股票拆分，吸引更多中小股民持股。

在牛市第三段末期，市场上的"投机气氛"极浓，即使出现利空消息也被视为热点炒作的利好消息。垃圾股、冷门股的股价大幅上涨，一些稳健的优质股反而被漠视。炒股热潮席卷社会各个角落，各行各业、男女老幼纷纷加入炒股大军。当行情达到空前热度时，反转开始出现。

2. 牛市操作策略

牛市是多数股民都可以赚钱的时期，只要掌握正确的操作策略，均可获得最大限度的收益，还可避免"赚了指数不赚钱"的尴尬局面。

多头市场（牛市）基本的投资策略是持股。只要没有确认行情脱离牛市状态，就不要轻易抛出股票，不宜股价涨一点就马上抛掉。许多股民在上涨过程中都会平仓部分获利的股票，用高一点的成本再重新持有，这一做法是上涨行情的重要推动力。

在行情强势上涨的过程中，选股是至关重要的一环。一旦选中强势股，在牛市可以涨到不可思议的"天价"。新股民应当牢记：牛市的每一次回落都是宝贵的建仓或补仓良机。

一般来说，牛市的第一段"优质股"率先上涨，若优质股表现不佳，有投机性的"低价股"会轮番跳升，此时应随时做好出货离场的准备。投机股是个火药引线，接下来一线优质股开始爆涨，一路带头领涨，给二三流股票腾出上涨空间，带着股市一路向上。如果当前市场主要靠投机股上涨推动，升势将难以持久，回调的可能性很大。

牛市第二段，涨势最猛的股票一般以"股本小的二线优质股"为主（特别是题材好的小盘绩优股），宜买入并持有这一类个股。

牛市的最后阶段是全民投机鼎盛期，三流低价股乱跳是主要特征，这一阶段可参与投机，但千万不可去追被炒得火热的三流股。"优质股比大盘升得慢很多；成交量持续保持在高量；日线图出现'M头'、'头肩顶'等K线形态"，这些都是大市见顶的信号，宜随时考虑抛股套现离场。

总结起来，牛市选股的原则是"不宜以市盈率作为选股标准"，持股原则是"领涨股不翻番坚决不松手，不见顶不轻言调整"。

在牛市的大周期中，股价会出现几次回挡调整。正常的强势回挡调整"跌幅有限，调整时间不长，成交量减少"，主要体现在"短期升幅大的股票"上，"优质股不会回落太多"。识别牛市回挡的特征，就可继续坚定持仓的信心。

一般来说，见顶后的跌势通常是在"市场上90%的人都获利时出现"，"最初的一跌很猛，随后是极好的短线反弹"，等到反弹行情走完了，就真的不可继续恋战。

四、熊市形态：下降的股市应当如何避免套牢

熊市是"股市处于空头市场的统治时期"，它与下跌形态的区别在于它延续的时间比较长。熊市是由多个下跌形态和少量上涨形态构成，许多新股民认为"熊市就是股票一直在跌"，这一观点是错误的。熊市时股票多数时候是在下跌，也有偶尔反弹调整的上涨走势。一般来说，熊市的时间周期要比牛市短，只有牛市周期的1/3~1/2。

深市从14000多点跌到8900多点是一个典型的熊市，从2009年12月一直延续到2010年7月，期间经历过五六次明显的大幅反弹，十多次小幅反弹。

1. 熊市的三个阶段

熊市第一段：与牛市第三段或平衡市高价区末段重合，此时市场上投资气氛空前高涨，行情看起来十分乐观，市场上真真假假的利好消息多如牛毛，散户股民对于后市变化完全没有防范。上市公司的业绩和市盈率达到不正常的高峰值，收购、重组的消息频传。

此时少数理性散户和主力已开始将资金逐步撤离。市场上的成交虽然很热，但已有降温趋势。若股价进一步攀升，成交量不

能同步跟上，大跌近在眼前。熊市第一段股价下跌，多数散户仍认为这次下跌只是上涨过程中的回调。其实，这正是股市大跌的开始。

熊市第二段：遭遇大跌连跌的闷棍后，市场上一有风吹草动，就会触发股民"恐慌性抛售"，加剧股价急跌。想要入市者因为行情不好退缩犹豫，都在暂时观望。经过一轮疯狂的抛售和股价急跌后，市场开始进入反弹和盘整，股民对后市看好或是看空，呈两极的想法。中期性反弹和横盘，可能维持几个星期或者几个月，上涨幅度一般为前市总跌幅的 1/3～1/2。

熊市第三段：上一段调整期结束后，迅速进入大跌走势，经济形势和上市公司状况趋于恶化，各种真假难辨的利空消息接踵而至，对股民的信心造成进一步打击。整个股票市场弥漫着悲观情绪，股价小幅反弹后跌得更狠。资质较差的股票已经在熊市第一段、第二段跌得差不多，再往下跌的可能性不大，这一段下跌的股票集中在业绩一向良好的蓝筹股和优质股上。

熊市第三段与牛市第一段或平衡市低价区吻合，有远见的股民会趁此建仓，购入低价优质股，待大市回升后，期待长期的丰厚回报。

2. 熊市阶段最好的策略是空仓

熊市中靠技术分析赚钱的大多是高手。熊市股价的主体趋势是向下的，主导策略是空仓观望，看准反弹机会做个短线，然后尽快平仓离场，这一做法俗称为"接飞刀"，想要做好难度不小。

熊市股价反弹幅度极为有限，能搏到短线差价已经不错。不要以为"股价跌了这么多，现在买了可以反弹解套"，这一想法是很害人的，熊市所能达到的低价往往超乎想象，跌了还会长时间连跌。抢反弹一定要看准在有效的"支撑位"买入，看不准支撑位宁可错失短线机会，也不宜在跌势未尽时束手被套。

在熊市交易冷清时建仓，或许短期内不能获得差价收益，但从长期来看，由于投资成本低廉，与将来可能的收益相比，投资回报率还是不错的，前提就是在底部区域建仓。对于长线股民，熊市就是蕴含大量财富的沃土。

五、平衡市形态：赶上牛皮行情应当如何操作

平衡市也称"牛皮市"、"震荡市"，就是"股市处于盘整的长时间行情"，它与盘整形态的区别在于它延续的时间比较长。平衡市是由比例不一的下跌形态和上涨形态构成，可以下接牛市，也可以上接熊市。通常情况下，平衡市的成交量很小，对股民而言这是"韬光养晦"的好时机，不宜继续迷恋市场操作，趁此机会可对股市基本面和技术面加深理解和学习。

沪深股市从2001年到2005年都属于平衡市，现阶段处于大盘中价区的短暂"平衡市"。平衡市不像熊市和牛市有明显的涨跌空间，股价在相对稳定的价格区间里波动，涨跌毫无规律。此时如果忍不住出手操作，应以短线为主。平衡市有三种类型。

1. 高价区平衡市

一般来说，大盘的高价区横向盘整是盘不住太久的。尤其在人气消散、成交量稀少的情况下，平衡的走势随时可能被打破，后市很可能在连续几天的阴跌后出现向下的加速运动。高价区平衡市的操作策略，理应是坚决离场（图8—5）。

当然有一种情况例外：就是牛市中的高位强势盘整，也会出现高位横盘、成交量萎缩，但调整后股价会继续上行。实战中需要识别这两种高价区平衡市，主要看三方面：成交量、市场对利好消息的敏感度、时间周期。

危险的高价区平衡市，成交量极度萎缩；牛市的高价区平衡市，成交量虽大幅萎缩，但是人气未散，相对活跃。

危险的高价区平衡市，对于利好消息反应迟钝，可能把实际上的利好因素视为利空；牛市高价区平衡市，对利好消息的反应仍然敏感，个股的利好消息会强烈体现在股价波动上。

危险的高价区平衡市会维持几个月，直到股价磨来磨去，将多头信心彻底磨掉后，自然而然地跌下来；牛市高价区平衡市，延续时间不会太长，顶多几周时间。

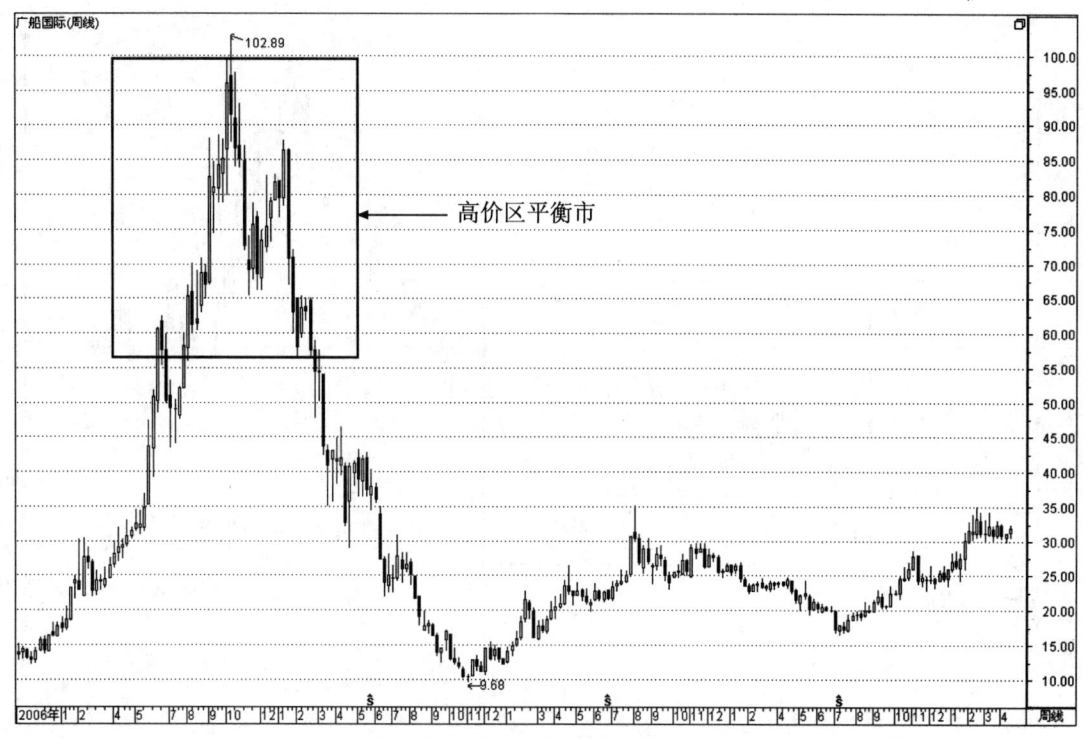

图 8—5　广船国际（600685）高价区平衡市示意图

2. 中价区平衡市

中价区平衡市向上与向下突破的可能性都有，散户应看到明确的向上信号后再顺势跟进。多数情况下，中价区平衡市最终是向下突破的。中价区平衡市，反弹行情的成交量多在低价投机股上分布。新股民在高价区平衡市和中价区平衡市阶段最好谨慎观望，以空仓的交易策略为主（图 8—6）。

3. 低位区平衡市

一般是主力建仓的大好时机，散户的合理做法是每次走势见底时分批次少量建仓，见高则不追，当短线来做。如果因为无机会平仓暂时套住，可以越跌越买。低价区平衡市，选股的对象应以优质股为主，手中如有投机股，最好换成一流的优质股。

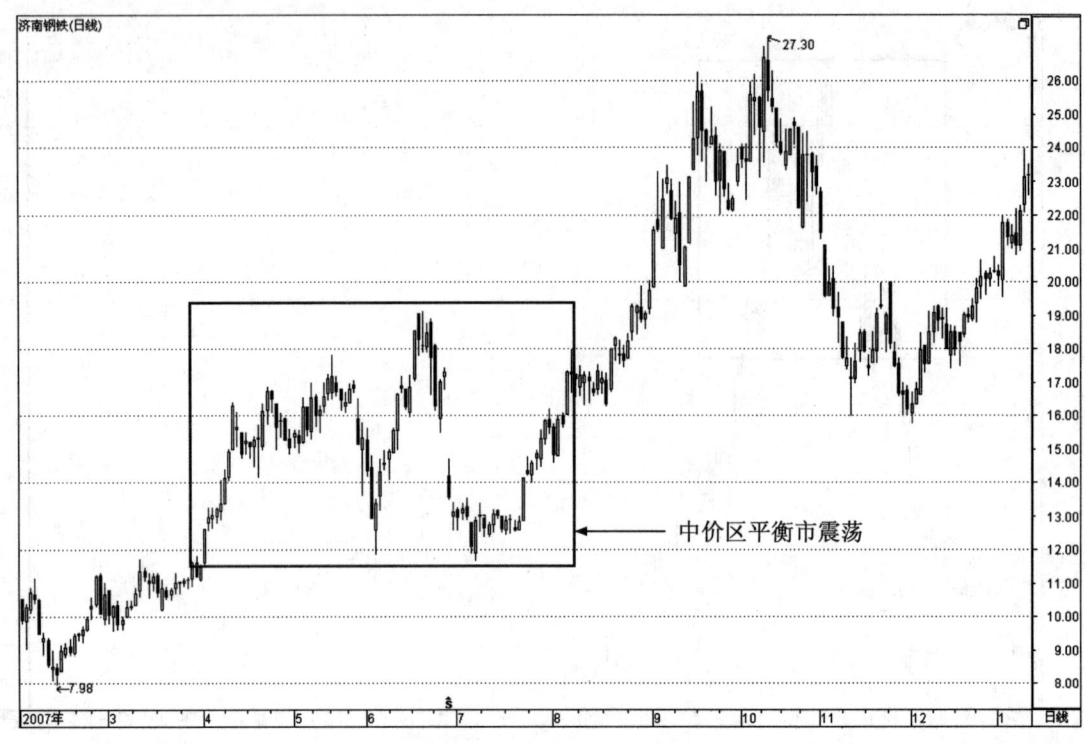

图8—6 济南钢铁（600022）中价区平衡市示意图

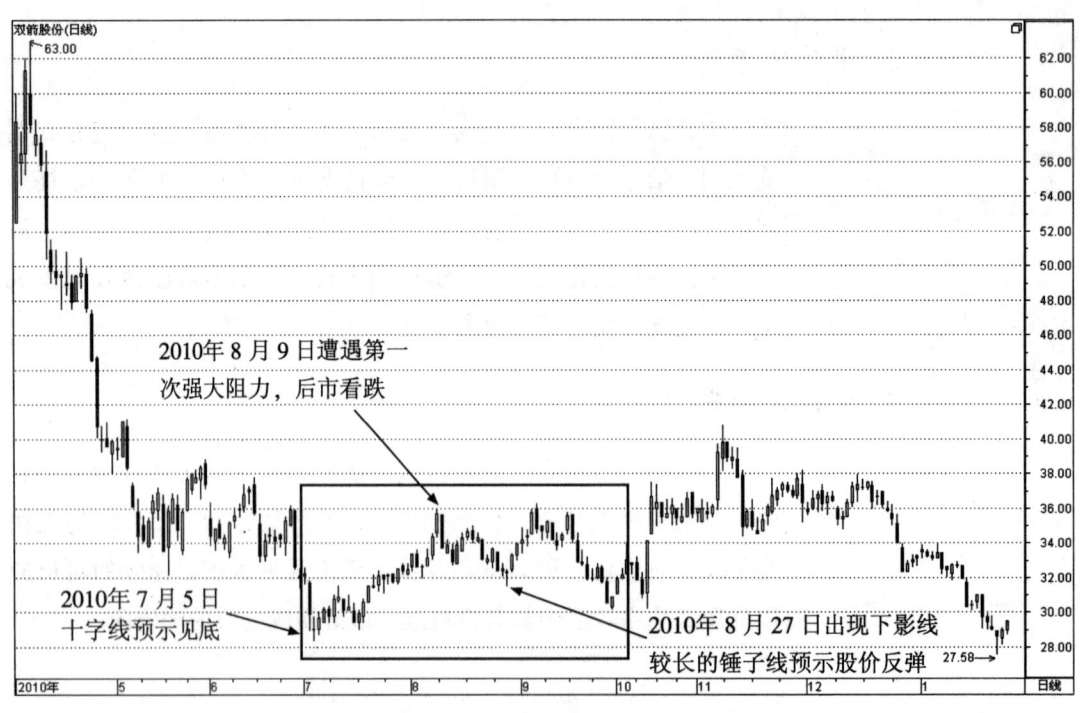

图8—7 双箭股份（002381）低价区平衡市示意图

如图8—7所示，双箭股份（002381）上市以后股价很快从最高点63元跌至30元盘整，就该股历史股价而言，形成长时间的"低价区平衡市"。鉴于该股的特性，操作时应以波段操作为主。该股在2010年7月5日出现一根十字线，预示后市可能为一波上升走势。股价在8月9日遭遇强大阻力，随即短期回挡，在8月27日以一根下影线较长的锤子阳线探出阶段性低点。股价获得短线买盘的支持开始反弹，突破36元区。新股民若在每个低点与高点的区间买入，即可获得可观的利润。

六、识别七种底部形态：把握建仓抄底的最好时机

1. 潜伏底

这一形态的基本特征是：股价在相对低价格的狭窄区间里横向移动，每日股价的高低波动极小，成交量十分稀疏，图形上看呈现出近似于直线的形状（图8—8）。股价在底部潜伏久了，自然有往上走的想法，或者说股价本身就有"鸿鹄之志"，只是条件尚不具备，只得暂时韬光养晦，积蓄力量。经过一段长时间潜伏后，当价位和成交量都有充分向上的能量时，上升行情便开始启动，摆脱沉寂不动的闷局。股价大幅向上，伴随成交量放大，开始占据第一个高点。

潜伏底大多出现在熊市的低价区及冷门股上，形成的过程是：持股者暂时找不到急于卖出股票的理由，有意愿想买入该股的也没有跟进的想法，股价就在狭窄的价格区域里一天天地龟爬，既没有明显的上涨趋势，也没有明显的下跌走势，表现令人沉闷，就像是处于冬眠期的动物，动跟没动一个样。

就在这种不紧不慢的行情中，"潜伏股"会突然出现不寻常的成交量，主要原因是受到突如其来的利好消息影响（例如公司市盈率大增、分红前景利好、资产重组等），股价如脱缰的野马，脱离潜伏底大幅飙升。

潜伏底阶段，先知先觉的股民会不断做收集性买入，相信这

图 8—8 绵世股份（000609）潜伏底示意图

一形态不会持续一整年，上涨是早晚的事，此时建仓从长期来看比较安全。当突破潜伏底上行后，未来的上升趋势将非常给力，股价升幅较大。当潜伏底有稍微向上突破的形态时，股民一定要马上买进，即使行情暂时未进入上升通道，持有这些股票利润也十分可观，风险一点也没有。

【"潜伏底"特征及操作要点】

① 多潜伏在冷门股、低价区，呈"一"字形走势，潜伏时间较长。

② 有明显突破行情时可跟进，真正突破的特征是成交量激增。

③ 突破后的上升途中，只要保持高成交量，就应当继续持有。

④ 整体上看，操作潜伏底的风险较小，收益较大。

2. 圆形底

这一形态的基本特征是：股价经过初期的暴跌后，下跌幅度

图8—9 泰山石油（000554）圆形底示意图

越来越小，最终开始缓慢地盘整回升。此时若将每天股价的最低点连起来，会形成一个圆形底，成交量也会呈圆形（图8—9）。

圆形底是一种中长期的底部形态，形成的过程是：卖方的压力不断减轻，成交量持续走低，多头畏缩不前。之后股价尽管还在下跌，但是幅度缓慢、成交量变小，趋势曲线渐渐接近。在圆形底的底部，多空双方力量达到平衡状态，后市利多的需求一点点增加，价格随之一点点上升。最后多头力量完全控制市场，价格大幅上涨，出现突破性的上升趋势。

【"圆形底"特征及操作要点】

① 底部K线及成交量走势均呈圆形，持续时间通常半年以上。

② 圆形底是巨大升市来临的标志，股民宜在圆形底升势确定时跟进。

③ 圆形底上升的空间可大可小，其上升潜力是由股票本身的资质决定的。

3. W 底（双底）

这一形态的基本特征是：股价持续下跌到某一支撑位后出现技术性反弹，在阻力位形成相对高点；此次反弹幅度不大、时间也不长，股价随后再次下跌，跌至第一次的支撑位附近。随后再获得买气回升，第二次回升成交量明显大于上次反弹的成交量，股价在这段时间的移动轨迹酷似字母"W"因而得名（图8—10）。

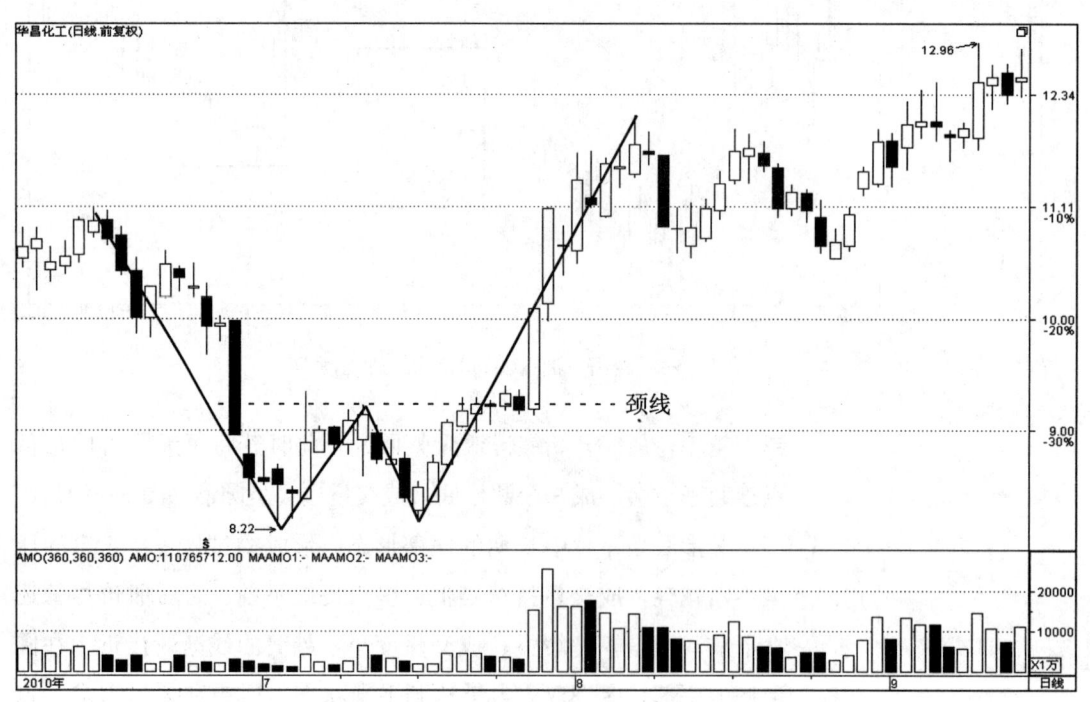

图 8—10　华昌化工（002274）W 底示意图

W 底形成的过程是：股价持续下跌，持仓者由于价格太低而捂住不卖，当股价进入某一相对低点时，另外一些股民由于新低价的吸引尝试买入，股价继而回升。当上升至某一阻力位时，较早入市的短线投机者获利回吐，跌市持仓者也趁机斩仓卖出，股价再一次下挫。此时对后市有信心的股民依然不少，待股价回落至上次低点时趁机抄底跟进。当愈来愈多股民都有此想法并积极买入时，股价一路抬升，突破上次反弹的高点，一举扭转下跌的颓势。

【"W底"特征及操作要点】

①W底是一个反转形态，当出现双底结构时，表示跌势告一段落。

②W底通常出现在长期盘面的底部，双底的最低点就是该股的阶段性底部。

③W底的"颈线"（反弹最高点的平行基准线）一旦被冲破，就是建仓的可靠信号。

④一般来说，W底的第二低点都较第一低点稍高，这样股价才能避免再次跌回第一低点。

⑤W底的最少涨幅为"双底最低点与颈线之间的垂直距离（价格差值）"。股价突破颈线后，至少会上涨此距离。

⑥W底形成第一个底部时，随后上涨的高点涨幅约为第一个低点的10%～20%。

⑦通常情况，W底两个低点形成的时间为1个多月。

⑧W底第二低点的成交量很少。突破颈线时，必须有成交量激增的配合，方能确认此形态成立。

⑨W底突破颈线后，会出现短暂的反方向移动（也叫"反抽"）。只要反抽不低于颈线，此形态依然成立。

⑩一般来说，双底的上涨幅度都较量度计算出的最少升幅大。

⑪W底的第二次上涨必须突破第一次反弹时的高点，才算完成整个形态。

4. 头肩底

这一形态的基本特征为：股价下跌，成交量相对增加，开始形成"左肩"形态；从左肩开始成交量较小的次级上升，逐渐形成反弹的第一高点；随后股价下跌并跌破第一次下跌的最低点，成交量伴随下跌而增加，较"左肩"反弹时的成交量大，"头部"随之形成，这也是该底部形态的最低点；从"头部"最低点开始第二次反弹，成交量增加，当股价反弹接近第一次反弹的高点时第三次回落，成交量明显小于"左肩"和"头部"，股价在跌至接近左肩时跌势已尽，形成"右肩"；以右肩出发，策动最后一次较大的升势，伴随成交量大增，突破两个阻力位，整个形态宣告结束（图8—11）。

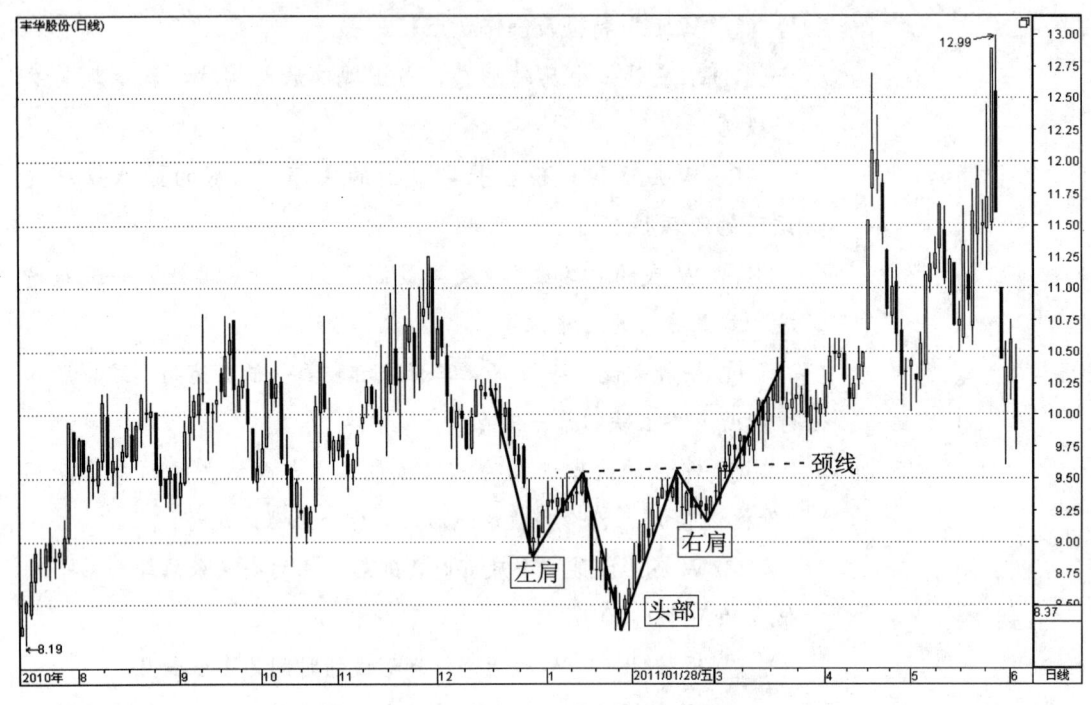

图8—11 丰华股份（600615）头肩底示意图

【"头肩底"特征及操作要点】

① 股价从头肩底的右肩上涨，一旦突破颈线（形态最高点的阻力位），真正的买点出现。尽管股价与最低点比较，已上升一段，但升势才刚刚开始，应考虑建仓跟进。

② 股价突破颈线后上涨的最小幅度：头部与颈线的垂直距离，从右肩突破颈线的那一点开始，向上量出同样的垂直高度，即是该股突破形态后上涨的最小幅度。

③ 股价突破颈线时，必须伴随成交量的增大，否则很可能是一次假突破。如果在突破后成交量逐渐增加，此形态也可确认。

④ 一般来说，头肩底形态需要较长时间（至少3～4个月）完成。

⑤ 突破颈线后，可能有暂时的回跌，回跌不应低于颈线。如果回跌低于颈线或是无法突破颈线，则不符合头肩底形态。

⑥ 头肩底是极具预测价值的形态，一旦获得确认，升幅会大于量度的最小涨幅。

5. 三重底

这一形态可视为"头部低于左右肩不多"的头肩底形态。三重底形成的过程是：股价下跌一段时间后形成"低点1"，部分胆大的股民逢低吸纳，一些高抛低吸的股民也部分回补，股价因此出现第一次反弹；当行至某阻力位时，前期的短线投机者及解套者开始卖出股票，股价随之回挡；当股价跌至上个低点附近时（三重底形态的几个低点不能相差太大，否则便为头肩底形态），遭遇相同的支撑，形成"低点2"；一些短线股民开始回补，市场的卖盘压力不大，股价得以第二次反弹；当反弹至上次阻力位时，已获利者纷纷抛出股票，股价重新回落形成"低点3"；得到支撑后，开始第三次反弹，此次反弹行情买盘活跃，愈来愈多的股民跟进买入，股价放量突破前两次反弹的高点（颈线），三重底走势正式确立（图8-12）。

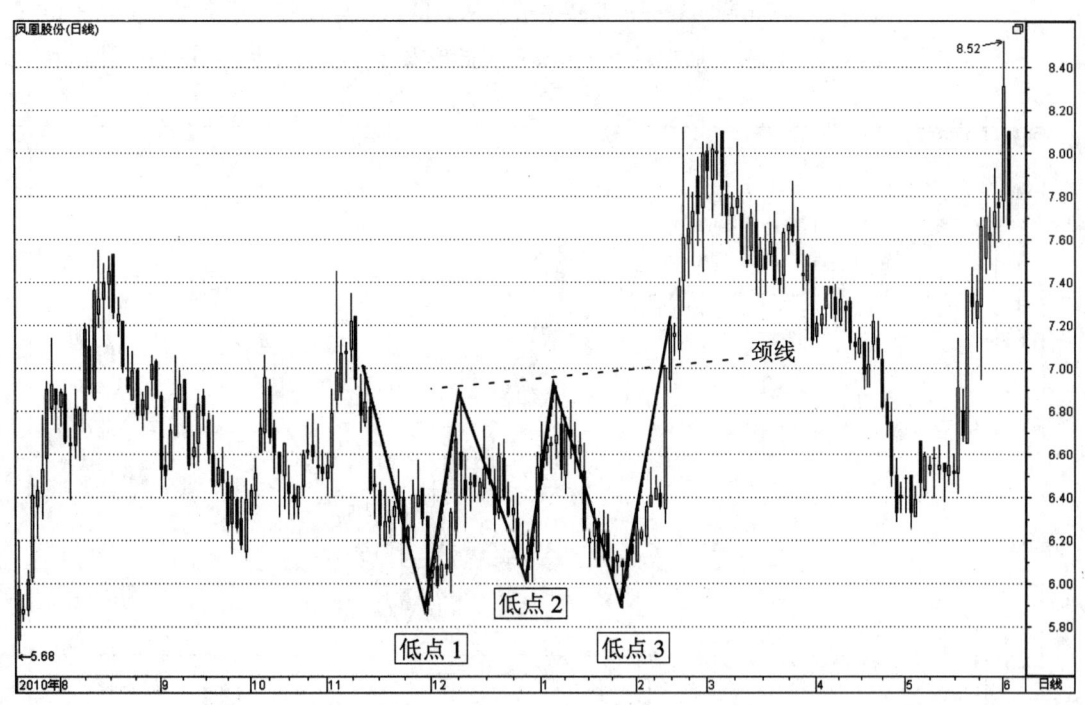

图8-12 凤凰股份（600716）三重底示意图

【"三重底"特征及操作要点】

① 三重底不同低点的间隔距离，在时间上不必相等。三重底的反弹高点不一定在相同价位上形成。

② 三重底的三个低点价格不必相等，价格相差3%以内属于正常。

③ 三重底在第三个低点上升时，成交量大增，显示股价具有突破颈线的趋势。

④ 三重底的最小涨幅是形态最低点与颈线的垂直距离。底部与颈线距离愈大，上升的空间越大，上升的力度也愈强。

6. V形底

这一形态的基本特征为：以V形的左上方作为下跌的开始，跌势十分陡峭迅猛，且持续很长时间；待到跌至V形底部时卖气已竭、买气更胜，一般来说形成V形最低点的时间只有两三个交易日，成交量在此期间暴涨；紧接着股价从最低点强势反弹，成交量猛增，一口气突破V形底左上方的高点，此形态宣告形成（图8—13）。

图8—13　新纶科技（002341）V形底示意图

V形底形成的过程是：起初市场上空头力量强大，股价持续地以陡峭之势大幅回落；当这股空头力量消失后，多头完全控制了整个市场，使股价出现戏剧性的强势回升，几乎以下跌时同样的姿态收复所有失地，在图形上形成酷似字母"V"字的移动轨迹。V形底在上升或下跌阶段出现的短暂横盘是由于部分股民对此形态没有信心、持仓观望所致，当这股力量被消化后，股价得以继续强力反转，完成整个形态。

【"V形底"特征及操作要点】

① V形底是一个强力反转的底部形态，显示过去的下跌趋势已被完全逆转过来。

② V形底在最低点必须有明显的成交量配合，才能在图形上形成V字。

③ 股价在突破V形右上方的顶部时，必须有大成交量的配合；在跌至V形底部时，成交量不必增加。

④ "伸延V形"是V形底走势的变形。在V形底的每个走势区间，上升或下跌阶段都会有所变形，股价可能有一部分横盘发展的成交区域。打破这一横盘区域，才能完成整个形态。

7. 岛形底

这一形态的基本特征是：股价持续下跌中，某日忽然呈现"缺口式下跌"（大幅跳空低开），随后股价跌至水平低位徘徊；很快价格又发生"缺口式上涨"（大幅跳空高开），左右两缺口大致处于同一价格区间，这种低价区域的买卖博弈在图形上形成岛屿的样子，两边的缺口令这个"小岛"孤立在股海中（图8-14）。

岛形底形成的过程是：股价持续下跌，使原先想卖出股票的股民无法在预期价价位卖出；持续的下跌令他们不计成本地割肉，终于形成一个"下跌缺口"；股价并没有因为这种暴跌而继续下行，而是在低点获得有力支撑；经过短时间盘整后，股价无法在低位徘徊，形成"上涨缺口"。

【"岛形底"特征及操作要点】

① 岛形底经常在长期或中期趋势的底部出现，若下跌时出现这一形态，可视为买入信号。

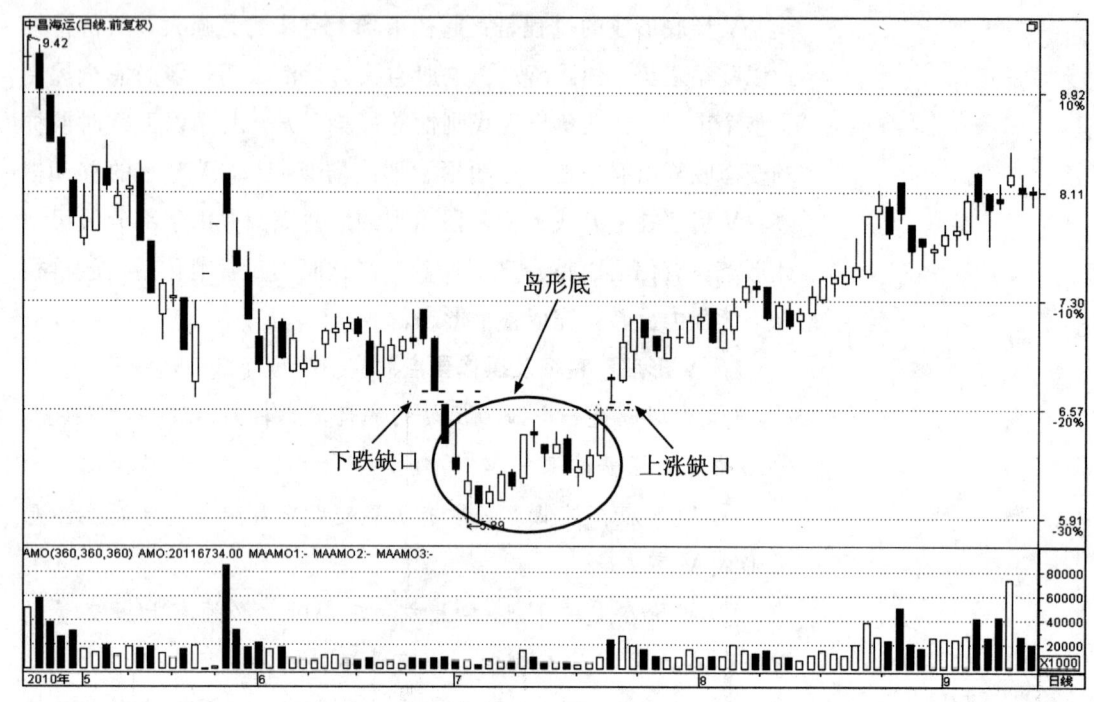

图 8—14　中昌海运（600242）岛形底示意图

②岛形底出现之前的下跌缺口为"消耗性缺口"，在上涨中出现的缺口为"突破性缺口"。岛形底一般以消耗性缺口开始，以突破性缺口结束。

③岛形底的两个缺口出现的间隔，最短为1个交易日，最长为几天、几个星期。

④岛形底形成期间，成交量通常很大。

七、识别八种顶部形态：确定出货逃顶的最后机会

1. 潜伏顶

这一形态的基本特征是：股价在相对高位的狭窄价格区间里横向移动，每日股价的波动幅度极小，成交量稀疏，图形上看是一条高位运行的直线。经过一段时间的高位潜伏后，股价和成交量几乎同时摆脱按兵不动的闷局，大幅向下滑落（图8—15）。

图8—15 合肥三洋（600983）潜伏顶示意图

潜伏顶形成的过程是：短线投机者在股市下跌初期早已止损出局，剩下的多是心存幻想的股民看好这只股票，股价在这些股民的心态作用下，在一个狭窄的区域里龟步移动，既无上升的明显趋势，也无下跌的强烈迹象。最后，该股突然出现不寻常的大量成交，伴随着股价大幅下跌，股票基本面恶化的消息被证实，大跌不可阻止。

【"潜伏顶"特征及操作要点】

① 潜伏顶大多是股价高位下跌的中间状态，多潜伏在热门股、高价区，呈明显"一"字形走势，潜伏时间不长。

② 只要成交量无明显变化，潜伏顶就将继续存在。

③ 潜伏顶的风险较大，新股民不宜停留。

2. 圆形顶

这一形态的基本特征是：股价不断升高的过程中，新高点无法大幅攀升就短暂回落，反弹总是高于之前的高点，趋势缓慢上行。若将这一阶段的高点连起来，酷似圆弧的顶部形态，成交量也呈圆形（图8-16）。

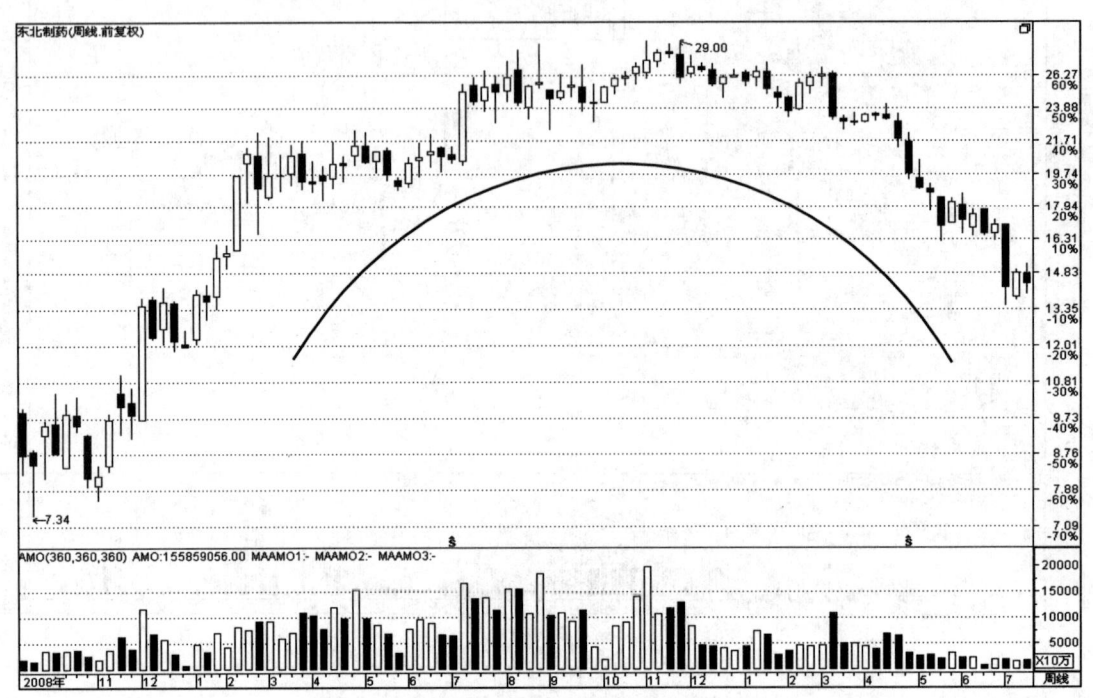

图8-16 东北制药（000597）圆形顶示意图

圆形顶形成的过程是：经过一段多头强于空头的上涨后，多头能量越来越弱，仅能维持原来的购买力，上涨变得缓和；空头能量不断增加，直至双方力量均衡，股价保持没有涨跌的相对静止状态；随后空头能量强过多头，股价回落。最后空头完全控制市场，大跌市到来。

【"圆形顶"特征及操作要点】

① 圆形顶是典型高位滞涨后形成的顶部形态。顶部K线及成交量均呈圆弧形走势，持续时间不长。

② 圆形顶头部形成后，股价有时不会马上下跌，而是形成盘整区间，此区间称为"碗柄"。一般来说，碗柄形态很快会被打破，股价沿着预期的下跌走势下行。

③ 圆形顶是大跌市来临的标志，长线股民应在圆弧顶即将形成时跑掉，短线操作者在圆形顶完全形成后仍可谨慎操作。

3. M头（双头）

M头也称"双重顶"、"M走势"，这一形态的基本特征是：股价上升到某一阻力位，涌现大量卖盘，股价随之下跌，成交量相应减少；随后股价在支撑位反弹，涨至与上一高位几乎持平的高点，由于无法突破，出现第二次下跌，突破上一次的支撑位向下急跌。此形态股价的移动轨迹酷似字母"M"因而得名（图8-17）。

图 8-17 海宁皮城（002344）M头示意图

M头形成的过程是：股价持续上涨带来较大利润空间，在某一阻力位做短期整理，多数股民觉得可以平仓兑现，行情陡然下跌；当股价回挡至某一支撑位，短线股民开始买入，早先卖出获利的股民也想买入补回，行情因而反弹；对该股信心不足的股民马上在行情反弹时出货，小幅获利回补的股民也跟着卖出，强大的空头压力令股价在第一次下落的支撑位附近再次下跌。由于两次反弹都受阻而回，多数股民预感该股短期内无法继续上涨，股价于是跌破上次回落的支撑位,整个 M 头形态形成。

【"M 头"特征及操作要点】

① M 头意味股价升势已终结,该形态最高点就是该股的阶段性顶部。

② 股价跌破 M 头的颈线(形态最低点的支撑位)是可靠的出货信号。股价必须向下跌破颈线,M 顶形态才算完成。

③ M 头的两个最高点不一定处于同一价位,差价在 3% 以内是正常的。通常来说,第一个头比第二个头高。

④ M 头最小跌幅的量度方法:由颈线开始计算,至少下跌双头最高点至颈线的距离。

⑤ 第一个头部形成后,回挡的低点约是头部跌幅的 10%～20%。

⑥ M 头的两个高点(或两个低点)形成的时间,一般为一个多月。

⑦ M 头的两个高点形成时都以明显的高成交量为标志。第二个头部成交量比第一个头部显著减少,反映市场购买力已减弱。

⑧ 一般来说,双头的跌幅都比量度的最小跌幅大。

4. 头肩顶

这一形态的基本特征是:股价持续上涨、成交量放大,任何价位买入都有利可图,形成"左肩"的小高点;之后获利盘开始回吐,股价短暂回挡,此时成交量有显著减小;股价在支撑位短暂停留后强力反弹,这一阶段成交量较左肩下跌时明显减少;股价创下最高点后形成"头部",紧接着第二次回踩,形成第二低点,第二低点通常低于第一低点;在第二次反弹的过程中,市场情绪普遍看空,成交量较"左肩"、"头部"减少,无法触及头部,形成"右肩"高点;股价从右肩下跌,跌破前两个低点,突破颈线幅度一旦超过 3%,头肩顶形态宣告完成(图 8—18)。

头肩顶形成的过程是:多头不断推动股价上涨,市场情绪普遍高涨,成交量大涨,形成"左肩";经过一次短暂回落调整后,错过之前涨势的人趁机买进,推动股价第二次上涨,越过左肩,进入"头部";表面上看行情依然乐观,不过成交量显示行情大不如前,多头变弱;头部行情中,那些对该股前景没有信心、错过上次高点的股民纷纷卖出,股价再次回挡;第二次反弹时股价无力超越头部,形成"右肩",成交量随后进一步萎缩,股民们不约而同地一致看空后市,股价跌破颈线后一路下行。

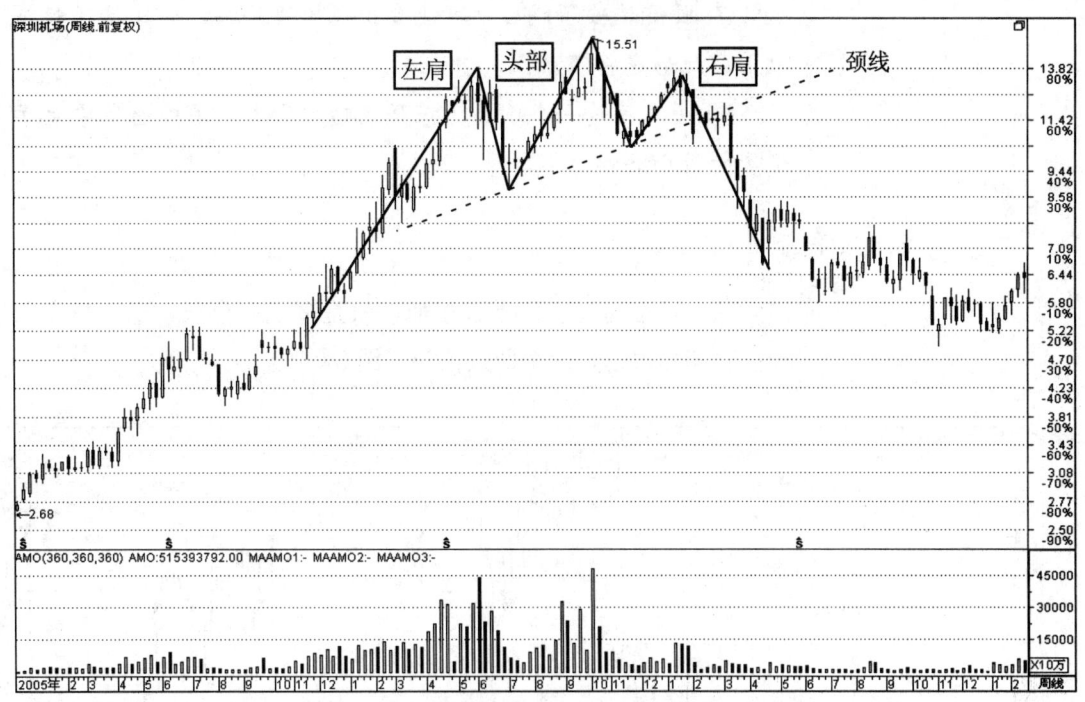

图8—18 深圳机场(000089)头肩顶示意图

【"头肩顶"特征及操作要点】

①头肩顶是长期趋势的反转形态,通常会在牛市末期出现。

②当第三高点(右肩)成交量较"头部"低时,头肩顶出现的可能性为八成。

③当股价反弹至右肩时,价格无法突破头部,成交量持续下降,此时是平仓的最佳机会。

④跌破颈线后,最小跌幅的量度方法是:头部与颈线的垂

直距离，此差价就是该股下跌的最小幅度。

⑤ 一般来说，头肩顶形态中左肩和右肩的高点大致相等，部分情况右肩较左肩低一些。如果右肩比头部还要高，此形态便不能成立。

⑥ 成交量方面，通常左肩最大，头部次之，右肩最小。但有些头肩顶形态，左肩成交量与头部成交量大致相等，有些则左肩成交量小于头部成交量。

⑦ 股价跌破颈线后，可能会出现短暂反抽，如反抽在颈线以上，此形态将不成立。

⑧ 头肩顶是一个杀伤力很强的顶部形态，跌幅通常要大于量度的最小跌幅。

5. 三重顶

这一形态与头肩顶十分相似，只是多了一个顶，三个高点图形上看相隔很远，两个低点很深（图8—19）。

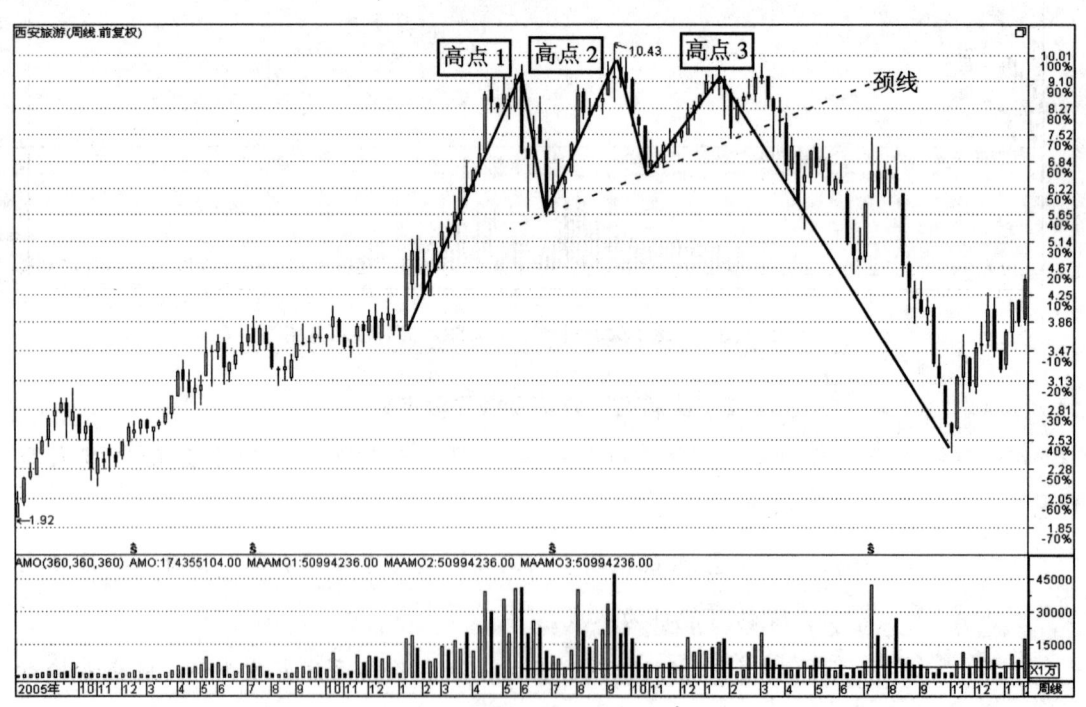

图8—19 西安旅游（000610）三重顶示意图

三重顶形成的过程是：股价上涨一段后获利回吐，股价从第一个高位回落，跌至某一区域时吸引部分看好后市的股民买入，之前在高位卖出的股民也想逢低回补，行情于是反弹回涨。市场买气不旺，反弹至第二高点，一些减仓的抛售令股价第二次走低；这次走低突破了上一次回挡的低点；第一个低点买入的股民及短线股民将买盘重新拉起，开始第三次反弹。由于前两次高点都受阻而回，多数股民在股价形成第三个高点时纷纷减仓，股价第三次下跌。这次下跌在接近两前个低点时未能继续反弹，短线股民纷纷离场，愈来愈多的股民意识到该股大势已去，股价头也不回地跌破颈线，三重顶形态宣告完成。

【"三重顶"特征及操作要点】

① 三重顶形态中，顶部与顶部的间隔时间不必相等，两个低点不一定在同一价格形成。无论是顶部还是底部，价格相差3‰以内属于正常。

② 三重顶的第三个顶成交量非常小，是下跌的预兆。

③ 两次反弹周期，成交量通常一次比一次少。

6. 倒V形顶

这一形态的基本特征是：股份在倒V形顶左边低点以陡峭的走势在极短时间内飙升，涨至顶部时买气已竭、卖气更胜。倒V形顶的顶部十分尖锐，形成时间仅仅两三个交易日，成交量在此高点明显增多，紧接着股价又以陡峭的走势在极短时间内从高点跌落，情形相当恐怖，直到跌破倒V形右下方的最低点，此形态宣告成立（图8-20）。

倒V形顶形成的过程是：买方力量强大，令股价持续强有力上涨突破，当这股买入力量消失后，空头力量完全控制市场，使股价出现戏剧性的强势下跌，几乎以上涨时的速度收复所有失地，图形上形成"倒V字形"的移动轨迹。倒V形走势在上涨或下跌阶段，会出现短暂的横盘，这是由于部分股民对此形态没有信心、持仓观望。当这股力量被彻底消化后，股价继续强力反转。

【"倒V形顶"特征及操作要点】

① 倒V形顶是一个强力反转的顶部形态，显示过去的上

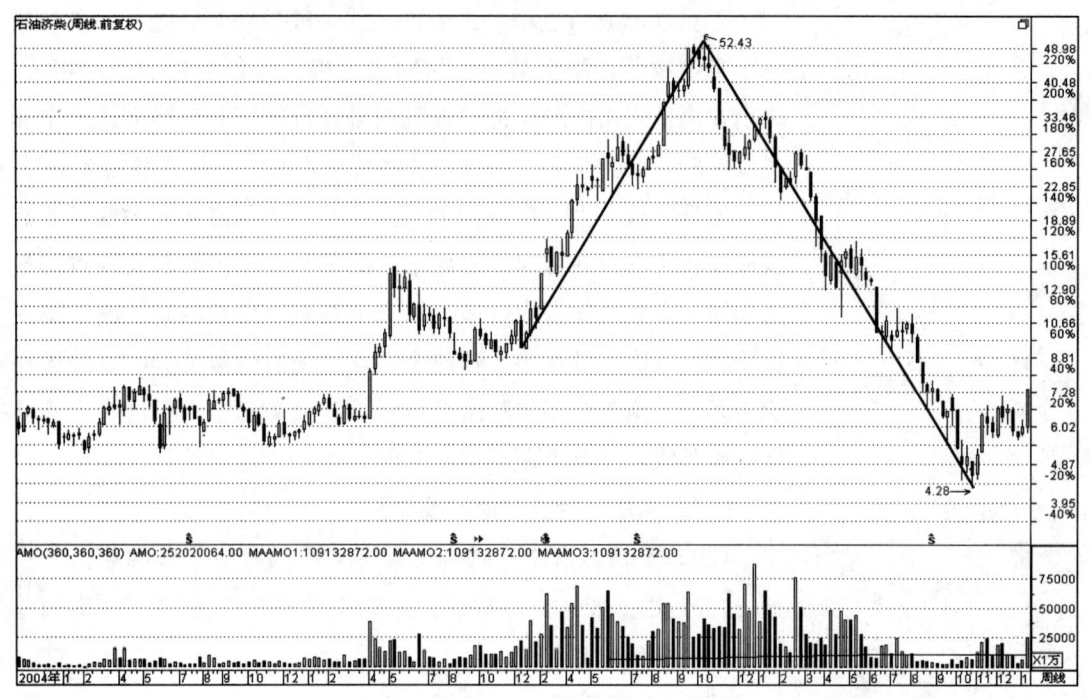

图 8—20 石油济柴（000617）倒 V 形顶示意图

涨趋势已被逆转过来。

②倒 V 形顶在最高点时必须有明显的成交量缩减，才能在之后形成倒 V 形。

③股价在跌破倒 V 形的盘整底部时，必须有卖量的配合。

④"伸延倒 V 形"是倒 V 形顶走势的变形，在倒 V 形底的每个走势区间，股价都可能横盘。打破这一盘整区，股价才能以大跌完成整个形态。

7. 岛形顶

这一形态的基本特征是：股价处于持续上涨行情，某日忽然出现"上升缺口"，很快又出现"下降缺口"，左右两缺口大致在同一价格区间，这种高价区的多空博弈在图形上酷似岛屿状，两边的缺口使"岛屿"孤立在高价区，随后股价跌破第一次上涨的支撑位，形态宣告完成（图 8—21）。

岛形顶形成的过程是：股价持续上涨，使原先想买入的股民无法在预期价位买入，持续的上涨令他们忍不住高位建仓，形成

图8-21 霞客环保（002015）岛形顶示意图

一个"上升缺口"，但股价没有因为这种利好缺口而继续上行，反而在遭遇高位阻力后经过短时间盘整，转而形成"下降缺口"，此后股价一跌千里。

【"岛形顶"特征及操作要点】

① 岛形顶经常出现在长期或中期上涨趋势的顶部，是明确的卖出信号。

② 岛形顶出现之前的上涨缺口为"突破性缺口"，在下跌中出现的缺口为"消耗性缺口"。

③ 岛形顶的两个缺口出现的间隔，最短为1个交易日，最长为几天、几个星期。

④ 岛形顶形成期间，成交量通常较大。

8. 喇叭顶

这一形态的基本特征是：股价经过一段上涨后反转下跌，之后接连完成两次涨跌，每次上涨的高点均高于上次高点，下跌的低点均低于上一次的低点，形态上呈现上下扩大的趋势，若将走势中的三个高点和三个低点连起来，酷似一个向右倾斜的不规则的喇叭形，因而得名（图8-22）。

图8-22　华星化工（002018）喇叭顶示意图

喇叭顶的形成过程显示出股民的不理性：见股价上涨就疯狂建仓，但持股信心不足；见股价下跌又盲目抛售，又想趁机买入。这种冲动和不理性的操作，使得股价不正常的大起大落：上涨时，高点较上一个高点高；下跌时，低点却较上一个低点低。如此不规则的走势，反映出股民不稳定的买卖情绪。

【"喇叭顶"特征及操作要点】

① 喇叭顶通常出现在长期上涨的末期，显示市场已缺乏理性和失去控制，股民普遍受市场投机风气或传言的影响。

② 喇叭顶是大熊市来临前的预兆，形态上没有明确的下跌时间，一旦股价跌破第一支撑点，应当马上平仓。

③ 标准的喇叭顶有三个高点、两个低点：三个高点一个比一个高，两个低点一个比一个低；当股价从第三个高点回跌时，回挡的低点如果比第二个低点低，此形态即告成立。

④ 与头肩顶一样，喇叭形属于"五点转向"形态。一个较平缓的喇叭形可视为一个右肩较高、下倾的头肩顶走势。

⑤ 喇叭顶没有最少跌幅的量度公式，一般来说跌幅巨大。

⑥ 喇叭顶在形成的过程中，保持着较高且不规则的成交量。

八、识别五种整理形态：波段操作的适宜区间

相对于较为明显的顶部形态和底部形态，整理形态的规律很不明显：股价一般会在高中低的不同价格区间盘整，时机成熟后可随时向高位或低位突破。究竟是向上还是向下，需要股民仔细观察和分析。这里介绍几种常见的盘整形态，帮助大家在技术面进行研判。

1. 箱体（矩形）整理

这一形态的基本特征是：股价在两条水平价格区间做一系列不规则变动，继而形成箱体形态。股价在箱体范围内进行整理，价格上升到某一阻力位掉头回落，很快又在支撑位获得买气支持，反弹至上次阻力位时再次跌落回上次撑位点……股价就像弹力球一样在两条无形的平行价格线之间跳来跳去，直到获得足够的动能，突破其中的一条平行价位，持续上涨或者下跌，这就是"箱体（矩形）整理形态"（图8—23）。

箱体整理形态显示：多空双方的力量在此区间达到均衡状态，谁也占不了谁的便宜。后市看好的一方认为箱体的最低价是理想的买入点，看空的一方对后市没有信心，认为股价难以突破箱体的最高价，应在反弹至该价位时卖出。

箱体整理形态是由于股民对后市看法不一而形成的：股价反弹时，对后市缺乏信心的股民退出；股价回挡时，一批看好后市的股民跟进。双方实力相当，因而股价一直在此区间波动。

【"箱体整理"特征及操作要点】

① 一般来说，箱体整理形态在牛市、熊市和平衡市都有可

图8—23 轴研科技（002046）箱体整理示意图

能出现。

②长而窄且成交量较小的箱体，通常在底部区域出现，延续时间较长。而在中价区出现的箱体形态，延续时间较短。

③箱体形成的过程中，除非有突发性利好或利空消息，成交量一般是不断减少的。若有不规则的高成交量出现，意味着此形态可能不成立。

④当股价突破箱体上限时，必须有大笔成交量的配合。跌破箱体下限时，则无需高成交量。

⑤箱体整理形态被打破后，股价经常反抽，这种情形通常在箱体形态突破后的3～20天。反抽在箱体阻力线得到支撑，下跌时将受阻于箱体支撑线。

⑥一个长宽较大的箱体比长宽较小的箱体更稳定。

2. 对称三角形整理

这一形态的基本特征是：股价波段变动幅度逐渐缩小，这一次的最高价低于上一次的最高价。这一次的最低价高于上一次的最低价。如果将此区间的最高点与最低点分别拉两条直线，图形上呈现出向右倾斜且逐渐相交的三角形，形态上限为依次向下递减的最高价，形态下限为依次向上递增的最高价。直到股价突破既定规律，此对称三角形形态告一段落（图8—24）。

"对称三角形"的整理形态显示：多空双方的力量在此区域内势均力敌，暂时达到平衡。股价从第一个短期性高点回落，但很快被多头消化；反弹后众多股民并未对后市充满信心，股价未能回涨至上一次的高点便再次下跌；下跌过程中持仓者不愿低价贱卖，对后市前景仍存希望，导致股价回落不大，未跌至上一次的低点。多空双方的观望，使得股价波动日渐缩窄，形成此形态。

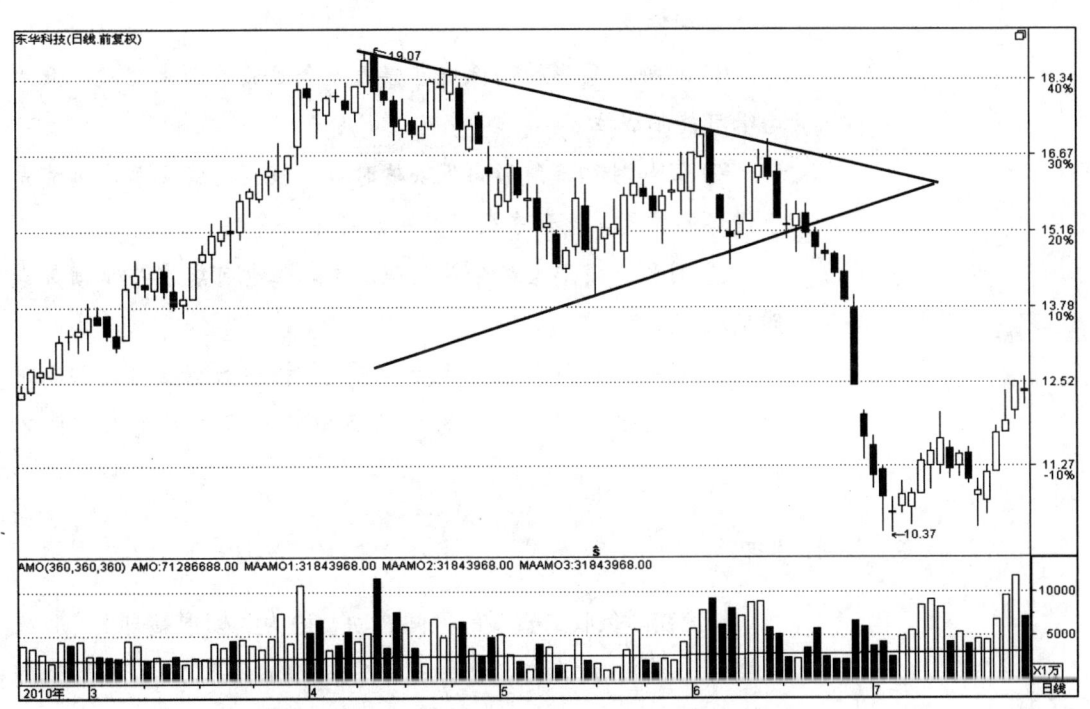

图8—24　东华科技（002140）对称三角形整理示意图

【"对称三角形整理"特征及操作要点】

①对称三角形形态未被突破，就会继续原来的趋势移动，只有在股价有明显选择性突破后，才可采取相应的买卖行动。

② 中继形态的对称三角形，如果股价向上冲破阻力位（必须有大成交量的配合），即是短期的买入信号；如果股价向下跌破支撑位（低成交量的配合），即是短期的卖出信号。

③ 对称三角形最小涨幅或跌幅：指形态的第一高点与第一低点之间的距离。股价若突破形态向上，至少会上涨这段距离才会遭遇阻力；股价若突破形态向下，至少会下跌这段距离才会遇到支撑。

④ 中继形态的对称三角形，成交量不断减少，反映出多空力量对后市犹豫不决的观望态度。当股价突然跳出三角形，成交量随之变大。

⑤ 中继形态的对称三角形，必须有明显的两个短期高点和两个短期低点。

⑥ 对称三角形的高低价愈接近重合且股价尚未突破，此形态很可能不成立。

⑦ 假如对称三角形向下跌破时伴随较大的成交量，可能是个错误的信号，此形态向下突破后并不会急跌。

⑧ 对称三角形大部分是整理形态，但也可能在牛市顶部或熊市底部出现。

⑨ 对称三角形形态突破后，可能会出现短暂反抽，若向下的反抽低过阻力线、向上的反抽高出支撑线，形态很可能不成立。

3. 楔形整理

股价在两条收敛直线的区间波动，称为"楔形整理"（形状像楔子一样）。此形态与对称三角线整理的区别在于：楔形整理的两条界线明显向上或向下倾斜，成交量也像楔形一样向窄口方向递减。楔型整理分为"上升楔形"和"下降楔形"，每一种楔形都要有上升或下降两种趋势（图8－25）。实例见图8－26至图8－29。

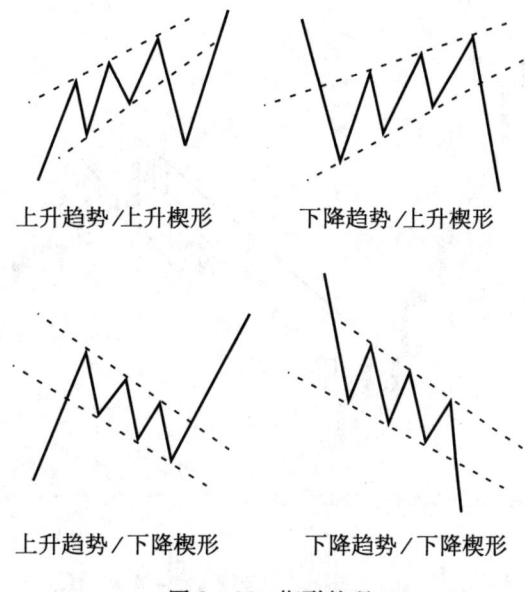

图8—25 楔形整理

图8—26 海越股份（600387）上升趋势/上升楔形示意图

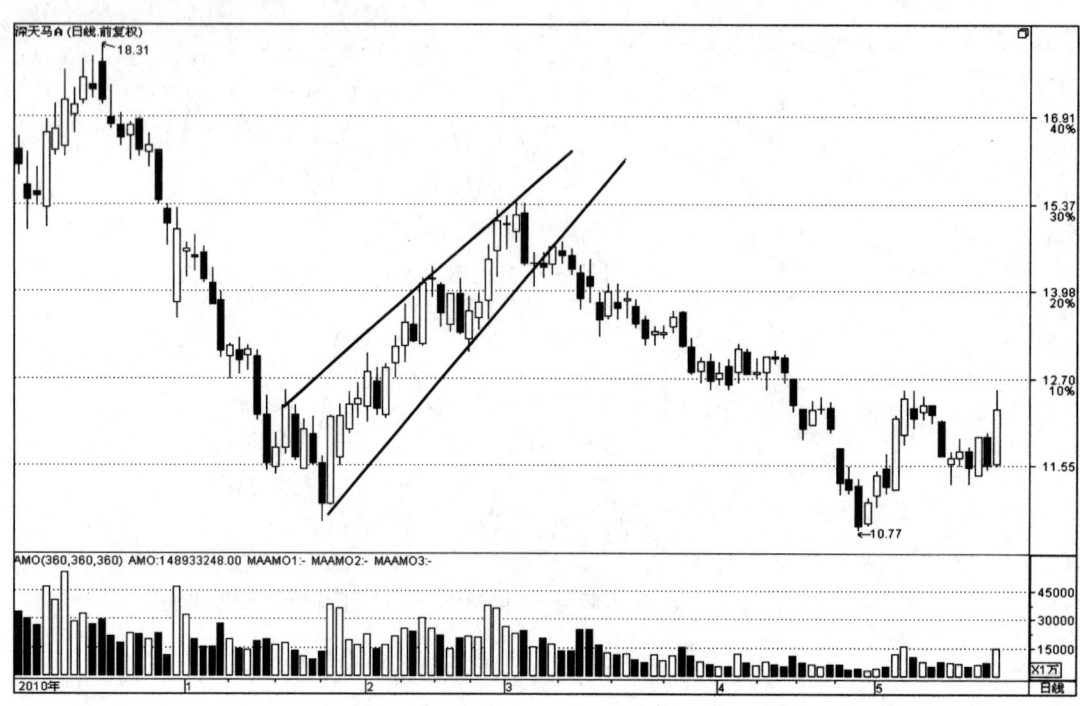

图 8—27 深天马 A（000050）下降趋势/上升楔形示意图

图 8—28 如意集团（000626）上升趋势/下降楔形示意图

图8—29 国投电力（600886）下降趋势/下降楔形示意图

上升趋势/上升楔形：股价在一次上升后回挡，回落点较上一次的低点高；紧接着又反弹到比上次高点略高的位置，然后再次回落到比上次低点略高的位置。就这样后浪总比前浪高一点。股价在此趋势下很快见顶，突破形态后随即大跌。

下降趋势/上升楔形：以下跌作为开端，股价呈楔形向上攀升，高点不断创新高，低点不断高出前一低点，最后股价反弹无力，以突破形态后的大跌结束走势。

上升趋势/下降楔形：股价在一波强势的上涨行情后回挡，股价落在前一高点的不远处，接着小幅反弹到比前一高点略低的位置，后浪总比前浪低一点，最后多头在盘整后积累了能量，股价突破形态后大涨。

下降趋势/下降楔形：以大跌作为开端，股价呈楔形向下走势，高点不断创新低，低点不断创新低，最后空头积累卖量，以大跌结束形态。

【**"楔形整理形态"特征及操作要点**】

① 上升楔形是常见的整理形态，熊市的反弹阶段时常出

现，显示股价见底，属于熊市大跌后的技术性反弹。上升楔形的下限跌破后，是卖出信号。

② 上升楔形的下跌幅度，至少将形态所涨部分全部跌掉，甚至跌得更多。

③ 下降楔形是常见的中继整理形态，多在中长期牛市的回挡阶段出现。牛市中如出现下降楔形，提醒股民升市尚未见顶，应及时跟进买入。

④ 楔形整理中，由依次的高点和低点拉出的两条线，必须有明显收敛的走势，如果形态越走越宽，很可能就不成立。一般来说，一个楔形整理需要两个星期以上的时间走完。

⑤ 熊市中出现的上升楔形，绝大多数都是向下跌破，反转的可能性很小。特殊情况下，熊市的楔形可能转而形成上升通道，宜转变思路及时买入。若牛市中的下降楔形不升反跌，跌破下限，形态很可能被打破，转而形成下降通道，宜转变思路及时卖出。

⑥ 下降楔形与上升楔形的区别是：上升楔形在跌破支撑后，经常会急跌；下降楔形在突破阻力后，可能会横盘发展，成交量依然很小。下降楔形若出现这种情况，可待股价打破闷局后考虑跟进。

⑦ 两种楔形形态，都是越接近窄口处成交量越小。

4. 旗形整理

顾名思义，旗形整理就是整理形态看上去像一面挂在旗杆顶上的小旗。此形态通常在急速波动的市场行情中出现，股价经过一连串紧密的短期波动后，形成一个与原来趋势呈反方向倾斜的长方形或三角形（图8—30）。实例见图8—31至图8—34。

上升下飘旗形：如图8—31，美尔雅（600107）股价经过陡峭的飙升后，在一个狭窄的区间略向下倾斜的走势，将此密集波动区间的高点和低点连起来，可划出两条平行向下倾斜的直线，此区间称为"下飘旗面"。股价从下飘旗面中突破高位，一路飙升，延续牛市的升浪。

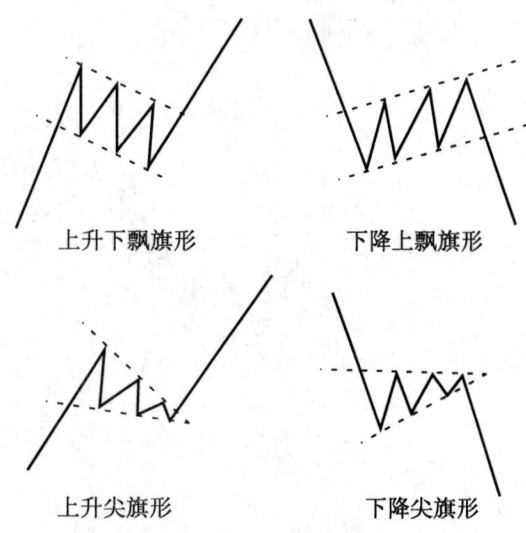

图 8-30 旗形整理

上升尖旗形：如图 8-32，龙星化工（002442）走势与上升下飘旗形大同小异，旗面区域略呈三角形。

下降上飘旗形：如图 8-33，高新兴（300098）股价经过陡峭的大跌后，在一个狭窄的区间进行略向上倾斜的走势，将此密集波动区间的高点和低点连起来，可划出两条平行向上倾斜的直线，此区间称为"上飘旗面"。股价在上飘旗面中无力向前，行情反转后延续熊市的下跌。

下降尖旗形：如图 8-34，众和股份（002070）与下降上飘旗形的走势大同小异，只不过旗面区域略呈三角形。

旗型整理经常出现于急速的上升或下降行情中。在急速的直线上涨中，成交量逐渐增加，达到短期的最高值，早先持股者获利卖出，股价开始小幅下跌；大部分股民对后市依然充满信心，股价回落速度不快、幅度较轻、成交量减小，市场中空头力量回落；经过一段旗形整理后，到了形态末期股价重新飙升，成交量增大，又像形成旗形时的移动速度急速上涨，完成上升旗形。

在急速的直线下跌行情中，成交量增加，遇到支撑后开始反弹；经过一段旗形整理，到了形态末期股价像形成旗形时的速度急速下跌，完成下降旗形。

图 8-31　美尔雅（600107）上升下飘旗形示意图

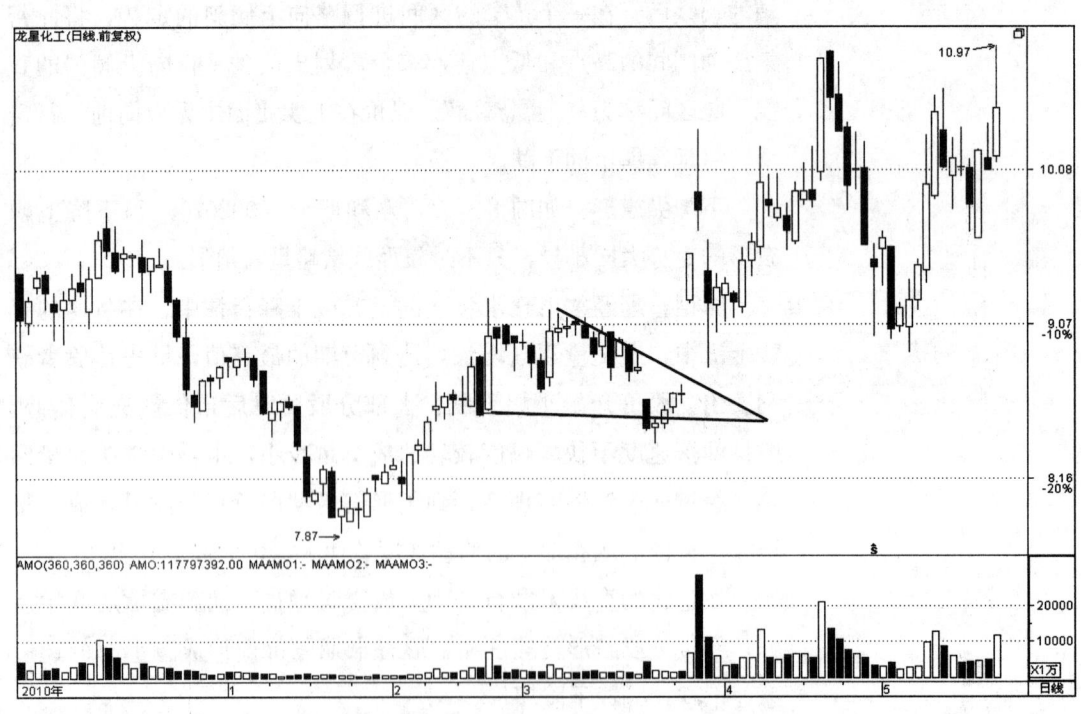

图 8-32　龙星化工（002442）上升尖旗形示意图

图8—33 高新兴（300098）下降上飘旗形示意图

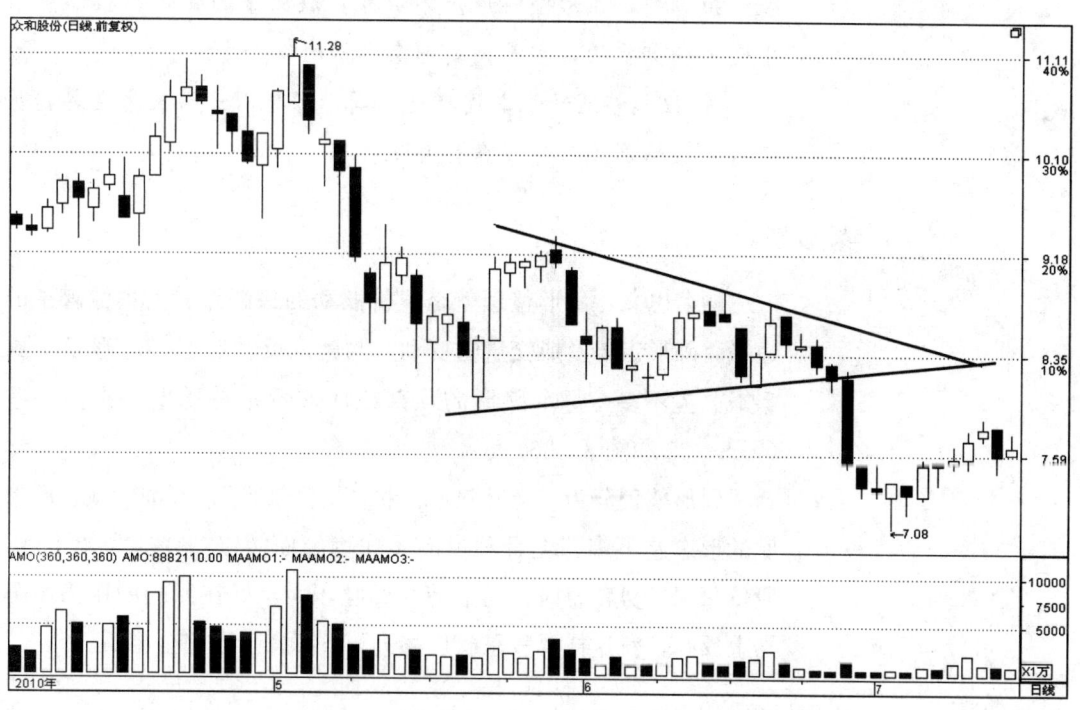

图8—34 众和股份（002070）下降尖旗形示意图

【"旗形整理形态"特征及操作要点】

① 旗形是典型的整理形态，形态完成后股价将继续原趋势的方向移动，上升旗形将向上突破，下降旗形将向下跌破。

② 上升旗形通常在牛市第 5 浪出现，暗示牛市已进入尾声阶段。下降旗形多在熊市第 1 浪出现，旗形细小，可能在三四个交易日走完，暗示股价可能继续下跌。下降旗形若在熊市第 3 浪出现，走完需较长时间，形态跌破后只做有限度的下跌。

③ 旗形形态量度出的最小涨幅或跌幅是整支旗杆的垂直长度。

④ 在旗形整理过程中，成交量是显著递减的。

⑤ 旗形形态必须是在急速的上涨或下跌后出现。

⑥ 当上升旗形向上突破时，必须有大成交量配合；当下降旗形向下跌破时，也应有大成交量。

⑦ 若股价走势形成旗形但成交量不规则，接下来形态将很快反转，而不是整理；即上升旗形向下跌破，下降旗形向上突破。换言之，旗形整理形态不成立。成交量的变化在旗形整理中是十分重要的，它是判断形态真伪的唯一方法。

⑧ 旗形整理的基本周期是四周，若超出三周未向指定趋势运行，应特别小心，注意其变化。

5．碟形整理

顾名思义，碟形整理就是股价波动的最高点看上去像碟子的边缘。碟形走势及成交量的变动，与圆形反转形态（圆形顶、圆形底）差不多，每个碟形的顶部或底部价格总比上一次高一些（图 8—35 和图 8—36）。

碟形整理分为"上升碟形"和"下降蝶形"，与圆形顶、圆形底的形态差不多。上升碟形的步伐稳健而缓慢，并非大幅上涨，股价每当升势转急时，马上遭受回吐压力，好在回吐的压力不强马上反弹，就这样反复呈碟形移升。下降碟形则完全相反。

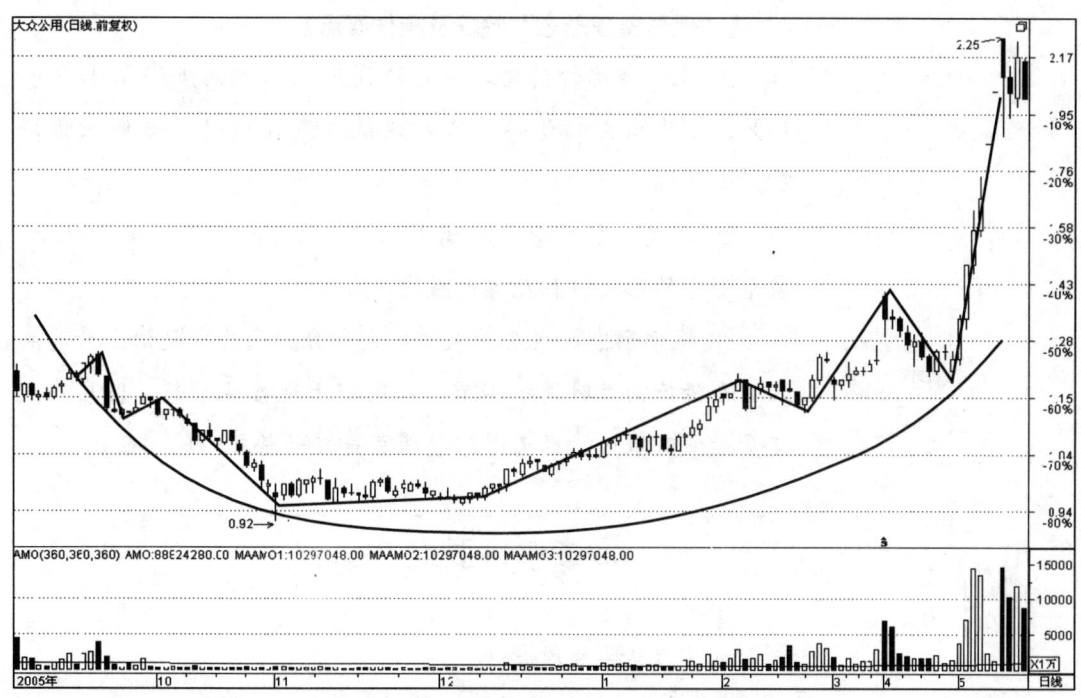

图 8—35 大众公用（600635）上升碟形示意图

图 8—36 江南红箭（000519）下降碟形示意图

【"碟形整理形态"特征及操作要点】

① 上升碟形的价格，从左边高点至右边高点递增10%～15%；下降碟形的价格，从右边低点到左边的低点依次递降20%～30%。

② 形成一个碟形大概需要5～7周时间，不可少于3周，整个形态的形成过程稳定而缓慢。

③ 碟形形态的成交量表明：大部分股民都在股价上升时买入，在股价回落时畏缩不前。在图形上观察此形态，理应在成交量最低时跟进，因为碟形整理总是在升势转急时回落。

本章精讲要点

◎ 道氏理论主要告诉新股民：

① 股票价格有三种运动趋势：基本趋势、次级趋势、短期趋势。

② 假如将股市中两个连续波段的高点称为A1、A2，两个连续的低点称为B1、B2，如果A1<A2且B1<B2，此形态为"上涨"；如果A1>A2且B1>B2，此形态为"下跌"；如果A1>A2且B1<B2，或者A1<A2且B1>B2，此形态为"盘整"。

③ 在牛市里，次级趋势是中级下跌或调整行情，下跌部分为基本趋势1/3~2/3的跌幅，调整部分的回挡为10%~20%的跌幅；在熊市里，次级趋势是中级上涨或者反弹行情，反弹部分为基本趋势1/3~2/3的涨幅，调整部分的反弹为10%~20%的涨幅。

◎ 波浪理论主要告诉新股民：

① 一波牛市或熊市行情主要分为两部分：与大市走向一致的"推动浪"，可划分为五个小浪（第1浪、第2浪、第3浪、第4浪、第5浪）；大市后期的"调整浪"，分为三个小浪（a浪、b浪、c浪）。"八个波浪"走完后，一个波浪循环即告完成。

② 每一浪的升幅和跌幅，可以用黄金分割比例去计算。第二波上涨浪的高点通常是第一波上涨浪高点的1.618倍，第三波上涨浪高点又要在第二波上涨浪的高点的基础上乘以1.618。下跌浪也是如此，一般常见的回吐比率有0.236、0.382、0.5、0.618等。

◎ 牛市选股的原则：不宜以市盈率作为选股标准；牛市持股的原则：领涨股不翻番坚决不松手，不见顶不轻言调整。

◎ 熊市第三阶段和低价区平衡市，建仓成本低廉，投资回报率不错。对于长线股民，这两个阶段都是蕴含大量财富的沃土。

◎ 适宜安全建仓的重要底部形态有：

① 潜伏底。

② 圆形底。

◎ 适宜波段操作及建仓的重要底部形态有：

① W底。

② 头肩底。

③ 三重底。

◎ 操作难度较大的底部形态有：

① V形底。

② 岛形底。

◎ 适宜安全逃顶的重要顶部形态有：

① 潜伏顶。

② 圆形顶。

◎ 适宜波段操作轻仓操作的重要顶部形态有：

① M头。

② 头肩顶。

③ 三重顶。

◎ 操作难度较大的顶部形态有：

① 倒V形顶。

② 岛形顶。

◎ 实战中对股价走势有参考价值的整理形态有:
① 对称三角形整理。
② 楔形整理。
③ 旗形整理。

第9章
"买卖点指标判别术"精讲
——好用又有效的实战技术指标

- ➡ 牢记葛南维的"均线八法则"
- ➡ 均线操作一：如何利用5日均线短线获利
- ➡ 均线操作二：如何利用长短周期双均线长线获利
- ➡ 均线操作三：如何利用五根均线短线获利
- ➡ 黄金指标一：MACD指标如何使用
- ➡ 黄金指标二：KDJ指标如何使用
- ➡ 了解其他有价值的技术指标

一、牢记葛南维的"均线八法则"

均线作为最重要的技术指标之一,能够很大程度上反映价格的运行趋势,均线指示的运行趋势一旦形成,将在一段时间内继续保持。均线在盘中所对应的点位,往往是十分重要的支撑位或阻力位,这就为股民买入或者卖出股票提供了有利的参考,均线系统的价值正在于此。

图9—1 带均线的上证指数(999999)K线图

炒股软件的盘面上有许多为个股买卖提供参考的分析工具。如图9-1所示,图中有4条不同颜色的曲线,它们都叫"均线"。均线是"移动平均线"的简称,代表股价在固定时间周期内的平均价格走势,英文缩写为"MA"。图9-1中最上面一行字,注明此图为"上证指数(999999)"的日K线图,后面的"MA5:2986.96"表示图9-1对应颜色的曲线为5日平均线,即时价格为2986.96元;"MA10:2975.72"表示图9-1中对应颜色的曲线为"10日平均线",即时价格为2975.72元(此参数可根据自己的需要做调整)。

均线是一种很有效的辅助工具,可以借助一根或几根均线,对股价的走势进行大体判断。比如在买入股票时,不妨以5日平均线("5日线"、"MA5")的价格作为参考,这样无论是做短线还是中长线,都能以较稳妥的价格入市。

将鼠标点在任意一处均线上,可得到该均线的股价。若想更改均线的天数,可点右键修改。炒股软件的"普通指标"中给出了"均线1"、"均线2"等多种选项,股民们可设定不同均线,再结合K线图看盘。

美国投资专家葛南维是均线技术研究的集大成者,他创造性提出的"均线八法则",被奉为均线实战应用的关键法则(图9-2):

① 均线从下降逐渐走平且略向上方抬头,股价从均线下方向上方突破,此为买入时机。

② 股价于均线之上运行,回挡时未跌破均线,后又再度上升,此为买入时机。

③ 股价于均线之上运行,回挡时跌破均线,短期均线呈上升趋势,此为买入时机。

④ 股价位于均线以下运行,距均线很远,极有可能向均线靠近反弹,此为买入时机。

⑤ 股价于均线之上运行,连续数日大涨,离均线愈来愈远,说明近期购买股票者获利丰厚,随时都会产生获利回吐,应暂时卖出所持股票。

⑥ 均线上升后逐渐走平,股价从均线上方向下跌破均线,

说明卖压渐重，应卖出所持股票。

⑦ 股价在均线下方运行，反弹时未突破均线且均线跌势减缓，趋于水平后又出现下跌趋势，此时为卖出时机。

⑧ 股价反弹后在均线上方徘徊，均线却继续下跌，应卖出所持股票。

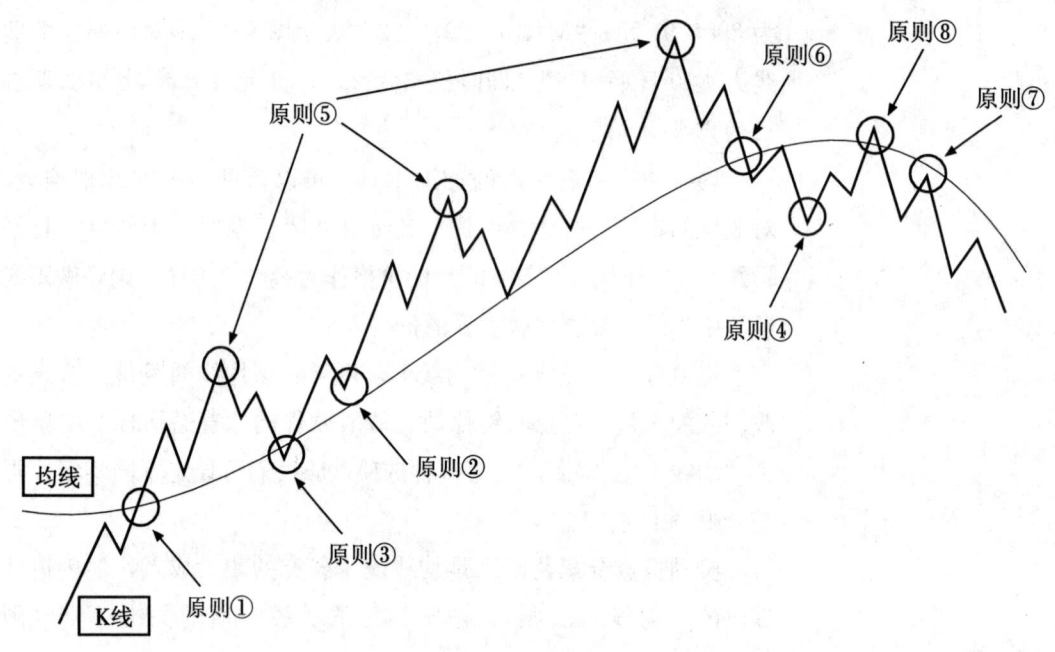

图9-2 葛南维均线八法则操作示意图

葛南维均线八法则中，四条用来研判买入时机，四条用来研判卖出时机。其中，第三条和第八条最不易掌握，运用时风险较大，未熟练掌握均线之前暂不考虑使用；第四条和第五条没有明确股价距离均线多远才是买卖时机，这个问题可参照盘中的"乖离率"指标（BIAS）来解决。总结起来，均线在股价之下呈上升趋势，是买入时机；反之，均线在股价之上呈下降趋势，是卖出时机。

在实战中利用均线进行买卖主要有三种方式：利用单均线与K线关系确定买卖；利用双均线走势与K线关系确定买卖；利用多均线走势与K线关系确定买卖。我们将在本章结合实战案例，具体讲解。

二、均线操作一：如何利用5日均线短线获利

均线也叫"MA 移动平均线"，是我们看盘时最常见的均线，它将过去某一时间段的收盘价进行平均得出数值，再将这些数字连成线，在盘中表现为在 K 线上下游走的曲线。在不同周期的盘面上，均线的指代意义是不同的。比如年 K 线上，MA5 代表过去 5 年的平均价格；周 K 线上，MA5 代表过去 5 周的平均价格。

技术分析图上的均线都是加权平均的方法得出数值（比如 MA10＝前 10 天的收盘价之和÷前 10 日平均价），而不是平均分配比重，盘中的指数均线大多可以反映股价当天最新的变化。比如 MA10 是以某日前 9 天和当天的收盘价算取平均值，由于盘中价格是即时变化的，MA10 的价格也是变化的，直至当天收盘。

在炒股软件的日 K 线图上，一般以 5 日、10 日、20 日、30 日、60 日均线为主，盘面显示为"MA5、MA10、MA20、MA30、MA60"，新股民还可以个性化设置均线数值。一般来说，MA5、MA10 主要分析股价的短期走势；MA30、MA60 主要分析股价的中期走势；MA125、MA250 主要分析股价的长期走势。在周期盘面上，1 分钟线、5 分钟线、15 分钟线、30 分钟线主要利用均线做短线操作，周线、月线主要利用均线做长期操作。

利用单均线与 K 线关系确定买卖，主要借助 MA5、MA10。利用 5 日均线操作是短线中最常见的，在此结合案例一一讲解。

1. MA5 操作法则一：股价回落、未跌破 5 日线过多，短线操作应伺机建仓

如图 9-3 所示："买 1"处为该股短期下跌过程中出现的一个实体部分完全在 5 日线以下且未跌破较多的纺锤小阳线，根据"MA5 的操作法则一"此处可考虑建仓（2010 年 10 月 20 日）。5

日线是离股价最近的均线，股价总会围绕着5日线上下波动，股价处于5日线以下，意味着很快就会行至5日线以上。如果当日K线的实体部分距离5日线有不大不小的距离，那么建仓至少会获得相同的上涨空间（要注意：股价在5日线以下的距离，太近了利润空间不够，太远了可能会接着下行，一般来说股价距离5日线有一毛钱的差价且5日线平滑或正在上行，此时建仓最为合适）。如果第二天股价走势未如预期上涨，宜考虑是否平仓。

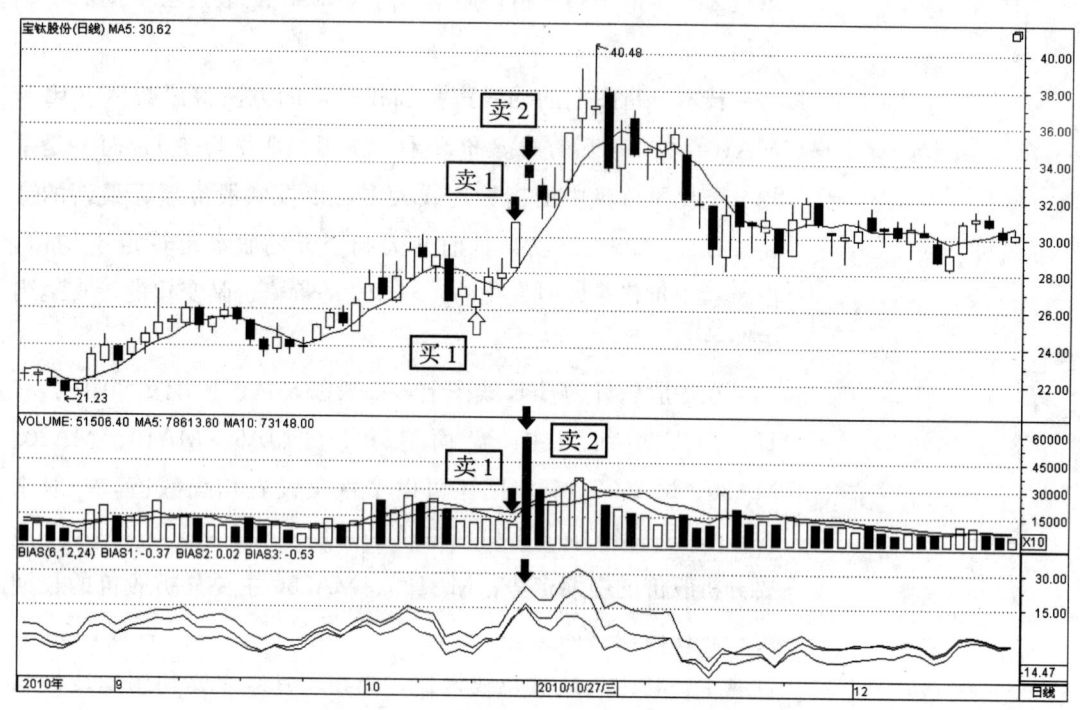

图9—3 宝钛股份（600456）利用5日均线操作示意图

股价如果跌破5日线不远，但是紧接着反抽5日线不过，表明买气不足，此时要谨防"追高被套"，宜逢高卖出。在下跌走势中，股价若回挡跌破5日线但很快止住跌势，表明卖气不足，此时应考虑逢低买回，短期内可能有一段不小的利润出现。一般来说，慢牛股在上升过程中，大多不破5日线或10日线。只要不破，可结合大势和个股基本面继续操作。

2. MA5 操作法则二：股价远离 5 日线、高于 5 日线过多，
短线操作上应结合乖离率判断是否卖出

依然看图 9—3：若在"买 1"处买入，涨至"卖 1"处可考虑短线卖出。此时成交量较小，对应的乖离率也不明显，可再持股观望一天。第二日跳空高开形成小锤子阴线，成交量暴增，乖离率也呈峰顶状，股价离 5 日均线很远，K 线形态为向上的"跳空孤岛"，四项技术指标都显示后市利空。

"卖 2"的 6 日乖离率为较高的 +14.88，"正乖离率愈大，表示短期获利愈大，获利回吐的可能性愈高"。根据"MA5 的操作法则二"，此处可考虑卖出所持股票。

乖离率多大可以卖出呢？要视个股强弱而定。一般来说，股价高于 5 日线 7％～15％，乖离率偏高，可考虑短线卖出；若是下跌行情，股价低于 5 日线 7％～15％，可考虑短线买入。

三、均线操作二：如何利用长短周期双均线长线获利

均线系统中，双均线的参考价值是很重要的。比如说股价如果在下跌周期中有效地跌破 5 日线，一般就会继续跌向 10 日线。如果未跌至 10 日线就已站稳，股价将再次上行，那么 10 日线附近就是理想的买点。高位卖出的股票，可视情况短线回补。

若是在上升周期股价有效突破 5 日线，一般会向 10 日线方向上行。如果未涨至 10 日线已受阻，股价将下跌，低位买入的股票，可视情况短线平仓。

盘面中出现两条或以上均线，就会形成一些均线形态。实战中最有价值的双均线形态有七种（多根均线基本类似，图 9—4 中虚线为短期均线，实线为长期均线）。

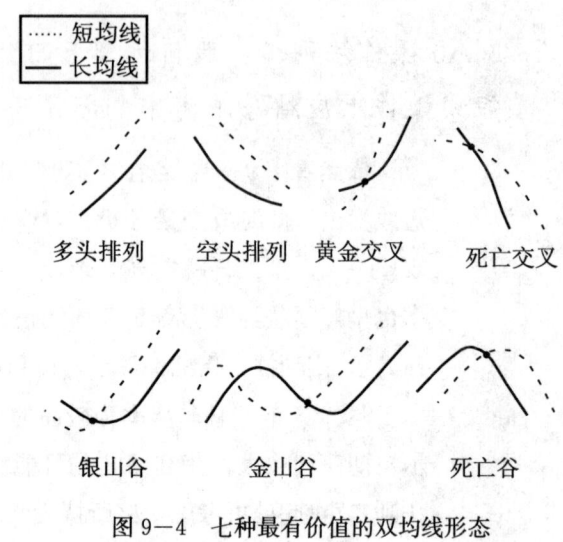

图9-4 七种最有价值的双均线形态

1. 多头排列

一般出现在上涨行情中，两条均线呈向上的圆弧形走势，上面一根为短期均线，下面一根为长期均线（长期、短期均是相对而言，若是多条均线，短均线、长均线由上而下依次排列）。这一均线形态是后市利多看涨的信号，若出现在股价见底反弹或上涨的中期宜安心建仓，若出现在上涨末期应谨慎考虑是否入市。

2. 空头排列

一般出现在下跌行情中，两条均线呈向下的圆弧形走势，上面一根为长期均线，下面一根为短期均线（若是多条均线，长均线、短均线由上而下依次排列）。这一均线形态是后市利空看跌的信号，若出现在股价见顶或下跌的中期宜坚持做空（不入市），若出现在下跌末期则应谨慎考虑是否卖出。

3. 黄金交叉

一般出现在股价底部反弹初期，两条均线交叉后呈现向上的圆锥形走势，上面一根为短期均线，下面一根为长期均线（若是多条均线，短均线、长均线由上而下依次排列），两条均线的交叉点即为"黄金交叉"，也称"金叉"。黄金交叉是股价见底的信号，若出现在股价大幅下跌后宜重仓抄底；若在周线、月线上出现金叉是中长线操作的理想买入点。两条均线交叉的角度向上越陡，后市看涨的信号就越强烈。

4. 死亡交叉

一般出现在股价见顶下跌初期，两条均线交叉后呈现向下的圆锥形走势，上面一根为长期均线，下面一根为短期均线（若是多条均线，长均线、短均线由上而下依次排列），两条均线的交叉点即为"死亡交叉"，也称"死叉"。死亡交叉是股价见顶的信号，若出现在股价大幅上涨后可平仓逃顶，是中长线操作的理想卖出点。两条均线交叉的角度向下越陡，后市下跌的信号就越强烈。

5. 银山谷

一般出现在股价见底上涨的初期，两条均线交叉后呈现平滑向上的圆弧形走势，上面一根为短期均线，下面一根为长期均线（若是多条均线，短均线、长均线由上而下依次排列），两条均线的交叉点即为"银山谷"，也称"银谷"。银山谷是股价见底的信号，比金叉的信号更强烈，短期风险较小、长期风险较大，是短期投资的首选建仓点。

6. 金山谷

一般出现在银山谷之后，形态与银山谷大致相同，两条均线交叉后呈平滑向上的圆弧形走势。金山谷也称"金谷"，是对底部形态的最终确认，既与银山谷位置差不多，也可高于银山谷。金山谷是最稳定的建仓信号，短期风险较大、长期风险较小，是长期投资的首选建仓点。

7. 死亡谷

一般出现在股价见顶下跌初期，两条均线交叉后呈现平滑向下的圆弧形走势，上面一根为长期均线，下面一根为短期均线（若是多条均线，长均线、短均线由上而下依次排列），两条均线的交叉点即为"死亡谷"，也称"死谷"。死亡谷是股价见顶看跌的信号，比死叉信号更强烈。短期风险较小、长期风险较大，是中长线期投资的最佳平仓点。

以上七种均线形态中，"金叉"与"死叉"一般是两条均线值较为接近时出现（如 MA5、MA10），适合短线操作参考；"金谷"、"银谷"、"死谷"一般是两条均线差值较大时出现（如 MA45、MA100，MA120、MA255），适合中长线操作参考。

利用双均线辅助操作，首先要确认操作周期，是短线、中线还是长线。如果是做短线，选择的均线数值一般较小、两条均线的差值在 5~15 之间，如选择 MA5、MA10，MA10、MA20；如果是做中线，两条均线的差值在 40~60 之间，如选择 MA45、MA100，MA55、MA110；如果是做长线，选择的均线数值一般较大、两条均线差值在 90~150 之间，如选择 MA90、MA200，MA100、MA255。

现以长线操作为例，演示双均线的交易要点：首先，在选定的股票上调试双均线数值，要求均线波动既不活跃（不宜交叉太多）也不死板（交叉很少）且有有一定规律（多数出现金谷、死谷时都能有较大较明显的涨跌）。既然是做长线，双均线的数值不妨以刚才提到的 MA90、MA200，MA100、MA255 为基准调整均线数值，直到图形令人满意，符合"不活跃，不死板，有规律"的三条原则。

如果觉得调试很麻烦，可固定一个觉得不错的数值，如 MA85、MA200，在候选的个股中依次插入双均线，挑出符合三原则的那只股票，然后观察该股中的"金谷"、"银谷"和"死谷"的技术特点。

下 篇
"5"就是最实用的五种实战技术

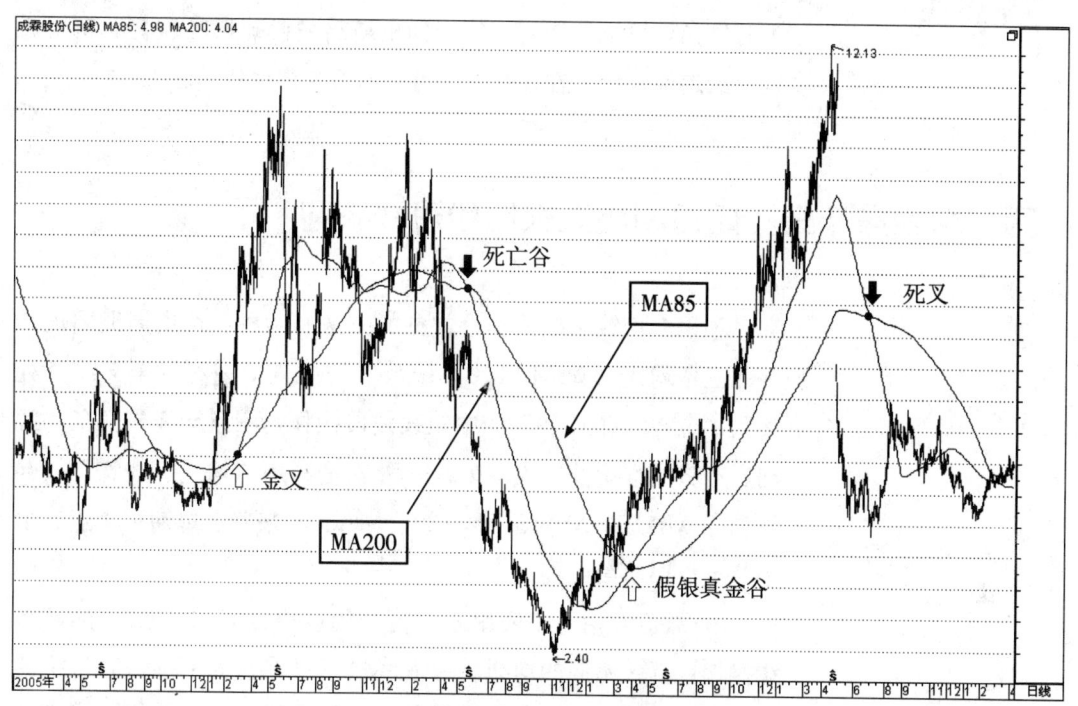

图9-5 成霖股份（002047）利用双均线操作示意图

举例说明：如图9-5所示，成霖股份（002047）的日K线图，图中有MA85、MA200两条均线。截至目前，图中两条均线共有8次交叉，均线活跃度正常，每次交叉都与七种基本的双均线形态相吻合。

下面看看规律，第一次出现"金叉"时为7.40元左右，在金叉周期的获利区间为8.20～11.40元，涨幅为10%～50%，比较稳定；随后出现"死亡谷"，股价在7.30元，死亡谷周期的亏损区间为2.40～5.10元，跌幅为30%～60%，也比较稳定；接着直接出现一波涨势很高的"假银真金谷"行情，从5.10元一直涨到最高点12.13元。

整体来看，该股是比较适合做长线双均线操作的（前提是双均线的数值要调好，案例中的MA85、MA200仅供参考）。操作的基本规律是：在角度很陡的金叉相交时重仓进场（必须确认交叉以后再入场），两个月之内不用理会，等到新高点出现后迅速平仓；在角度很大的金谷或银谷出现后重仓进场，三个月内不去理会，如果价位未创新高、涨幅未到30%、双均线仍保持很大上升倾角,可继续持有。待到创出新高或增幅超过30%,可考虑轻仓或追涨操作,在建仓6个月左右应考虑伺机离场。

四、均线操作三：如何利用五根均线短线获利

利用多均线系统操作,常见的方法有两种：选出周期差值均等的三条均线（如MA10、MA20、MA30）,进行"金叉"、"死叉"、"金谷"、"死谷"的中短线波段操作,三条均线较两条均线确定走势的准确性更大；另外一种就是利用"均线五线谱"（如MA5、MA10、MA15、MA20、MA30）来确定短期买卖点。本小节重点讲解第二种。

"均线五线谱"主要用来进行一周以内或者"T+0"的超短线操作,五条不同的均线就像五线谱一样在盘面上谱写着价格的乐章,K线就像音符一样点缀其间。如何能够读懂价格五线谱和这些K线音符的旋律,有助于我们随着欢快的节奏,获取不小的利润。

我们都知道音符是"哆～来～咪～发～索～拉～梯"由低音区弹到高音区的,即在五线谱上是从最下面的低音线走到最上面的高音线。如果从这个角度去观察整个盘面,结果一目了然：有些K线是在最低的均线以下,有些是在最高的均线以上,更多的是介于最高均线与最低均线之间。理论上看,在最低位均线以下的K线早晚会走到最高均线以上（少则2天,多则5天,否则低冲高形态便不成立）,这个金子般的规律就为我们进行短线的"五线谱操作"提供了依据。

K线的实际走势中并非完全都是从低均线走到高均线,正如演奏也不会单调地重复"哆—来—咪—发—索—拉—梯",而是富于节奏变化,这样才能形成完整的旋律,于是便有了如下规律,我们结合图9-6进行分析：

① 如果在最低均线以下建仓,第二日K线必须突破最低均线；第三日应自下而上突破上面的均线,也可在最低均线与此均线区间停留；第四日必须向上再突破一条均线；第五日必须向上

下篇 "5"就是最实用的五种实战技术

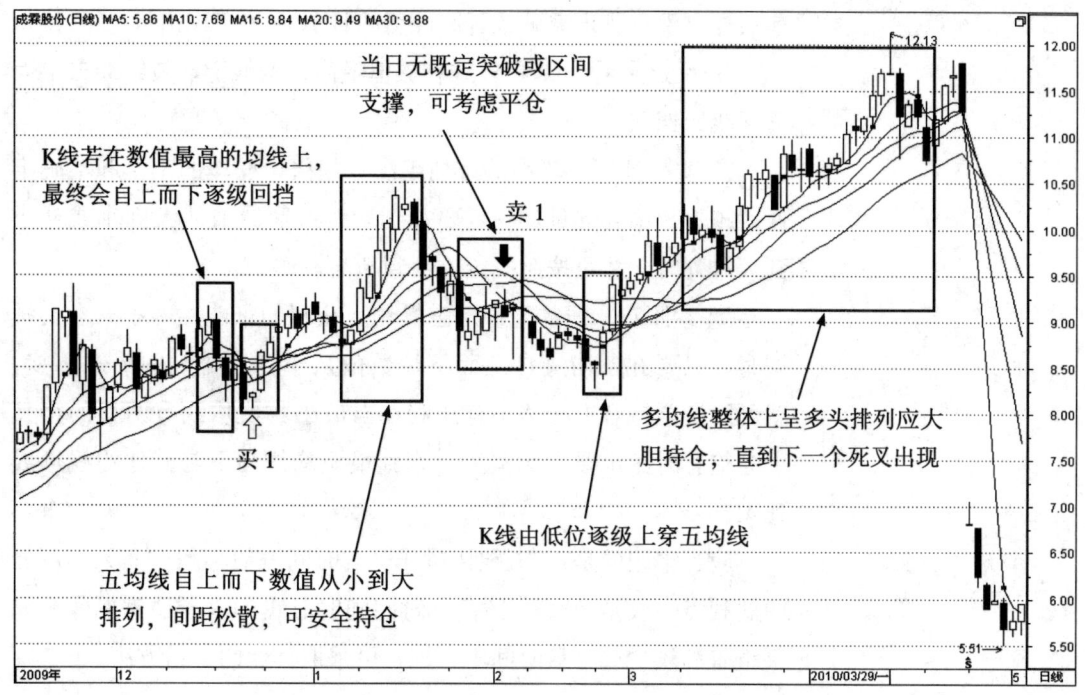

图9-6 利用五根均线操作案例：成霖股份（002047）

突破最后两条均线。"五线谱突破"的周期一般为2～5天，如果某一日未有既定的区间支撑和突破，说明向上的力量严重不足，宜考虑平仓。图9-5中"卖1"从红箭头低点开始的第四日，既没有突破下一条均线，实体K线也未完全在均线区间停留，可判断明日突破有限或比较困难，可考虑当日出货。

② 一般来说，一条日K线正常情况下只能突破2条均线，如果某日K线向上或向下突破3、4条甚至所有5条均线，必然像唱歌时喊缺氧的人一样、筋疲力尽，明日很可能就要跌回最低均线以下。当然有一种情况例外（如"买1"），就是当天数值最小的均线自下而上穿越均线创造"金叉"，再加上这根K线是个底气很足的歌唱家（大阳线），一下子贯穿全部均线。

③ 并不是所有在最低均线以下、实体与均线留有空隙的K线都适合建仓。符合条件的K线是：离最低均线不远；五条均线自上而下按照数值从小到大排列且间距比较松散。

④ 股价短期趋势向上的行情中，可选择较前一日高开、且完全处于均线区间（上下无突破）的K线处建仓，卖点的选择较之

前一样,没有既定突破或区间停留的日K线上考虑出货。

⑤ 反过来看,如果K线在数值最高的均线上,最终会自上而下逐线回挡。

⑥ 实战证明,均线的排列越没有规律,操作的难度和不确定性就越大。稳妥起见,一定要等到均线按照数值从大到小或从小到大排列时,才可按照既定方法判断与操作。

⑦ 参照双均线的七种形态操作,获利的可能性不小。多头排列时,只要五条均线自上而下按数值从小到大排列的形态不变,就可以安全持有,必然小有获利;当最小数值均线有明显的金叉上穿趋势时一定要大胆买入,直到最短均线向下与其他均线形成死叉。

应当牢记的是:"五线谱操作"的时间一般不超过5天;可能的盈利点一般是3%~8%;有时间随时盯盘的人士适宜操作。如果嫌盈利较少或盯盘时间不可控,可采取其他的交易方法。

五、黄金指标一:MACD指标如何使用

MACD全称为"指数平滑异同移动平均线",由双均线发展而来,是利用两条不同速度的"平滑移动平均线"指数,来计算两者之间的"差离值"(DIFF)(即用快的移动平均线数值减去慢的移动平均线数值),以此作为研判行情的基础。两条平滑移动平均线,一条为变动速率快的短期移动平均线,另一条为变动速度较慢的长期移动平均线(图9—7)。

MACD就是运用快速与慢速移动平均线聚合与分离的形态,来研判买入与卖出的时机。MACD常用12日作为短期移动平均线,用26日作为长期移动平均线,通过其差值的聚合与分离,对买入、卖出时机作出研判。

在MACD盘面上有两条均线,白色的为DIFF,黄色的为DEA(DIFF线的M日指数平滑移动平均线,所谓"M"日就是MACD所设定的天数)。MACD的数值为DIFF线的数值减去DEA线的数值,盘中用"红绿色柱"表示,红色柱为正值,代表

图 9—7 上证指数（999999）的 MACD 指标示意图

DIFF 值较大；绿色柱为负值，表示 DIFF 值较小。MACD 的每个柱状体均与股票盘面上的 K 线对应。

当 DIFF 线向上突破 MACD 平滑线，为涨势点（可能的买入信号）；当 DIFF 线向下跌破 MACD 平滑线，即为跌势点（可能的卖出信号）。

MACD 除了主要确认中期涨势或跌势，也可用来判别短期反转点。

在图形中，可观察 DIFF 线与 DEA 两条线之间的 MACD 柱状体。当红色柱由短变长，即为可能的卖出信号；当绿色柱由长变短，即为可能的买入信号。

一般来说，持续的牛市中，正值的 DIFF 线会越走越高；持续的熊市时，负值的 DIFF 线就会越走越低。当行情反转时，正值或负值的 DIFF 将会缩小，即柱状体变短。

【MACD 指标线操作要点】

① DIFF 线、DEA 线均为正值且 DIFF 向上突破 DEA，为可能的买入信号。

② DIFF 线、DEA 线均为负值，且 DIFF 向下跌破 DEA，为可能的卖出信号。

③ DEA 线与 K 线发生背离，行情可能出现反转。

④ MACD 柱状线，由红变绿（正值变为负值），为可能的卖出信号；由绿变红（负值变为正值），为可能的买入信号。

⑤ DIFF 线与 MACD 柱均为正值，大势属于多头市场。此时 DIFF 线与 MACD 柱高度背离，可视为行情回挡，并非空头市场的开始。

⑥ DIFF 线与 MACD 柱均为负值，大势属于空头市场。DIFF 线与 MACD 柱高度背离，可作参考性短期买点。若 DIFF 线向上突破 MACD 柱，视为高价位抛售者在股票回挡时回补或少数股民在低价位试探性接手，适合短线买入。

⑦ 股价近期出现两三个相对新低，但 MACD 指标并不配合出现新低，可视为买入信号。

⑧ 股价近期出现两三个相对新高，但 MACD 指标并不配合出现新高点，可视为卖出信号。

⑨ MACD 可配合 KDJ（随机指标）使用，以弥补各自的缺点。

⑩ 高位正值的 DIFF 线两次向下交叉 DEA 线，意味着后市大跌；低位负值的 DIFF 线两次向上交叉 DEA 线，意味着后市大涨。

⑪ MACD 指标的局限性是：市场股价走势呈明确波段趋势（上涨或下跌）时，最有参考价值；当市场股价走势呈不明确的盘整格局，整体股价不上也不下，MACD 的买卖信号就不太准确。

六、黄金指标二：KDJ 指标如何使用

KDJ 全称是"随机指标"，最早起源于期货市场，由乔治·莱恩首创，它是通过当日或近几日最高价、最低价及收盘价等价格

波动幅度来反映价格趋势的强弱，集动量观念、强弱指标及移动平均线的优点于一身，早年在期货投资方面应用显著，目前为股市中最常使用的指标之一（图9-8）。

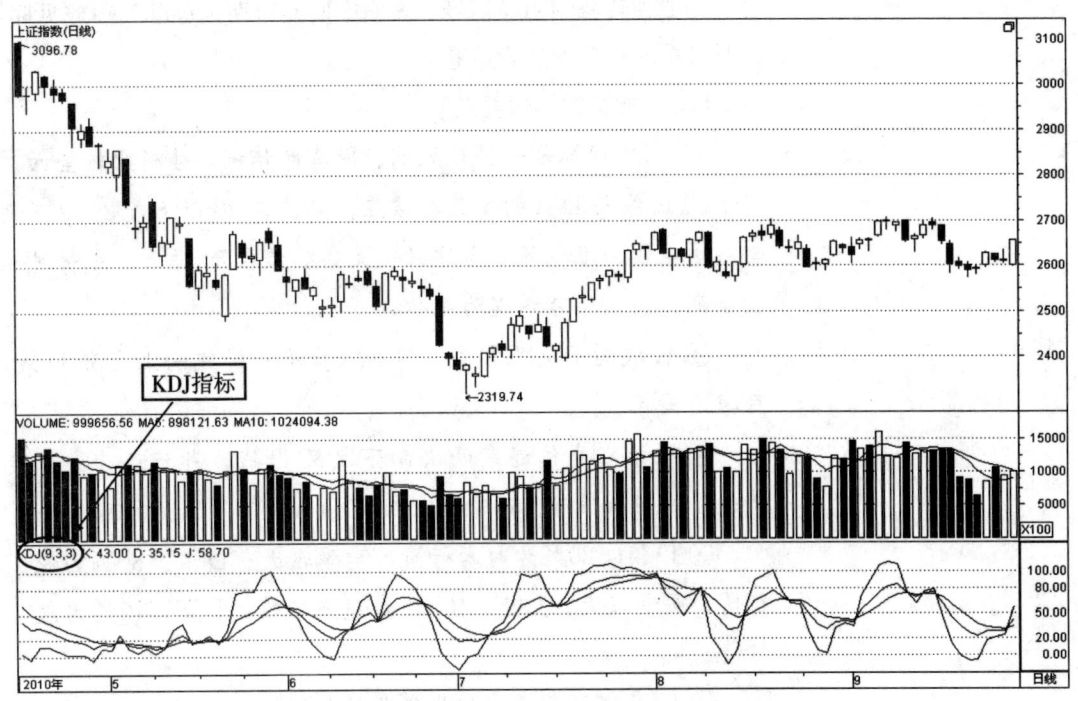

图9-8 上证指数（999999）的KDJ指标示意图

KDJ在计算过程中主要研究高低价位与收市价的关系，通过计算当日或最近数日的最高价、最低价及收市价等价格的真实波幅，反映价格走势的强弱势和"超买"、"超卖"现象。

行情保持上升且未转向时，多数个股都会偏向高价位收市，反过来行情下跌时，多数个股的收盘价都会偏于低位。随机指标充分考虑价格波动的随机振幅和中、短期波动的测算，其短期预测功能比MA均线更准确有效，在预测市场的短期"超买"、"超卖"方面又比其他指标敏感。

在图表上随机指标是由"％K"、"％D"、"％J"三条线组成，其中起主要作用的是"K线"（快速指标）和"D线"（慢速指标），"J线"数值表示％K线值与％D线值的乖离程度（J值＝3×K值－2×D值），对于找出股价的底部和头部很有帮助。

当股价走势一峰比一峰高时，随机指标的曲线表现为一峰比一峰低；当股价走势一底比一底低时，随机指标表示为曲线一底比一底高，这种现象称为"背驰"。随机指数与股价走势产生背驰时，一般为转势的明显信号，表明中期或短期走势已到顶或见底，此时应采取正确的买卖策略。

【KDJ 指标线操作要点】

① KDJ 指标是一种较短期、敏感的指标，分析比较全面。

② K 线与 D 线的交叉突破点，数值在 80 以上或 20 以下判断后市是较为准确的。当这种交叉突破值在 50 左右、走势进入盘整期，买卖信号均视为无效。

③ K 线向下交叉 D 线，可视为卖点；K 线向上交叉 D 线，可视为买点。

④ K 线在高位连续两次向下交叉 D 线，可确认为大跌走势；K 线在低位连续两次向上交叉 D 线，可确认为大涨走势。

⑤ D 值＜20％为超卖行情，卖量较大；D 值＞80％为超买行情，买量较大；J 值＞100％为超买行情，J 值＜10％为超卖行情。

⑥ KDJ 不适用于投机性很强的个股。

⑦ 可以观察 K 值和 D 值同股价的背离程度，以确认最高点和最低点。

⑧ 当 K 线倾斜度趋于平缓时，是短期转势的警告信号，对大型热门股准确度较高，对冷门股或小型股准确度较低。

⑨ K 线和 D 线上涨或下跌的速度减弱，出现平缓交叉，通常表示短期内会转势；K 线在上涨或下跌一段时期后，突然急速穿越 D 线，显示行市短期内会转向。

⑩ K 线跌至零值，行情开始反弹，通常会反弹至 20％～25％之间。如果 K 线升至 100％，情况恰好相反。

七、了解其他有价值的技术指标

1. SAR 指标

SAR 全称"抛物线转向指标",也称"停损点转向",利用抛物线随时调整停损点位置,主要用以观察买卖点。操作时可选定一段时间,事先判断其上涨或是下跌。若是看涨,第一天的 SAR 值必须是近期内的最低价;若是看跌,第一天的 SAR 值必须为近期的最高价(图 9—9)。

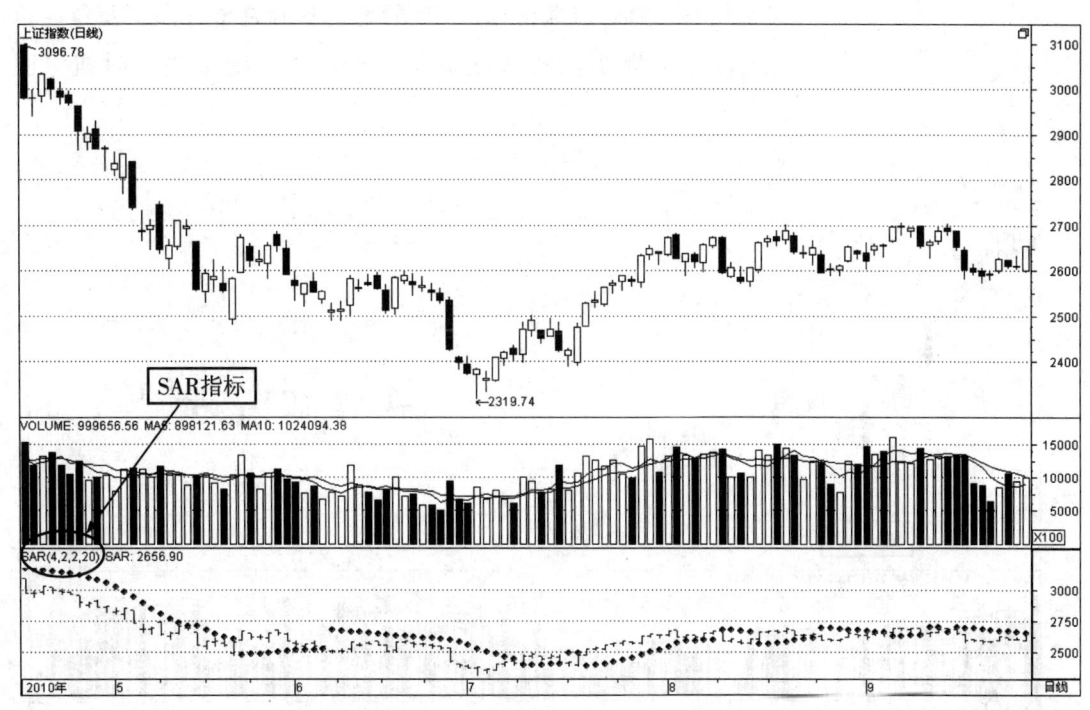

图 9—9 上证指数(999999)的 SAR 指标示意图

【SAR 指标线操作要点】

① 价位向下跌破 SAR 时卖出,向上穿过 SAR 时买入。

② SAR 与实际股价、时间长短有密切关系,可适应不同形态股价的波动特性。

③任何时候都可以使用 SAR 设定停损点。

④价格涨跌的速度必须比 SAR 升降的速度快,否则可能产生停损信号。

⑤ SAR 线由红色变成绿色时,是可能的卖出信号;SAR 由绿色变成红色时,是可能的买入信号。

⑥ SAR 指标的周期参数一般设定为 4 天,主要目的是寻找出现多头停损或空头停损的个股。

2. VR 指标

VR 全称"成交量比率",是通过分析股价"上升日成交额或成交量"与"股价下降日成交额或成交量"的比值,掌握市场里买卖气势的中期技术指标。VR 的理论基础是量价同步及量在价先,以成交量变化确认低价和高价,从而确定买卖时机(图 9—10)。

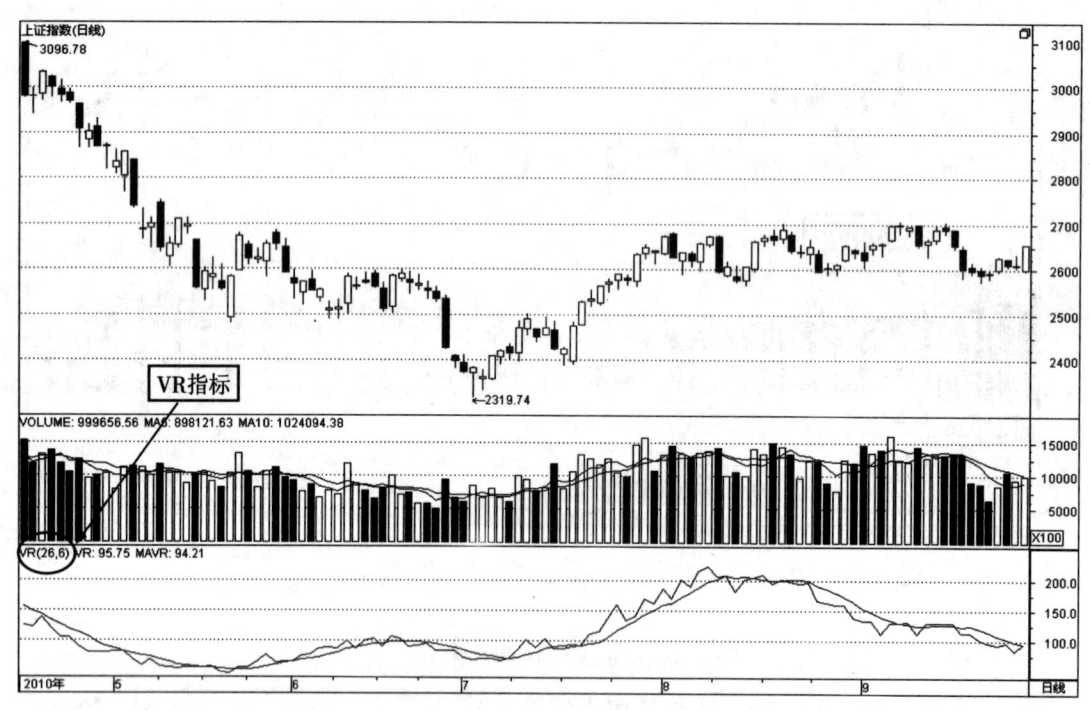

图 9—10 上证指数(999999)的 VR 指标示意图

在盘面上,VR 的数值为"N 日内上升日成交额总和÷N 日内下降日成交额总和", N 日基本设定为"26 日"。可以将 VR 值划分为下列区域，根据 VR 值大小确定买卖时机：

① 低价区域：数值 40～70，可以买入。

② 安全区域：数值 80～150，可持有股票。

③ 获利区域：数值 160～450，可视情况获利了结。

④ 警戒区域：数值 450 以上，可伺机卖出。

【VR 指标线操作要点】

① 一般情况下，VR 不能明确具体的买卖信号，只是对买卖的参考。

② VR 是先于价格的技术指标，在分析低价区时可信度较高，观察高价区域宜参考其他指标。

③ 成交额萎缩后放大、VR 值也从低价区向上递增时，行情可能开始发动，买入的最好时机。

④ VR 线在低价区上升，股价处于盘整期，可伺机买入。

⑤ VR 线升至安全区域，股价处于盘整期，可继续持股。

⑥ VR 线在获利区域逐渐增加，股价也相应上涨，此时应把握平仓的时机。

⑦ 一般情况下，VR 线在低价区域时，买入信号的可信度高；在获利区域时，卖出时机很重要。由于股价上涨盘整后可以再涨，在确定卖出之前，应与其他指标一起研判。

3. BOLL 指标

BOLL 全称"布林线指标"、"波林带"，是由约翰·布林格创制，计算股价标准差、求出股价"信赖区间"而得出具体数值（图 9—11）。

BOLL 属于"路径指标"，股价波动在一条"上限红线"（UPPER）和一条"下限绿线"（LOWER）区域内，此区域为"布林带"。实际盘面上还有一条"股价平均线"（MID）。股价游走在"上限"、"下限"的带状间内，这条带状区域的宽窄，随股价波动幅度而变化：股价涨跌幅度加大时，带状区域会变宽；涨跌幅度狭小盘整时，带状区域会变窄。也就是说，布林线是属于变异性的，随着股性变化自动调整，很灵活地顺应走势。布林线

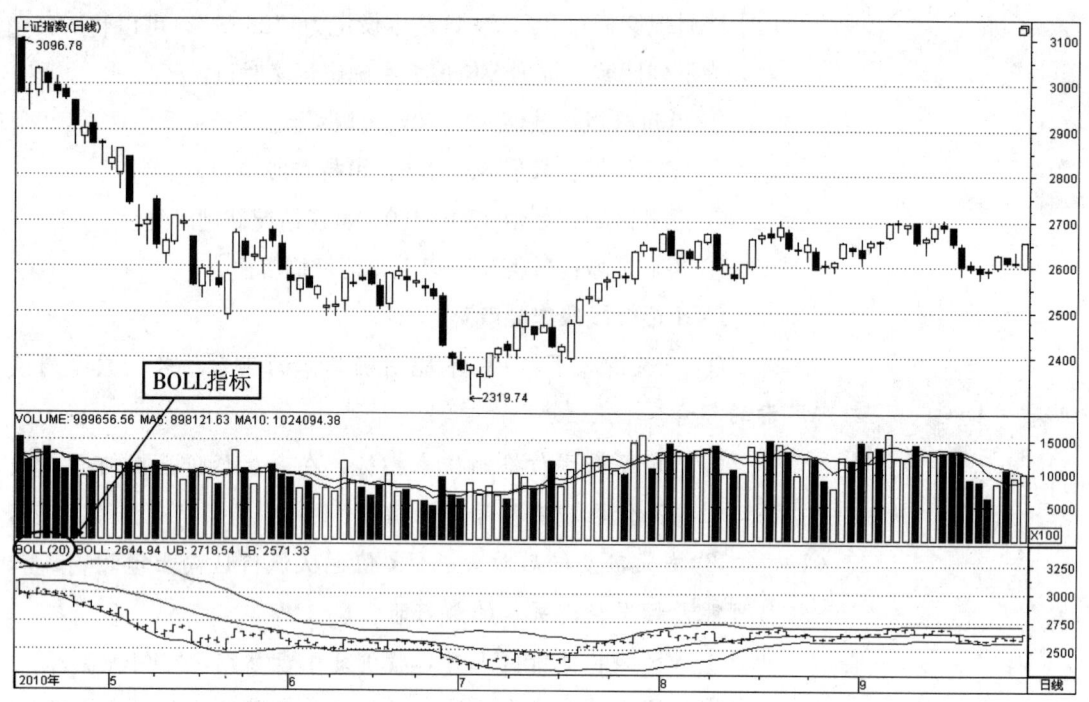

图9—11 上证指数（999999）的BOLL指标示意图

是近几年国际金融市场最常使用的技术指标之一。

当布林带呈水平方向移动时，可视为常态范围。股价向上穿越"上限红线"时形成短期回挡，为短线的卖出信号；股价向下穿越"下限绿线"时形成短期反弹，为短线的买入时机。当带状区域向右上方、右下方移动时，属于脱离常态。股价连续穿越"上限红线"，暗示股价将朝上涨趋势行进；股价连续穿越"下限绿线"，暗示股价将朝下跌方向行进。

【BOLL指标线操作要点】

① BOLL属于压力支撑指标，同时也具备显示"超买"、"超卖"的特质，它和其他技术指标配合使用时，可相互弥补盲点。

② 利用BOLL，可显示安全交易的高低价位。

③ 当布林带变窄时，激烈的价格波动随即产生。

④ 股价的高低点穿过布林带又迅速回到布林带内，预示将有回挡行情出现。

4. 威廉指数

W&R全称"威廉指数%R",是利用价格摆动点去度量股市中的"超买"、"超卖"现象,可预测股价循环期的高点或低点,提出有效率的投资信号(图9—12)。计算公式:%R=100%-(当日收市价-N日内最低价)÷(N日内最高价-N日内最低价)×100%。公式中N日常规设定为"14日"或"20日"。

威廉指数的计算公式与KDJ一样,算出的指数值在0～100之间波动,区别在于威廉指数的数值越小,市场上买气越重;威廉指数的数值越大,市场上卖气越浓。

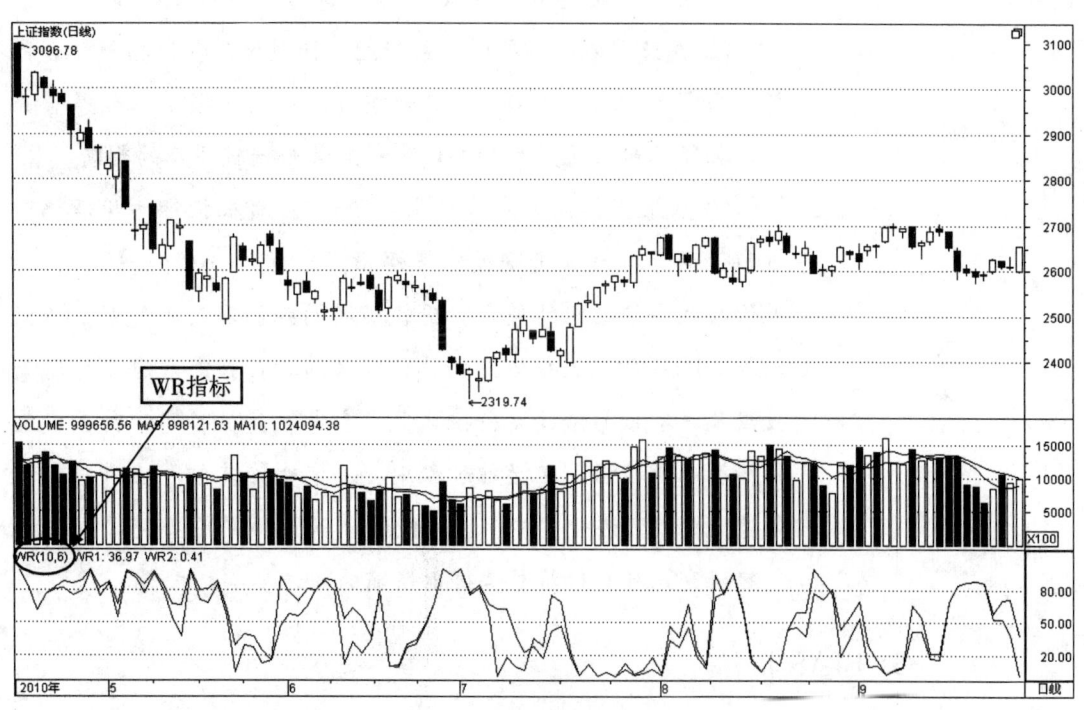

图9—12 上证指数(999999)的W&R指标示意图

当R线(威廉指数线)超过80时,市场处于超卖状况,股价随时可能见底;80的红色虚线称为"80买入线",市场处于超卖状态,股价在指数向上突破80买入线时可考虑建仓;相反,当R线低于20时,市场处于超买状况,走势可能即将见顶,20的红色虚线称为"20卖出线"。

当R线由超买区（20卖出线至底部区域）向上攀升时，表示行情很可能反转；当R线向上突破50的中轴小虚线时，市场由弱市转为强市，是潜在的买入信号；当R线从超卖区（80买入线至顶部区域）向下跌破50中轴线，可确认强市转弱，是潜在的卖出信号。

【W&R指标线操作要点】

① 股市中买气与卖气是相互变化的，使得超买后可以超买，超卖后可以超卖，当R线进入超买区或超卖区时，行情并非马上转势。只有确认R线有明显转向，向下跌破"20卖出线"或向上突破"80买入线"，才可视为正确的买卖信号。

② 在使用威廉指标时，最好能够同时使用其他指标配合验证。当R线上穿或跌破50中轴线时，可确认买卖信号是否正确。如能正确应用威廉指标，可对大势给出较明确的判断。

③ 威廉指标在公式设计上，与KDJ随机指标的原理比较近似，两者均为从研究股价波幅出发，通过分析一段时间高、低价与收市价之间的关系，反映市场的强弱和买卖气势。不同的是，KDJ所取天数较短，计算结果随机性强；威廉指标取天数较长，不容易错过大行情，也不容易在高位套牢。由于威廉指标敏感性较强，在操作过程中，如完全按其信号出入市，未免过于频繁。在使用中，最好能结合KDJ等较平衡的技术指标一起研究，可对行情趋势得出精确的判断。

5. BIAS指标

BIAS全称"乖离率"或"y值"，是反映股价在波动过程中与MA均线偏离程度的技术指标。BIAS的理论基础是：不论股价在MA均线之上或之下运动，只要偏离距离过远，都会向MA均线趋近，据此计算股价偏离MA均线百分比的大小来判断买卖时机（图9—13）。

其计算公式为：乖离率＝（当日收盘价－N日均线价）/N日

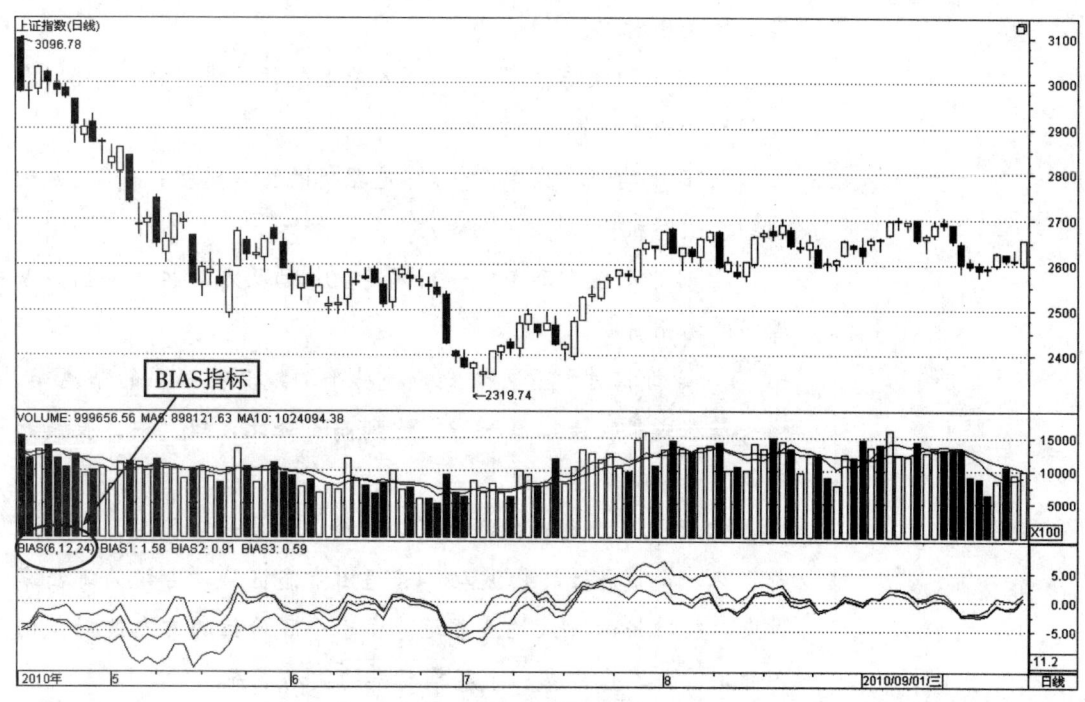

图9—13 上证指数（999999）的BIAS指标示意图

均线价×100%。乖离率盘面上，一般给出三个日期数值（6，12，24）。

当股价在均线之上运动时，乖离率为正值；当股价在均线之下运动时，乖离率为负值。当股价与均线重合时，乖离率为零。在股价的升降过程中，乖离率反复在零点两侧变化，数值的大小对未来股价的走势分析具有一定的预测功能。

正乖离率超过一定数值时，显示短期内多头获利较大，获利回吐的可能性较大，可视为卖出信号；负乖离率超过一定数值时，说明空头回补的可能性较大，可视为买入信号。乖离率达到何种程度才是正确的买点或卖点，目前并没有统一原则，操作者应根据盘面与实际经验对行情强弱分析后得出结论。

【BIAS指标线操作要点】

① 一般来说，在大势上涨时，乖离率若为负，可顺着跌价买进，此时进场风险较小；在大势下跌时，乖离率若为正，可待反弹时卖出。

6日平均值乖离率：-3%是理想的买入时机；+3.5%是

理想的卖出时机。

12日平均值乖离率：—4.5%是理想的买进时机；+5%是理想的卖出时机；

24日平均值乖离率：—7%是理想的买入时机；+8%是理想的卖出时机；

72日平均值乖离率：—11%是理想的买入时机；+11%是理想的卖出时机。

② 股价相对于不同天数的移动平均线具有不同的乖离率，除去暴涨或暴跌使乖离率瞬间达到高百分比，短、中、长线的乖离率一般有规律可循。

③ 无论是上涨行情还是下跌行情，只要趋势稳定，乖离率都将在一个常态区域内波动，若超出常态区域，可视为乖离率过大，股价将向MA均线靠近。由于个股价位的常态波动范围不固定，可在盘中找出个股乖离率的波动范围。

本章精讲要点

◎ 均线操作总结：
① 牢记葛南维的均线八法则。
② 利用K线与5日均线的距离进行短线操作。
③ 牢记双均线的七种类型（多头排列、空头排列、金叉、死叉、金谷、银谷、死谷），在实战中灵活运用。
④ 掌握"均线五线谱"操作的七个要点，在实战中灵活运用。

◎ 指标均线操作总结：
① 牢记MACD的操作要点，以此确定买卖点。
② 牢记KDJ的操作要点，以此确定买卖点。
③ 熟悉和了解SAR、VR、BOLL、W&R、BIAS等重要的技术指标，在实战中学习使用。

第10章
"炒股的资金管理术"精讲
——管理好钱袋，炒股赚钱有保障

➡ 炒股的年盈利目标如何设定
➡ 实战交易必须牢记哪些重要原则
➡ 不要轻易满仓交易
➡ 牛市行情应当如何买卖
➡ 熊市行情应当如何买卖
➡ 短线操作的两个可靠买入点
➡ 中长线操作最可靠的买入点
➡ 如何应用"黄金分割比率"确定卖点
➡ 支撑位与阻力位：当日盘中常见的短线买卖点
➡ 股票套牢后如何解套最有效

一、炒股的年盈利目标如何设定

　　炒股的风险与收益是成正比的，风险越高则收益越高。为使股票投资的风险降至最低，新股民必须学习卓有成效的资金管理，这样在买卖股票时才能胸有成竹，防范可能的资金损失，避免盲目操作支付大量手续费，以确保炒股盈利。许多散户对于资金管理并没有深刻的认识，没有意识到资金管理可以使普通散户实现"年赚50％"的目标。

　　在新股民眼里，1年赚50％似乎少了点；在老股民看来，这一目标似乎是很难达到的。这就是"纸上谈兵者"和"实战过来人"的明显区别。细算这笔账，1年赚50％，5年就是2.5倍，10年就是5倍，你10年前投入股市5万元，10年后就是25万，无疑是抵御通胀的最好投资（这还是没有使用复利计算）。一年的操作周期如果按10个月计算（二月份较短，周末及节假日休市除外），每个月你只要赚5％就可以。确定这一基本目标，接下来就要制定适合自己操作的切实可行的本金管理计划，减少操作中的盲目性和随意性，牢记应该何时买、何时卖，把握好时间周期的变化。

　　凡事预则立，不预则废。在风急浪大的股市里，任何股民都不能忽视行市的涨跌而操作。操作时应严格按照资金管理的规定去执行，这一点新股民应该向主力学习，严格按操作纪律去办，绝不能将打算做一个月的股票，买入三天后就立即割肉，去追另一只正在上涨的热门股。

操作越频繁，通常赔得就越多，一年的周期里应当操作几次比较合适？如果是长线操作，不应当超过3次。作为主力每年必然要炒作个股一两次（一波较长的主升浪、一波较短的小升浪），否则年利润就无从实现。瞄准上涨空间较大的低价股，跟着主力每年只要做一次主升浪，收益就能在50%以上。

中国证券市场的股票平均年波动在40%以上，平均潜在收益率在40%以下。这句话怎么理解呢，你在股市中随便选中一只股票做一年周期的长线投资，期间就像忘了这事一样，待到一年期满，这只股票的情况很可能是这样：10元钱买的股票可能跌到6元以下，也可能涨到14元以上，总之上涨或下跌幅度在40%，至于收益八成概率是赚不到4元钱。

主力长线抬拉股票的年涨幅在50%左右，主力短线拉升股票的年涨幅在30%左右，考虑到多数散户难以在主力建仓时进货、最高点位时抛出，长线平均收益率在30%~40%、中线平均收益率在20%~30%、短线平均收益率在5%~10%左右，这样的设定是较为合理的。

二、实战交易必须牢记哪些重要原则

空仓是一种策略。当行情看不懂、没有相中的股票、感觉机会不好，宁可不操作也不能买入。

当股票跳空开盘时，应当视情况立即买入或者卖出。上涨行情中遇到小跌要加仓，下跌行情中遇到小涨要减仓。在下跌的周期中，有一条重要的交易原则："买跌不买涨，买绿不买红。""回1/3，涨1/2"是一条重要规律。股价上涨到一定阶段，一般要回挡1/3；股价下跌到一定阶段，一般要反弹1/2。

实际交易时，"最低点买入，最高点抛出"显然是最理想的，但这种操作的概率为万分之一。炒股切忌贪图"最高点"和"最低点"，应在"相对低点"买入，"相对高点"卖出。

过去的技术分析，只能说明过去的走势，所得出的规律走势对未来有一定参考意义，但是规律性不明显。不能因为过去的盘面有直观的"涨—跌—涨—跌"的规律，就简单判断下一段对应的就是涨。实战中应结合三四种技术指标分析，才能在概率上握有较大的优势，但是依然有可能出现与你预想不同的小概率结果。

如果当日一定要在合适的价位跑掉，可以交易时少打几分钱。假设心中的理想卖出价是 10 元，不妨报 9.99 元或 9.98 元，可增加成交机会。如果当日一定要在合适的价位建仓，交易时可以多打几分钱，假设心中的理想买入价是 10 元，不妨报 10.01 元或 10.02 元，可增加成交机会。

频繁交易很容易吃手续费的亏。假如你以 19.40 元的价格买入某只股票 100 股，买入时要支付佣金 5 元，沪市要收取过户费 1 元；卖出价格为 21.32 元，要支付佣金 5 元，印花税 2.1 元，买卖一次的总共附加费用是 13.10 元，占毛利润的 7%，很大的比重。怪不得有人这样说：中小股民换手 40 次，该赚的钱就会缩水一半！

为直观说明资金管理，假定拿出 1 万元炒股，满仓状态是 1 万元：中线操作宜重仓（6000～8000 元），短线操作宜轻仓（1000～3000 元）；在股票未明显脱离成本价、进入上涨通道前，切忌长线满仓（1 万元全部买一只股票）；控制仓位对于短线操作很关键，做短线的股票不宜超过两只，持仓本金应保持在半仓以内（5000 元以下）；止损点、止盈点必须设定，短线操作可将止损点设在买入价以下 5%（假如以 2000 元买入一只短线股操作，损失应在 100 元以内）或者以某个重要均线作为止损参考，一旦跌破止损位应坚决止损出局。相应的，短线操作的止盈点也应设在买入价以上 5%（赚 100 元以内）。短线操作难度较大，对利润不可期望过高。

三、不要轻易满仓交易

股市投资中有三个重要的因素：时间、收益和风险。炒股之前，理应估算好个人的风险承受力，在此基础上确定是否操作，以及运用多少资金进行投资。股市投资的风险是无法消除的，却可以通过一定的方式进行分散。新股民初入股市，总以为买股票赚钱就靠"一锤子买卖"，看中一只差不多要涨的牛股，就将几千块或上万的本金都砸到这一只股票上等结果：赚就是赚了，赔就是赔了。

资金管理中的一条重要原则是："不能把全部鸡蛋都放在同一篮子里"，应学会分散风险和平摊成本。如果打算用 1 万块炒股，可以分散着买 2~3 只不同类型的股票，这样风险就会被无形分摊。还可以将本金分散着购买同一只股票，但不是一次都投进去，而是在该股处于下降的波段中，在埋伏的低点买入，这样就能将当前的损失摊平。假设在 14.00 元买入一手，股价下跌时提前在 13.40 元预埋单一手，就可能在 13.70 的点位上持仓两手，使损失相对减少。之后等到股价反弹时，利润就会比单一操作增加不少，即使最后的形态与预期相左，出现套牢，损失也会比单一操作小很多。

经常满仓炒股，容易使人身心疲惫、压力巨大，失去敏锐的判断力，无论大户还是散户都是如此。股市是一个需要智慧的地方，不像"砸金花"那样光凭胆大，一手好牌就敢"压房、压地、压存折"。一旦踏入股市，就千万记得那句老话：不要把所有鸡蛋都放入同一个篮子里。分次买，不赔钱；一次买，多赔钱。

四、牛市行情应当如何买卖

上涨或牛市行情一旦爆发，必须敢于重仓跟进，仍采用 1/3 仓或半仓操作则收益很有限。上涨或牛市阶段一旦重仓介入，就要坚定持股，不要稍有震荡或获利就抛股走人，一定要摈弃"涨 5 毛钱就好"的熊市操作思维。

上涨或牛市行情操作，稳妥起见可采用"回挡减倍卖出法"。全仓或重仓买入后，第一次股价回挡时可将 1/3 本金卖出，第二次回挡时如不想继续操作，可将 2/3 本金卖出。如果本金宽裕，可分成 8 份，上涨回挡时分别以 1/8、3/8 和 4/8 的节奏将本金卖出。回挡的股票终究是要往上走的，如此操作可谓稳赚不赔。

假设打算以 10000 元的本金操作一只沪市股票，在 11.40 元建仓 9120 元（8 手），回挡至 12.40 元第一次卖出 1240 元的股票（1 手），再回挡至 13 元第二次卖出 3900 元的股票（3 手），然后股票回挡到 14.10 的价位，将手中的 4 手股票以 5640 元全部平仓，其盈亏情况如下：

$$
\begin{aligned}
& (1240+3900+5640) \\
- \quad & 9120 \\
- \quad & (5+1) \\
- \quad & (5+1.2+5+4+5+5.6) \\
= \quad & 1628.2 \text{ 元}
\end{aligned}
$$

表 10-1 牛市行情"回挡减倍卖出法"

买卖次数	操作价格	交易手数	交易金额	交易手续费
第一次买入	11.40 元	8 手	−9120 元	−6 元
第二次卖出	12.40 元	1 手	+1240 元	−6.20 元
第三次卖出	13 元	3 手	+3900 元	−9 元
第四次卖出	14.10 元	4 手	+5640 元	−10.60 元
明细	11.40～14.10 元	买卖 8 手	+1660 元	−31.80 元

如果坚信后市利好，只是在第三次回挡至 14.10 元才全部平仓呢？那么盈亏情况就应该是（假设佣金按 0.05％计算）：

$$
\begin{aligned}
& (14.10 \times 800) \\
- \quad & 9120 \\
- \quad & (5+1) \\
- \quad & (5.60+11.30) \\
= \quad & 2137.10 \text{ 元}
\end{aligned}
$$

表 10-2 牛市行情"一次卖出法"

买卖次数	操作价格	交易手数	交易金额	交易手续费
第一次买入	11.40 元	8 手	−9120 元	−6 元
第二次卖出	14.10 元	8 手	+11280 元	−16.90 元
交割	11.40~14.10 元	买卖 8 手	+2160 元	−22.90 元

相比之下，第一种操作尽管稳妥，但是相对少赚了 500 元。在上涨或牛市行情操作，必须要敢于重仓持有，只要技术面对后市有信心，回挡时不仅不能减仓，还要加仓追涨，以主力的心态去操作，且不可见异思迁、频追热点，应将一只股票的资金管理控制好，功夫做足。

五、熊市行情应当如何买卖

相比牛市，熊市的资金管理更为重要。一旦在高位建仓、遭遇熊市大跌，必须果断斩仓抛出。相对于后市，这种做法就是在赚钱，可避免很大程度上的亏损。

下跌或熊市行情操作，可采用"加倍买入摊平法"。第一次下跌用 1/3 本金买入，股价如继续下跌，第二次下跌就用 2/3 本金买入，以求摊平成本。如果本金宽裕，可将本金分成 8 份，下跌前三次分别以 1/8、3/8 和 4/8 的本金买入。下跌的股票终究是要反弹的，当价位反弹至第二次买入价，此时平仓除去手续费用也是有利可图的。

假设打算以 10000 元的本金操作一只沪市股票，在 13 元第一次买入 1300 元的股票（1 手），在跌至 12.40 元第二次买入 3720 元的股票（3 手），在跌至 11.40 元买入 4560 元的股票（4 手），然后股票开始出现一次反弹，重新回挡到 12.40 的价位，此时将手中的 8 手股票全部平仓，其盈亏情况如下：

$$\begin{aligned}
& (12.40 \times 800) \\
- & (1300+3720+4560) \\
- & (5+1+5+1+5+1) \\
- & \underline{(5+9.90)} \\
= & 307.10 \text{ 元}
\end{aligned}$$

表 10-3 熊市行情"加倍买入摊平法"

买卖次数	操作价格	交易手数	交易金额	交易手续费
第一次买入	13元	1手	-1300元	-6元
第二次买入	12.40元	3手	-3720元	-6元
第三次买入	11.40元	4手	-4560元	-6元
第四次卖出	12.40元	8手	+9920元	-14.90元
交割	11.40~14.10	买卖8手	+340元	-32.90元

也就是说,这次看上去十有八九是要赔的买卖,细算起来反而赚了300多块。这就是资金管理的神奇之处!

需要提示的是:熊市的操作风险性很大,假如以加倍买入法操作,如果股指短期内无法反弹至第二次买入价,很有可能遭遇长期套牢的结果。对于反弹的量度值计算一定要非常精确。对新股民来说,下跌或熊市行情操作务必慎之又慎,胆子大的不妨轻仓操作以获取经验。

六、短线操作的两个可靠买入点

实战操作中,买卖点是决定炒股利润和炒股节奏正确与否的关键因素。买入的时间原则是:股市中形成明确上涨趋势或指示信息时;卖出的时间原则是:股市中形成明确的下降趋势和指示信息时。多数股民之所以屡屡被套,主要原因就在于买卖点的选择上总是出问题。下面推荐短线操作时两个可靠的买入点:

① 当日以小阳线上涨;当日换手率适中(2%~5%);当日多条均线呈明显的多头排列;MACD出现买入的金叉信号;股价累计涨幅不大。个股若同时出现以上所有信号,可等待股价缩回5日线附近建仓。

② 当日大盘有较大跌幅;该股逆势上涨,涨幅在5%以上;成交量并未急剧放大;日换手率在10%以下。个股若出现以上所有信号,有较好的短线机会。"该跌不跌,理应看涨",此时可在当天收盘时买入或在第二天回挡至5日均线时建仓。

如图 10-1 所示，南方航空（600029）在 2010 年 9 月 14 日脱离低价区盘整，拉出一根小阳线，当日 K 线在 5 日均线之上；这一天的换手率为 2.66%、成交量为 1 万多手，较为适中；图 10-1 中 4 根短周期均线（MA5、MA10、MA20、MA30）均呈多头排列；当日股价涨幅不到 1%，MACD 为正值处于黄金交叉之后的向上走势。

诸多信号表明，可靠的短期买点已经出现，等到股价回踩至 5 日线买入即可（可在每天早上以当天 5 日线的价格预埋单）。9 月 20 日，当日的纺锤小阳线回踩 8.15 元的 5 日均线价，此时建仓最为理想。股价继续盘整一周后，在 9 月 30 日开始启动一波上升行情。股价由 8.50 元升至 12 元，随后短暂回挡至 5 日均线处（10 月 22 日），根据"葛兰维均线原则 3"（股价于均线之上运行，回挡时跌破均线，短期均线呈上升趋势，此为买入时机），可以继续补仓，直至股价在 10 月 27 日创出阶段新高 13 元；此时可视情况卖出筹码获利。

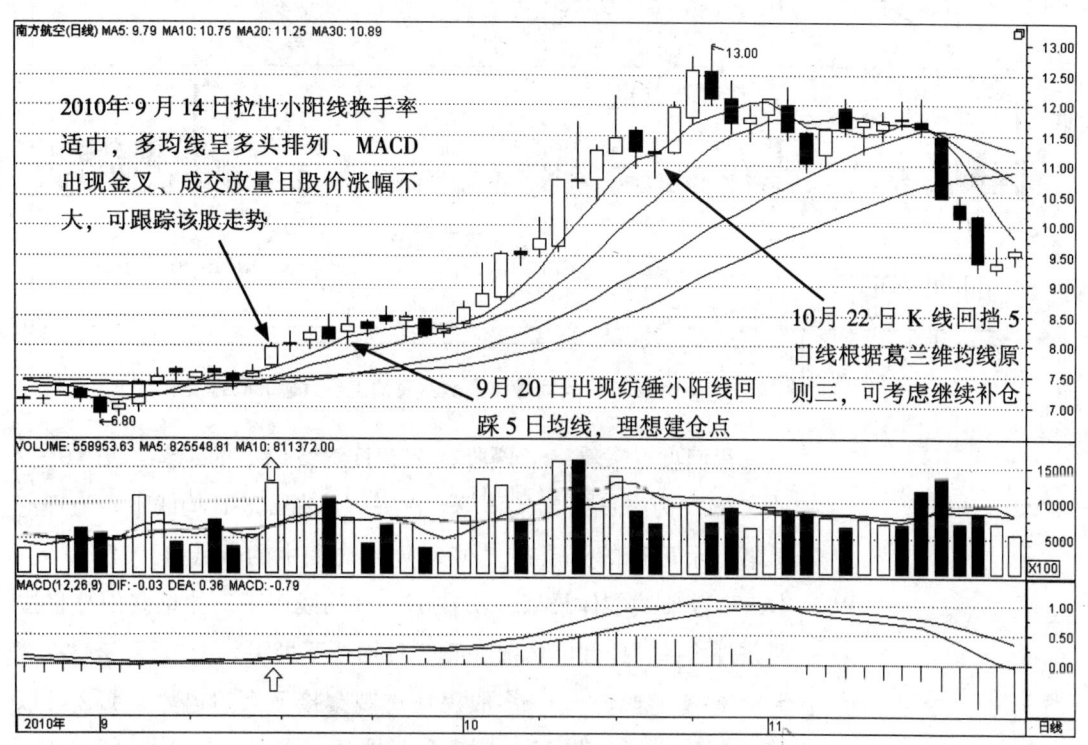

图 10-1 南方航空（6000029）短线操作示意图

七、中长线操作最可靠的买入点

"个股位于 255 日均线以下、MACD 刚好出现红色柱",此为中长线操作时最好的建仓时机。举例说明:海油工程(600583)2004 年 4 月至 10 月的日 K 线走势图中(图 10—2)均线为 255 日均线。

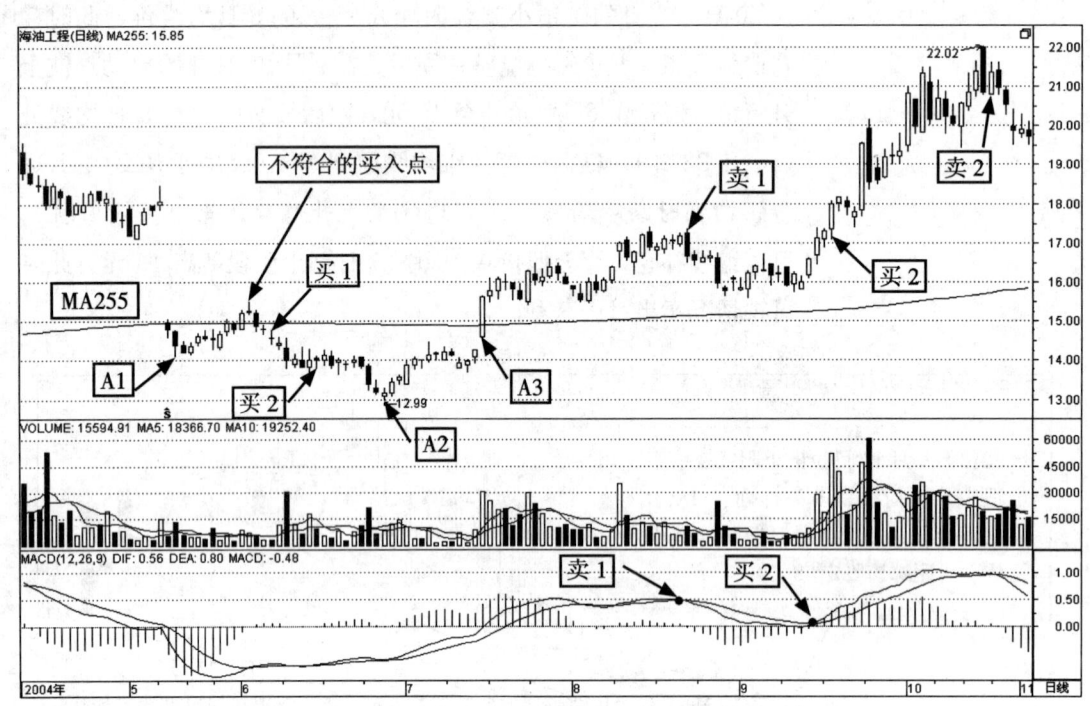

图 10—2 利用 255 日均线操作案例:海油工程(600583)

我们重点来看一下该股在 255 日均线以下的走势:图 10—2 的 "A1" 为当日 K 线实体第一次完整落在 255 日均线下,为理论上第一个可行的买点;"A2" 为此周期中的最低点,12.99 元;"A3" 为 K 线实体最后一次在 255 日均线以下。如果我们严格按照条件之一 "K 线实体落在 255 日均线下即可建仓",那么 "A1" 无疑是第一建仓点。许多股民还想观察接下来的走势,那么可以在 "A1" 之后选择下一个符合要求的点位建仓;A2 的最低点,仅凭这一项技术指标是无法判断出来的，绝大多数股民想必都买不到；"A3"也是同样原因。鉴于 A1 之后有很多符合要求的建仓点，可参考引入 MACD 进一步确认更符合的买入点。

根据"MACD 线刚出现红色柱为买入点"这一信号，在图 10-2 中的买入点应是上阴影较长的十字星阳线，不过此 K 线在 255 日均线上，与第一条要求不符，可视为"不符合的买入点"。我们可选择随后的"买 1"建仓，它同时满足"K 线实体在 255 日均线以下"、"MACD 为红色柱"。但如果按照"MACD 刚刚由绿转红"的严格定义，在"买 2"建仓显然最为有利。建仓之后，就可以长线关注，每周看盘一两次即可（周一和周五），即使走势暂时下降也不必惊慌，因为 K 线迟早要回到 255 日均线以上。

需要补充说明的是：应在平滑或上涨趋势的 255 日均线以下建仓，处于下跌的 255 日均线下建仓，很可能将长期套牢；在该股股价创新低后，K 线的走势与 255 日均线走势一旦有趋于交叉的态势，也可在符合"255 日均线下，MACD 绿转红"的点位建仓。

建仓后，经过耐心等待，股指终于强势穿越 255 日均线、进入主升浪，接下来要考虑在什么点位卖出及止盈点的设置。一般说来，进入主升浪的股票，都有两个月左右的稳定盈利期、10%～30%左右的涨幅，不妨以 21%设为止盈点（含手续费）。假设以"买 2"的收盘价 14.02 建仓（2004 年 6 月 12 日），止盈点就是 17.10 元。只要股价未涨到 17.10 元、时间在前两个月以内（2004 年 8 月 12 日以前）就不要考虑该股的买卖。

两个月后，该股股价为 16 元、未到止盈点，继续观望。2004 年 8 月 23 日是一个重要的决策点（"卖 1"），为什么这么说呢？因为从 MACD 中可以看出当天出现了一个"卖出信号"：MACD 柱状线开始由红转绿，且当日拉出一根大阴线。好在 MACD 中白色 DIFF 均线和黄色 DEA 均线都为正值，此时稳妥的做法是在下午盘中平仓（在当天 5 日均线 15.98 元附近卖出），赚取 12 个点的纯利润，然后回手在 15.80 元附近买入，以观后市。

接下来，只要 MACD 未同时出现两个卖出信号："DIFF、DEA 均为负，DIFF 向下跌破 DEA"、"MACD 柱状线由红变绿

(正变负)"，就可继续持仓。只有以上两个条件同时出现，或者"DEA 线与 MACD 线状柱发生高度背离"，持仓时间接近半年，行情才有可能反转。当诸多因素都显示此行情即将见顶，不宜继续贪恋，宜果断平仓折现。

通常情况，以大阴线创出新高后，第二天会出现不长不短的阳线，此时卖出为最佳；如果第二天是小阴线，可等到第三天出阳线时跑掉。反之，如果是以大阳线创出新高，第二天多会出现不长不短的阴线，出大阳线的当天跑掉是最理想的。在确认 22.02 元的新高为 80％ 的顶部后，可以在"卖 2"的 5 日均线价 21.00 元附近出货。

按照"个股位于 255 日均线以下、MACD 线刚出现红色柱建仓"的波段操作宣告结束，我们最后看一眼虚拟操作的结果：不到 5 个月时间，赚了 45％，平均每个月赚 8 个点左右，很不错的成绩，如果全年都能如此，即可实现"年赚 50％"的目标（表 10－4）。

表 10－4　利用 255 日均线交易明细表

操作次数	操作区间	毛利率	持仓本金	本金收益	操作周期
第一次操作	14.02～15.98	12％	5 万元	6000 元	约 73 天
第二次操作	15.80～21.00	31％	5 万元（补仓）	15500 元	约 63 天
总计	14.02～21.00	43％	10 万元	21500 元	约 136 天

在实际操作过程中，能否严格按照上述案例的要求坚定不移地操作，心理上能否具备起码的承受力，新股民应不断提高和锻炼。熟练掌握和使用技术，可帮助新股民在一定程度上克服心理上的不沉稳。比如之前提到的"卖 1"平仓后，可以不在当日买入，应持币观望，待到 MACD 显示绿色柱变成红色柱时即可再次买入（买 2）。这个买入点与左图"卖 1"的价位持平，但是无需短期套牢，心理上不会受太大影响。

八、如何应用"黄金分割比率"确定卖点

数学中有一个著名的黄金分割比率"0.618"。2000多年前,古希腊雅典的著名数学家欧道克萨斯首先提出黄金分割,定义"如果将长度为L的线段分为两部分,长的部分与L之比等于短的部分与长的部分之比,这一点占总长度L的比率即为黄金分割比率"。

著名的"斐波那契数列":1、1、2、3、5、8、13、21、34、55、89、144、233……从第三个数开始,任何一个数都为前两个数之和。任取两个相邻的数,数值低的数除以数值高的数,结果会趋近于0.618(数值越高越接近)。

被称为"世界八大奇迹"之一的古埃及金字塔的长度、高度、宽度都符合黄金分割比率。艾略特的波浪理论正是以斐波那契数列作为量度分析的工具,间接证明了股市中的高点与低点之间都符合"黄金分割比率"。

黄金分割率是将单位为1的线段分割比率为0.618和0.382两部分,其中比率为0.618的设为X,比率为0.328设为Y,可以得出以下结论:

$X \div Y \approx 1.618$

$Y \div X \approx 0.618$

$Y \times X \approx 1$

了解黄金分割比率的基本要点,便可结合股市中的波浪理论,去计算股价走势中的近似量度值。方法主要以股价近期走势中重要的高位值或低位值为分割点,计算和测量未来走势。在股价上涨回调时,以低位值为基数,计算跌幅达到什么黄金比值时可能受到支撑,即计算未来的"支撑位";在股价下跌反弹时,以高位值为基数,计算涨幅达到什么黄金比值时可能会遭遇阻力,即计算未来的"阻力位"。

原来的涨幅、跌幅可分割为五个黄金点:0.191、0.382、0.5、0.618、1.000。股价在走势反转后,就在这5个黄金分割点上遇到暂时的阻力或支撑。在炒股软件的"画图工具"中有一项

"水平黄金分割"，利用其可以看清当前该股对应的 5 个黄金分割点。

九、支撑位与阻力位：当日盘中常见的短线买卖点

日 K 线图是多空双方力量对比的明证，多头力量强、股价持续向上，会遭遇空头在阻力位的阻击。阻力位即是当日空头力量最强、多头力量最薄弱的价位。判断出当日的阻力位，主要是为了卖出当日的最高点或是次高点，阻力位即是当日卖点的参考。下面是盘中可能出现的几种阻力位（可能的卖点）。

1. 短线卖点

昨日收盘价：若当日开盘价低于昨日收盘价，股价在反弹的过程中有可能在昨日收盘价这一点遭遇阻力。很多股民看空后市，就会在开盘之前以"昨日收盘价"预埋单竞价交易；若行情是低开高走，阻力位之一就是昨日收盘价。在股价反弹过程中，一方面会遭到新卖盘的打击，另一方面在接近昨日收盘价时，累计未成交的卖盘会起作用，使多头不易跨过此价位。

今日开盘价：若当日低开低走，中途反弹回涨，行至此处时会遇到明显的卖盘阻力。

今日均线价：均线系统中的 5 日线、10 日线是短线操作中最常用的买卖参考工具。一旦价位行至均线处，做短线的技术高手通常会视情况果断抛售。

整数关口价：由于股民的心理作用，一些整数价位常会成为股价上涨时的重要阻力位。在个股价位上，10 元、20 元、30 元都是很明显的整数关口，容易积累大量卖单。

2. 短线买点

如果空头势力强大、股价持续向下，会遭遇多头在支撑位的拦截。支撑位是当日多头力量最强、空头力量最薄弱的价位。判断出当日的支撑位，主要是为了买入当日的最低点或是次低点，支撑位即是当日买点的参考。下面是盘中可能出现的几种支撑位。

昨日开盘价：若当日开盘价高于昨日收盘价，股价在下跌的过程中很可能会在昨日开盘价附近遇到支撑。很多股民看好后市，会在开盘前以"昨日开盘价"预埋单竞价交易，若果真高开低走，支撑位即为昨日开盘价。在股价回挡的过程中，一方面会遇到新买盘的强顶，另一方面在接近昨日开盘价时，累计未成交的买盘会起作用，使空头不易跨过此价位。

今日开盘价：若当日高开后，中途反弹再次跌回，行至此处会遇到明显的买盘支撑。

今日均线价：一旦股价行至5日线、10日线附近，做短线的技术高手通常会视情况果断建仓。

整数关口价：由于股民的心理作用，整数价位常会成为下跌时的重要支撑点。在个股价位上，10元、20元、30元都是很明显的整数关口，股价若是从高位跌至整数位，很容易积累大量买单。

支撑位与阻力位是可以互相转化的，原先的阻力位突破后，反过来可以作为支撑位；原有的支撑位跌破后，反过来也可以成为上涨时的阻力位。研究盘中的支撑位与阻力位，有助于对该股大势进行研判。比如当股价冲过阻力位后，后市是明显利好的；当股价跌破支撑位区域后，后市明显是利空的。

十、股票套牢后如何解套最有效

炒股的人最怕手中股票被套牢，但套牢恐怕是股市中最常见的一件事。按照广义的概念，但凡你买入股票的实际价格低于成本价，就是套牢。股民们通常所说的是狭义的套牢，即"持有股票在一定时间段处于持续下跌状态，且短期内没有解套的可能"。

套牢按照被套股票的情况可分为"热门股套牢"和"普通股套牢"，按照套牢程度可分为"被动性高位套牢"和"一般性中位套牢"。套牢以后，只要采取正确的策略，可以在一定程度上化被动为主动。对于普通股套牢，通常的解套策略有五种：

割肉：以快刀斩乱麻的方式停损了结，以免股价继续下跌而遭受更大损失，适合于短期投机者或持有质地不好股票的股民。

换股操作：忍痛将手中弱势股抛掉，改买市场中刚刚启动的强势股，以期通过强势股的获利弥补弱势股套牢的损失。此种操作适合套牢股票"明显弱势，短期内难有翻身机会"的情况。

高抛低吸：股价下跌时加仓买入，以摊平股本，以待股价反弹时获利。适用于股市大势尚可的情况，否则极易陷入愈套愈深的窘境。这种操作方法主要看股票市场的趋势是上涨、盘整还是下跌，比如股市的趋势一直是向下的，逢低就买肯定会很难解套。

打死也不卖：等着价格反弹，自动解套。散户在牛市的顶部若没有及时逃顶，股价便会飞流直下落低谷，这笔钱算是紧箍咒级别的套牢，若想解套少则两三年，多则四五年，由于股本巨大，很多人不舍得割肉，只好每天看着盘面"日也盼，夜也盼"，期待牛市卷土重来。对于这种高位套牢，最好的方法就是不去管它，就当这笔钱是死期存在股市里了，不看不想也不提它，等待大牛市再次出现，一次性解套。这种解套方法归纳起来就一个字——"等"。

除了十等之外，还可通过灵活的波段操作解套，这需要投入更多时间和本金以及多次操作，等于是"耗费时间精力去补救已犯下的可以弥补的错误"。与其这样，还不如以放松的心态，进行另一波操作。

波段操作解套：对于套牢程度不深、暂时不想割肉的股民，"高抛低吸，降低成本"的波段操作倒是值得学习的。熊市中一旦被套牢，就要果断的进行波段操作，这种方法通俗地讲就是"逢低价买一点，等着日后反弹"。比如当你的 1000 股在 12 元被套牢，股价目前已跌至 10 元，这时候你就在此低点买 100 至 200 股，等到股价反弹至 11 元，你就趁机会抛出 500 至 600 股；股价跌到 9 元，你再买 100 至 200 股，等到股价反弹到 10 元，再趁机卖出。就这样，成本被一点一点降低，可能需要很长的时间，但只要坚持去做，套牢的金额就会慢慢降到你心里可以承受的范围。

现在很多套牢者都采用"T+0"的方式解套，即当天在低点买入股票，第二天涨了两三个点就卖出，然后下午趁机再买入，这样就相当于每天都可以买卖。这种方法对于技术面的要求很高，还必须随时可以看盘。新股民应谨慎了解这种方法，看不准的情况下，不宜盲目操作。

通常情况下，为解套1万元本金的股票，至少还得慢慢投入1万元或更多的本金进行长期的操作。"今天很残酷，明天更残酷，后天很美好"这句话理应作为所有套牢股民的座右铭。

本章精讲要点

◎ 资金管理及确定买卖点总结：
① 学会利用黄金分割比率计算阻力位或支撑位，以此判断股价走势。
② 学会利用均线确定买卖点的两种可靠方法。
③ 学会短线操作中确定买卖点的两种可靠方法。
④ 学会利用255日均线和MACD进行长线操作及计算实际盈亏。

◎ 一年的炒股周期应以50%作为盈利目标，长线操作不超过3次。

◎ 一年期盈利的合理细分目标：长线平均收益率30%~40%；中线平均收益率20%~30%；短线平均收益率在5%~10%。

◎ 掌握轻仓、重仓、半仓、空仓的操作要点。

◎ 在上涨或牛市行情操作敢于重仓，只要技术面对后市有信心，回挡时加仓追涨，以主力心态去持仓。

◎ 下跌或熊市行情操作务必慎之又慎，胆子大的不妨轻仓操作以获取经验。

◎ 牛市时采取重仓或"回挡减倍卖出"交易法；熊市时空仓、轻仓或采取"加倍买入摊平"交易法；套牢时视情况采取等待解套法、割肉解套法或高抛低吸解套法。

附录1：股市基础知识（测试题）

一、选择题

1. 下列哪一项不属于股票的基本特点？
   A. 波动性   B. 抵御通胀性   C. 偿还性   D. 高风险性

2. 以下哪一种理财产品投资风险最高？
   A. 股票   B. 房产   C. 国债   D. 古董收藏品

3. 以下对于A股市场的描述哪一项是错误的？
   A. 沪深A股的交易时间为周一至周五。
   B. 双休日及法定节假日休市停盘。
   C. 每天的交易时间是上午9点半至下午3点，每天交易4个小时。
   D. A股市场中的蓝筹股和绩优股是短期价格投资的首选。

4. 以下与A股开户有关的描述哪一项是错误的？
   A. 办理A股开户时，只需携带个人有效身份证、一张专为炒股使用的银行卡。
   B. 只能使用一张个人身份证开设一个股市交易账户，与指定的银行关联，携带开户时的手续去指定银行随时开通转账业务。
   C. 借助券商提供的自助炒股软件，在开盘时间可使用指定开户银行进行网上"T+0"转账。
   D. 最好选择在业界很有名气、财大气粗的券商，以保证资金账户的安全。

5. 目前在A股市场买卖股票无需交纳：
   A. 佣金   B. 通讯费   C. 印花税   D. 过户费

6. 若在深市中以 13.30 元买入某只股票三手，最终以 15.45 元的价格全部卖出，假设交易佣金为 0.05%，则实际的盈亏金额为？
A. +640 元 B. +635.4 元 C. +630.4 元 D. +629.4 元

7. 以下哪一项关于大盘的说法是正确的？
A. 大盘分时走势图的强弱，用红绿色柱表示，红色柱代表买盘强弱，红色柱越长代表盘中的买盘越强，股票涨得越快；绿色柱代表卖盘强弱，绿色柱越长代表卖盘越强，股票跌得越快。
B. 大盘分时走势图中的白色曲线为"不含加权的大盘领先分时价格线"，黄色曲线为"加权的大盘领先分时价格线"。如果黄色曲线比白色曲线走势强、多数情况运行在白色曲线之上，代表盘子（总资产）小的股票走势强，盘子大的股票走势弱。
C. 想细致观察盘面走势，按"下键"盘面将局部放大；想宏观地观察走势，按"上键"盘面将整体缩小。
D. 股票代码为"30××××"的股票为创业板，是仅次于主板市场的二板证券市场，可在上海证券所交易。

8. 以下哪一项关于股票买卖的说法是错误的？
A. 股票交易的数量单位不是股，而是"手"。一手等于 100 股，股民买入股票至少为一手。
B. 当天的换手率较高，意味着买卖该股的人数多，此股较为活跃，上涨或下跌幅度较大，做短线的利润空间不小。
C. 买入价相对较低，表示多数股民愿意以买入价成交，意味着持股者大多愿意卖出。
D. 在盘中除了最低价，日 K 线的其他三个价位都是变化的。直到收盘后，当日的四个价位才完全确定。

9. 以下哪一项关于 K 线的说法是错误的？
A. 中国 A 股市场的股价变化，通常用红蓝两色的 K 线图（阳线和阴线）来表示。
B. K 线体现了多空双方的当日力量对比，我们以此可以推断未来的价格走势，判断今日收盘时会出现何种 K 线。
C. 单纯看 K 线，可以完全判断出下一日的走势。
D. 无论是阴线还是阳线，最高价都在 K 线实体的上影线顶部，最低价都在 K 线实体的下影线底部。

10. 以下哪一项关于开盘情况的分析是错误的？

A. 如果某只股票今日低开很多，表明该股获利回吐心切，亏损者迫不及待割肉，后市利空可能较大。

B. 如果某只股票今日低开很多，意味该股人气较旺、买入该股者较多，全天利好的可能性很大。

C. 如果某只股票上涨多日、今日突然大幅跳空高开，可视为多头力量的最后喷发，牛市行情已至尽头，宜积极出货。

D. 如果某只股票在可能的底部区域、今日突然跳空低开且幅度巨大，可视为空头歇斯底里的一击，底部已然出现，可选择建仓。

11. 以下哪一项关于盘面的说法是错误的？

A. 某只股票长期在低位运行，在买单较少的情况下，卖盘上突然挂出一个或几个巨大的"低位大卖单"。此时若迅速有本金进场将挂在"卖①"、"卖②"、"卖③"的大单吃掉，可视为"主力正在出货"。

B. 支撑位与阻力位是相互转化的，原先的阻力位突破后，反过来可作为支撑位。

C. 无论盘面如何，主力的动作主要有三种：抬拉、洗盘和出货。

D. 某只股票经过连续下跌，如果在买盘中连续出现多笔成百上千手的大买单，可视为主力的"护盘"行为，但不意味该股后市即将止跌。

12. 以下的炒股概念中哪一项定义是错误的？

A. 阻力位：股价下跌到某一价位附近，如有大量买入行为股价会在此位置徘徊多时甚至上涨，这一价位即为"阻力位"。

B. 跳空：股票收到强烈利空或利多消息刺激，开盘时高于或者低于前一日收盘价两个单位以上。

C. 背离：成交量与实际价格出现反方向的变化，即"价升量缩，价跌量增"的行为，也叫"背驰"。

D. 回挡：在股价上涨的牛市周期中，股票短期的下跌走势。

附录1：股市基础知识（测试题）

13. 以下哪一项关于交易的说法是错误的？

A. 假设理想的卖出价 10 元，不妨报 9.99 元或 9.98 元，可增加成交机会。

B. 沪深股市规定，当天买入的股票，必须等到下一个交易日才能卖出。

C. 沪深股市规定，ST 股日涨跌幅度限制为 10%。

D. 沪深股市对于所有 A 股、B 股和基金，实行幅度为 10% 的涨幅限制，俗称"涨停"。

14. 以下哪一项关于炒股心态的说法是错误的？

A. 散户是股市里的弱势群体，以"赔钱是常事，赚钱不容易"的想法看待炒股是正确的。

B. 入市炒股首先要学习赚钱的技巧，不用过分担心赔钱。

C. 在股市里，心理承受力的提高是一个艰辛而漫长的过程，如果无法以平常心面对股价的涨跌，最好不去炒股。

D. 不管虚拟炒股有多成功，都要先过实战炒股的心理关。

15. 以下哪一项关于交易心态的说法是错误的？

A. 股市获利的原则是：一分资金管理，两分技术分析，七分心态管理。

B. 炒股应以最简单的方法计算盈亏：既要看赚了多少个点，更要看赚到多少钱。

C. 一旦踏入股市，千万记得不要把所有鸡蛋都放入同一个篮子里。分次买，不赔钱；一次买，多赔钱。

D. 在 A 股市场中进行价值投资是赚不到钱的。

二、分析题

分析图中红色箭头所指 K 线形成的原因，据此预判明日走势。

【参考答案】

一、选择题

1.C。正确答案是"买卖性"。股民一旦认购股票,不可以向该公司要求退股、退还本金,只可去股市中转卖给第三方。流通的股票只能在股票市场上买卖和转让,而不能退还给公司折现。

2.D。在金融市场,股票是仅次于期货的高风险投资,不过跟投资古董收藏品比较起来,风险性还是小很多。投资股票不用担心A股市场突然崩盘、上司公司突然消失,而普通老百姓投资古董,买到假货或升职价值不大的古董,可能性在90%以上。

3.D。在A股市场中,蓝筹股一般股价较为稳定、投资风险低,但相对而言获利点不高;绩优股适宜做中长线保值投资,短线投机获利点不高。两种股票都不是短期价格投资的首选。

4.B。必须在开盘时间内去指定银行开通转账业务。

5.B。目前沪深股市交易已省去通讯费。

6.C。选项A没有抛除买卖的手续费;选项B没有抛除深市买入时的5元佣金;选项D多扣除买入时的过户费,深市交易没有过户费。

7.A。选项B中白色曲线应为"含权的大盘领先分时价格线",黄色曲线为"不加权的大盘领先分时价格线",这样后面的结论才相应成立;选项C按"上键"盘面局部会不断放大,按"下键"盘面整体会不断缩小;D选项创业板是在深圳证券交易所上市的。

8.D。在盘中除了开盘价,日K线的其他三个价位都是变化的。

9.C。每一种技术指标都有一定局限性,单纯看K线很难完全确定下一日走势。

10.B。应是"股票高开很多"的特征。

11.A。此为"主力正在建仓"的情况。

12.A。此为"支撑线"的概念。

13.C。ST股日涨跌幅度限制为5%。

14.B。入市炒股首先要学习如何不赔钱。

15.D。实践证明,只要选股正确、操作得当,在A股市场中每年也能有 20%～50% 的稳定收益。

二、分析题

（参考答案）如图所示，上一日以空头中等优势的胜利结束（中阴线），今日股价低开，初期空头延续昨天的优势，但很快多头以压倒性优势猛冲，股价一路走高，最终形成上影线大于下影线的大阳线。出现一段较长的上影线，意味着尾盘时空头进行一定的抵抗，使多头未能以最高价收盘。照此形势分析，明日多头的优势依然明显，上涨的趋势不可动摇。

附录2：炒股实战操作（测试题）

一、选择题

1. 下列哪一项不属于道氏理论提出的运动趋势？
   A. 基本趋势   B. 次级趋势   C. 短期趋势   D. 整理趋势

2. 假如将股市中两个连续波段的高点称为 A1、A2，两个连续低点称为 B1、B2。A1＜A2 且 B1＜B2 为何种形态？
   A. 上涨   B. 下跌   C. 盘整   D. 跳空

3. 股市中每一浪的升幅和跌幅，均可用黄金分割比例量度，以下哪个数字不属于常见的涨跌回吐比率？
   A. 0.236   B. 0.5   C. 0.618   D. 0.74

4. 以下哪一股价区域不适宜建仓？
   A. 熊市低价区   B. 牛市高价区
   C. 牛市中价区   D. 平衡市中价区

5. 下列哪一条不符合葛南维的均线操作原则？
   A. 股价于均线之上运行，回挡时跌破均线，短期均线呈下跌趋势，此为买入时机。
   B. 股价位于均线以下运行，突然暴跌远距均线很远，极有可能向均线靠近反弹，此时为买入时机。
   C. 股价于均线之上运行，连续数日大涨，离均线愈来愈远，说明近期购买股票者获利丰厚，随时都会产生获利回吐，应暂时卖出所持股票。
   D. 均线上升后逐渐走平，股价从均线上方向下跌破均线，说明卖压渐重，应卖出所持股票。

6. 关于五均线系统操作的说法哪一项是错误的？

A. "五均线突破"周期一般为 2~5 天，如果某一日未有既定的区间支撑和突破，说明向上买气严重不足，宜考虑平仓。

B. 当天数值最大的均线，自下而上穿越了至少 3 条均线，可视为连续创造三个"金叉"，后市明显利好。

C. 并不是所有在最低均线以下、实体与均线留有缺口的 K 线都适合建仓。

D. 均线排列越没有规律，操作难度和不确定性就越大。稳妥起见，宜等到均线按照数值从大到小或从小到大依次排列时，按照既定方法判断与操作。

7. 利用 MACD 指标确定买卖点的说法中哪一项是错误的？

A. DIFF 线、DEA 线均为正值，且 DIFF 向上突破 DEA，为可能的买入信号。

B. DIFF 线、DEA 线均为负值，且 DIFF 向下跌破 DEA，为可能的卖出信号。

C. DIFF 线与 K 线发生背离，行情可能出现反转。

D. MACD 柱状线，由红变绿（正值变为负值），为可能的卖出信号；由绿变红（负值变为正值），为可能的买入信号。

8. 关于炒股资金管理的说法上，哪一项是错误的？

A. 一年的炒股周期应以 50% 作为盈利目标，长线操作不超过 3 次。

B. 一年期盈利的合理细分目标：长线平均收益率 30%~40%；中线平均收益率 20%~30%；短线平均收益率在 10%~20%。

C. 在熊市行情操作，应敢于重仓，只要技术面对后市有信心，反弹时加仓追涨，以主力心态去持仓。

D. 牛市时采取重仓或"回挡减倍卖出"交易法；熊市时空仓、轻仓或采取"加倍买入摊平"交易法；套牢时视情况采取等待解套法、割肉解套法或高抛低吸解套法。

二、问答题

1. 预示明日上涨或见底的K线有哪些？（至少写出4种，并画出相应K线）

2. 预示明日下跌或见顶的K线有哪些？（至少写出4种，并画出相应K线）

3. 预示后市上涨或见底的K线组合有哪些？（至少写出5种，并画出相应K线组合）

4. 预示后市下跌或见顶的K线组合有哪些？（至少写出5种，并画出相应K线组合）

5. 一波牛市或熊市行情中可划分为几浪？（画出大致的波浪轨迹，注明每一浪的名称）

6. 股市常见的底部形态有哪些？（至少写出5种，并画出相应形态）

7. 股市常见的顶部形态有哪些？（至少写出5种，并画出相应形态）

8. 股市常见的整理形态有哪些？（至少写出3种，并画出相应形态）

9. 双均线有哪7种基本类型？（写出全部7种，并画出相应形态）

【参考答案】

一、选择题

1. D。

2. A。

3. D。

4. B。

5. A。短期均线呈上涨趋势为买入时机。

6. B。应为"当天数值最小的均线"。

7. C。应为"DEA线与K线发生背离"。

8. C。应为"在牛市行情操作"。

二、问答题

1. ① 实体阳线；② 只带下影线、实体较大且比下影线长的阳线；③ 只带上影线、实体较大且比上影线长的阳线；④ 低价区出现的十字星阴线；低价区出现的T字阴线；一字阳线。

2. ① 实体阴线；② 只带下影线、实体较大且比下影线长的阴线；③ 只带上影线、实体较大且比上影线长的阴线；④ 牛高价区出现的十字星阳线；⑤ 高价区出现的⊥字阴线；⑥ 一字阴线。

3. ① 上涨行情中的N颗星；② 上升三连阴；③ 双阳线；④ 底部十字阴线；⑤ 向下跳空孤岛；⑥ 阳母抱阴子；⑦ 红三兵；⑧ 低价区一对红；⑨ 黎明之星（黎明十字星）；⑩ 旭日东升；⑪ 塔形底；⑫ 圆形底；⑬ 黑头夹心饼。

4. ① 高位大阴线；② 高位十字线；③ 大阳盖小阳；④ 下跌红旗杆；⑤ 逃命大阳线；⑥ 见顶覆盖线；⑦ 向上跳空孤岛；⑧ 阴母抱阳子；⑨ 倾盆大雨；⑩ 黑三鸦；⑪ 高价区一对黑；⑫ 乌云盖顶；⑬ 黄昏之星（黄昏十字星）；⑭ 塔形顶；⑮ 圆形顶；⑯ 红头夹心饼。

5. "推动浪"（第1浪、第2浪、第3浪、第4浪、第5浪）和"调整浪"（a浪、b浪、c浪）。

6. ① 潜伏底；② 圆形底；③ W底；④ 头肩底；⑤ 三重底；⑥ V形底；⑦ 神针探底；⑧ 岛形底。

7. ① 潜伏顶；② 圆形顶；③ M头；④ 头肩顶；⑤ 三重顶；⑥ 倒V形顶；⑦ 神针探顶；⑧ 岛形顶；⑨ 喇叭顶。

8. ① 箱体整理；② 对称三角形整理；③ 楔形整理；④ 旗形整理；⑤ 碟形整理。

9. ① 多头排列；② 空头排列；③ 金叉；④ 死叉；⑤ 金谷；⑥ 银谷；⑦ 死谷。